AF564997

अमर क्रांतिकारी
मदनलाल ढींगरा

अमर क्रांतिकारी
मदनलाल ढींगरा

विश्वबंधु

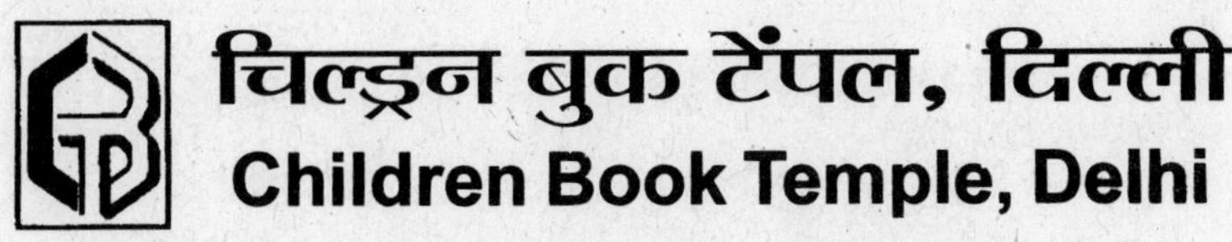

प्रकाशक : **चिल्ड्रन बुक टैंपल**

सी-55, गणेश नगर, पांडव नगर कॉम्प्लैक्स, दिल्ली-110092

 / संस्करण : 2020 / मूल्य : तीन सौ पचास रुपए

मुद्रक : नरुला प्रिंटर्स, दिल्ली ISBN 978-81-89573-65-2

AMAR KRANTIKARI MADAN LAL DHINGRA

by Vishav Bandhu ₹ 350.00

Published by **CHILDREN BOOK TEMPLE,**

C-55, Ganesh Nagar, Pandav Nagar Complex, Delhi-110092

e-mail: cbtdelhi@hotmail.com

****

प्रो. मलविंदर जीत सिंह वरैचजी

को

समर्पित

****

प्राक्कथन

मदनलाल ढींगरा पहले भारतीय क्रांतिकारी थे, जिन्होंने लंदन में एक बड़े ब्रिटिश ऑफीसर की हत्या करके ब्रिटिश प्रशासन में सनसनी फैला दी थी। उनके साहसिक कार्य की देश-विदेश में व्यापक आलोचना हुई। गोपाल कृष्ण गोखले, सुरेंद्रनाथ बनर्जी, विपिन चंद्र पाल ने इसकी आलोचना की और महात्मा गांधी ने इसे कायरतापूर्ण काररवाई बताया। मदनलाल के परिवार ने उन्हें बेदखल कर सनकी तथा घृणायोग्य करार दिया। मजबूत और दृढ़-संकल्पित मदनलाल ढींगरा अपने रुख पर डटे रहे और बड़े साहस तथा आत्मविश्वास के साथ बिना कमजोर हुए उन्होंने सारे आरोपों तथा अदालती काररवाई का सामना किया। उन्होंने वकील की सेवा लेने से भी इनकार कर दिया। उन्होंने क्षमा-याचना भी नहीं की और फाँसी के फंदे को मुसकराते हुए चूम लिया। पश्चिमी देशों ने इस तरह के साहसिक कार्य के बारे में सुना भले ही हो, पर देखा पहली बार ही था। एक बार भी उन्हें अपने कृत्य पर पछतावा नहीं हुआ और अदालत में उन्होंने गर्व के साथ अपने कार्य को सही ठहराते हुए गर्जना की—''यह जान-बूझकर अंग्रेजी खून बहाने का प्रयास है और इसका उद्‌देश्य भारतीय युवाओं के अमानवीय देशनिकाले और फाँसी पर लटकाने का छोटा सा विरोध है। जब तक मेरा मिशन पूरा नहीं हो जाता और भारत-भू स्वतंत्र नहीं हो जाती, तब तक मैं मातृभूमि में बार-बार जन्म लेना चाहूँगा और बार-बार ऐसे ही पवित्र कार्य के लिए मरना भी चाहूँगा।''

अपनी इस पुस्तक के लिए मैं प्रोफेसर मालविंदर जीत सिंह वरैच का बहुत आभारी हूँ, जिन्होंने पूरे प्रोजेक्ट के लिए संदर्भ सब सामग्री तथा निर्देशन

उपलब्ध कराया, जिसके बिना न तो यह कार्य शुरू किया जा सकता था और न ही पूर्ण किया जा सकता था।

अपने चाचा श्री अनिल महाजन को भी मेरा विशेष धन्यवाद, जिन्होंने संपादन में मदद की और उपयोगी बदलाव सुझाए। संदर्भ-सूची और सूची-पत्र तैयार करने में सहायता करनेवाले डॉ. बाबुशा मैंगी (इतिहास विभाग), स्रोत सामग्री निर्धारित करनेवाली प्रोफेसर शिल्पी सेठ और पर्याप्त सामग्री खोजकर उपलब्ध कराने के लिए प्रोफेसर अमित सयाल को भी धन्यवाद देता हूँ। अपनी पत्नी को भी मैं धन्यवाद देना चाहता हूँ, जो हर सुख-दुख में मेरे साथ रहकर इस जटिल कार्य में मेरी सहायता करती रहीं।

—विश्वबंधु

अनुक्रम

1

घटनाचक्र

मदनलाल ढींगरा राष्ट्रीय आंदोलन का एक ऐसा गुमनाम नायक है, जिसने आजादी की लहर में संघर्ष को नई दिशा प्रदान की। वह राष्ट्रीयता के जुनून में इस कदर खोया था कि उसने अपने परिवार, सुख-संपदा और उज्ज्वल भविष्य को ठोकर मार फाँसी के फंदे को गले का हार बना लिया। वह पहला भारतीय नौजवान था, जिसने इंग्लैंड की धरती से भारत पर हुकूमत चलानेवाली सरकार के एक जाने-माने उच्च अधिकारी कर्जन वायली को गोलियों से छलनी करने का हौसला दिखाया था।

सन् 1906 में इंजीनियरिंग की पढ़ाई करने के उद्देश्य से मदनलाल भारत से लंदन पहुँचा था। वह बचपन से ही शांत स्वभाव, अंतर्मुखी और दृढ़ संकल्प के व्यक्तित्व का स्वामी था। वह एक ऐसे संपन्न परिवार का बालक था, जिसके पास दौलत, शोहरत के साथ-साथ सरकारी अफसरों का रसूख भी था। ढींगरा

परिवार अंग्रेजी सरकार का चहेता और उसकी नीतियों का उपासक था। परिवार में सरकार के खिलाफ आवाज उठाने का मतलब था—बगावत और उसका अंजाम था—पिता की झिड़कियाँ, परिवार की नाराजगी और सुख-सुविधाओं में कटौती। यह परिवार अंग्रेजी शासन को भारत की खुशकिस्मती समझता था और उसकी जी-जान से सेवा करना अपना परम कर्तव्य। 1905 में बंगाल विभाजन के खिलाफ शुरू हुई 'बंग-भंग' की लहर मदनलाल ढींगरा को जरा सी छूकर निकल गई थी। अब वह अपने आपको अंग्रेजों का दुश्मन समझने लगा था। नई विचारधारा ने उसमें ऐसा जोश भर दिया कि वह पढ़ाई छोड़ क्रांति की राह में उतर गया। शीघ्र ही उसे अपने तानाशाह पिता का गुस्सा झेलना पड़ा और लाहौर छोड़ अमृतसर की चारदीवारी में बैठना पड़ा। परिवार की विमुखता और मन में कुछ कर गुजरने की तमन्ना ने उसे घर छोड़ने को प्रेरित किया और वह नई मंजिल की खोज में निकल पड़ा। कुछ समय पश्चात् अपने बड़े भाई के मनाने पर वह बंबई से जहाज में बैठ उज्ज्वल भविष्य के लिए उच्च शिक्षा प्राप्त करने लंदन पहुँचा। वहाँ शीघ्र ही उसको 'इंडिया हाउस' नाम की भारतीय क्रांतिकारियों की संस्था का पता चला और वह इसका सदस्य बन गया। इसके साथ ही भारतीय राजनीति में उसके गहन अध्ययन का सिलसिला शुरू हुआ। विदेशी धरती पर प्रजातांत्रिक प्रणाली का महत्त्व और आजादी का अर्थ उसकी समझ में आया। वहीं पर उसे भारतीयों की दुर्दशा और अंग्रेजों की सुख-समृद्धि का कारण भी समझ में आया। भारतीयों के प्रति गोरों द्वारा किए जाने वाले भेदभाव ने उसके दिलो-दिमाग पर एक गहरी छाप छोड़ी और उसे अपने देशवासियों के लिए कुछ कर गुजरने को प्रेरित किया।

उसे अपनी मातृभूमि, रोती-बिलखती और गुलामी की जंजीरों में जकड़ी दिखाई देती थी। उसका नन्हा दिमाग अपनी माँ को इन जंजीरों से आजाद करवाने के लिए तरह-तरह की योजनाएँ तैयार करता। उसकी तरह ही 'इंडिया हाउस' में रहने वाला हर भारतीय ऐसे ही सपने देखा करता था। उनमें बहुत भारतीय ऐसे थे, जो अपने मन की बात को एक-दूसरे के सामने खोलकर रख देते थे, लेकिन ढींगरा अपने मन की बात किसी से नहीं कहता था। वह 'इंडिया हाउस' में होने वाली हर महत्त्वपूर्ण गोष्ठी में शामिल हुआ करता था, लेकिन उसे कभी किसी ने बोलते हुए नहीं सुना था। कहते हैं, जो गरजते हैं,

वे बरसते नहीं, ठीक उसी तरह ढींगरा कर गुजरनेवालों में से था।

1 जुलाई, 1909 को रात के 11 बजे इंपीरियल इंस्टीट्यूट के जहाँगीर हॉल में नेशनल इंडियन एसोसिएशन की वार्षिक 'ऐट होम' पार्टी चल रही थी; यहीं पर मदनलाल ढींगरा ने सेक्रेटरी ऑफ स्टेट फॉर इंडिया के एक वरिष्ठ अधिकारी सर विलियम हट कर्जन वायली और एक पारसी डॉक्टर लालकाका को मार गिराया।[1] भारत में यह खबर 3 जुलाई को पहुँची और 'ट्रिब्यून' ने इसे 4 जुलाई के अंक में प्रकाशित किया। 6 जुलाई के अंक में एक बार फिर 'द लंदन ट्रेजेडी' के नाम से वायली मर्डर केस की खबर के साथ ही मदनलाल ढींगरा और उसके परिवार के बारे में विस्तार से बताया गया था।[2]

3 जुलाई को यह समाचार दो अखबारों में दो भागों में प्रकाशित हुआ। एक भाग में कलकत्ता के तार के हवाले से लिखा था कि ढींगरा ने घटना के बाद आत्महत्या करने की कोशिश की, लेकिन पिस्तौल में गोलियाँ खत्म हो जाने के कारण वह इस प्रयास में असफल रहा। घटना के बाद वह शांत और संयमित रहा। उसने अपनी सुनहरी फ्रेमवाली ऐनक लौटाने को कहा, जो कशमकश में गिर गई थी। उसने यूरोपियन ढंग का सूट पहन रखा था और सिर पर सिल्क के कपड़े की बनी हलके नीले रंग की पगड़ी पहन रखी थी। 'लंदन टेलीग्राम' में लिखा था, "सर विलियम हट कर्जन वायली उस समय सीढ़ियाँ उतर रहा था, जब उसकी मुलाकात एक विद्यार्थी से हुई। कुछ ही देर में उस विद्यार्थी ने बहुत नजदीक से वायली के ऊपर पिस्तौल से गोलियों की बौछार कर दी। चार गोलियाँ उसके चेहरे और सिर को भेदती हुई निकल गईं और पाँचवीं गोली उसे गिरते समय लगी। छठी गोली उससे कुछ दूरी पर खड़े डॉक्टर लालकाका को जा लगी। पास खड़े लोगों ने विद्यार्थी को पकड़ लिया और पिस्तौल उसके हाथ से छीन ली। बाद में डॉक्टर और पुलिस को बुलाया गया। कर्जन वायली का शव उसके घर भेज दिया गया। डॉक्टर लालकाका को अस्पताल ले जाया गया, लेकिन रास्ते में ही उसकी मृत्यु हो गई। उस विद्यार्थी की जेब से बड़ी मात्रा में पहचान-पत्र मिले, जिसके कारण उसकी सही पहचान करने में बहुत दिक्कत पेश आई। दिखने में वह पारसी जैसा लगता था। उसकी उम्र बाईस साल के लगभग थी। दूसरे दिन जब उसे पुलिस अदालत में पेश किया गया तो उस समय भी उसने सुनहरे फ्रेमवाली

ऐनक पहन रखी थी। जब उससे घटना के बारे में सफाई देने को कहा गया तो उसने 'न' में सिर हिलाया, लेकिन लालकाका के संदर्भ में उसने कहा, 'मैंने जान-बूझकर डॉक्टर लालकाका को गोली नहीं मारी। मैंने अपनी आत्मरक्षा के लिए ऐसा किया था'।''

अखबार ने आगे लिखा था कि सूत्रों से यह भी पता चला है कि ढींगरा यूनिवर्सिटी कॉलेज में भारतीय शहीदों की याद में छपे हुए बिल्ले सीने पर लगाकर घूमा करता था। कॉलेज के अन्य विद्यार्थियों ने उसकी इस हरकत का विरोध किया तो वह उनसे उलझ पड़ा और एक को तो जान से मार डालने की धमकी भी दे डाली।[3]

कर्जन वायली, सेक्रेटरी ऑफ स्टेट फॉर इंडिया, लॉर्ड मार्ले के अधीन पॉलिटिकल एड-डी-कैंप के पद पर था। उसके पिता जनरल विलियम वायली ने पहले अफगान युद्ध (1838-40) में भाग लिया था। 1848 में पैदा हुआ कर्जन वायली 1869 में भारतीय सेना में शामिल हो गया। 1870 में उसे अवध कमीशन में शामिल कर लिया गया। 1879 में उसे पॉलिटिकल डिपार्टमेंट ऑफ द गवर्नमेंट ऑफ इंडिया में शामिल कर लिया गया। 1879 से 80 तक उसने अपने पिता की तरह अफगान युद्ध में भाग लिया था। 1880 में वह बंगाल के गवर्नर का सेक्रेटरी नियुक्त हुआ। 1893 से 98 तक उसने नेपाल में रेजीडेंट के रूप में कार्य किया तो 1898 से 1900 तक सेंट्रल इंडिया के वायसराय के अधीन एजेंट के तौर पर कार्य किया। 1900 से 1901 तक वह राजस्थान का एजेंट रहा और बाद में उसे सेक्रेटरी ऑफ स्टेट फॉर इंडिया के पॉलिटिकल एड-डी-कैंप के पद पर नियुक्त किया गया। इस पद पर वह अपने जीवन की अंतिम घड़ी तक कार्य करता रहा (1901- 09)।[4]

डॉक्टर क्वास खुर्शीदजी लालकाका बंबई के प्रसिद्ध, सुशिक्षित और संपन्न पारसी परिवार के थे। बाद में वे शंघाई में जाकर डॉक्टरी की प्रैक्टिस करने लगे और जल्द ही मशहूर हो गए थे। उनका रंग साँवला, चेहरे पर तीखी तिकोनी दाढ़ी और उम्र अड़तालीस साल—उन्हें एक अलग पहचान देती थी। यूरोप के प्रति उनके दिल में गहरा लगाव था और वे अकसर वहाँ घूमने जाया करते थे। इस बार वे इसी इरादे से इंग्लैंड आए थे। जून के महीने से वे वहीं पर रह रहे थे।[5]

ब्रिटिश साम्राज्य के ठीक केंद्र में घटी इस घटना ने वहाँ की जनता को

दहला दिया था और लंदन पुलिस की कार्यकुशलता पर भी प्रश्नचिह्न लगा दिया था। पुलिस इस घटना से संबधित अधिक-से-अधिक सबूत जुटाने और केस की छानबीन में व्यस्त थी। अखबार के अनुसार दो सौ से भी अधिक भारतीय विद्यार्थियों को निगरानी में लिया गया था और उनसे सख्ती से पूछताछ की जा रही थी। ब्रिटिश सरकार फ्रांस की सरकार से संपर्क बनाने और 'इंडिया हाउस' के मालिक श्यामजी कृष्ण वर्मा को अपने हवाले करने के लिए राजी कराने में लगी हुई थी, लेकिन यह प्रश्न कि 'घटना के पीछे किसका हाथ हो सकता है?' उस समय इंग्लैंड में चर्चा का विषय बना हुआ था। एक खबर यह भी थी कि कर्जन वायली ने मदनलाल ढींगरा को एक पत्र भी लिखा था, जिसमें उसने उससे मिलने की इच्छा जताई थी।[6]

उस समय आतंकवाद और हिंसा करना राष्ट्रीय आंदोलन में सक्रिय लोगों को पसंद नहीं था। वे अहिंसा और संवैधानिक रास्ते पर चलना ठीक समझते थे। पंजाब के गवर्नर लुईस डेन ने भरी सभा में कहा था, "सारा प्रांत इस घटना से दुःखी है।" काउंसिल के अन्य सदस्यों ने गवर्नर साहब की इस बात से अपनी सहमति जताई। तीसरे दिन भी 'ट्रिब्यून' का पहला पन्ना वायली हत्याकांड और लोगों की प्रतिक्रियाओं से भरा पड़ा था। हर कोई घटना की निंदा कर रहा था और मारे जाने वालों के प्रति अपना दुःख व्यक्त कर रहा था। एक खबर के अनुसार, ढींगरा का छोटा भाई, जो उस समय वहीं रहकर अपनी पढ़ाई कर रहा था, उसने भी अपने और अपने परिवार की तरफ से घटना की निंदा की तथा मृतक के परिवार से सहानुभूति जताई थी।[7]

6 जुलाई के अखबार में 'लंदन ट्रेजेडी' के नाम से एक लेख छपा था, जिसमें ढींगरा परिवार के परिचय को विस्तार से प्रस्तुत किया गया था और परिवार के अंग्रेजी सरकार के साथ अच्छे संबंधों की भी चर्चा की गई थी।[8] अखबार में अकसर हर रोज मदनलाल ढींगरा और उसके परिवार से जुड़ी एक नई खबर पढ़ने को मिल जाती थी। एक खबर के अनुसार, ढींगरा जब लंदन में था तो वह वहाँ कांग्रेस के मशहूर नेता लाला लाजपतराय से मिला था, लेकिन लाला लाजपतराय से जब इसके बारे में पूछा गया तो उन्होंने इसका खंडन किया। गोपाल कृष्ण गोखले ने घटना की आलोचना की और सरकार को धैर्य बरतने को कहा। ढींगरा के एक मित्र ने अखबार को बताया कि जब ढींगरा को कर्जन वायली का पत्र मिला था तो उसने कहा था कि एक

एंग्लो इंडियन वायली जैसे व्यक्ति को कोई हक नहीं बनता कि वह किसी के व्यक्तिगत मामले में दखल दे। वायली के कहने पर ही मिस बैक ने ढींगरा से संपर्क साधा था और उसे पार्टी में शामिल होने का निमंत्रण दिया था। अखबार में यह भी दावा किया गया था कि घटना की रात ढींगरा ने दो घंटे वेस्टबोरन गरूव में बिताए थे, जहाँ पर उसके कुछ क्रांतिकारी साथियों ने उसको पिस्तौल उपलब्ध कराई थी, जिसका इस्तेमाल उसने उस रात वायली की हत्या में किया था।

लॉर्ड मार्ले की नजर में वायली की हत्या की घटना कोई मामूली घटना नहीं थी, बल्कि आनेवाले एक बड़े खतरे का संकेत थी। सेक्रेटरी ऑफ स्टेट का उच्च अधिकारी, पॉलिटिकल एड-डी-कैंप कर्जन वायली अगर ब्रिटिश साम्राज्य में सुरक्षित नहीं था तो फिर उनकी तो बात ही क्या करनी थी, जो मीलों दूर भारत में नौकरी कर रहे थे। विचार करने की बात यह थी कि क्रांतिकारियों के हौसले इतने बढ़ गए थे कि उन्होंने विशाल ब्रिटिश साम्राज्य की राजधानी लंदन में सेंध लगा दी थी, और यह कोई मामूली बात नहीं थी। एक तरफ तो यह आतंकवादियों के बुलंद हौसले को बयान करती थी तो दूसरी तरफ साम्राज्य की अभेद्यता की सच्चाई को झुठलाती थी।

जब यह घटना घटी तो सबसे पहले सरकार की शक की सुई बंगाल के किसी व्यक्ति विशेष और बंगाल के क्रांतिकारी संगठन पर गई, क्योंकि 1905 के बंगाल विभाजन के पश्चात् बंगाल के लोग क्रांतिकारी गतिविधियों में सबसे अधिक सक्रिय थे। सूचना विभाग ने भी किसी बंगाली के शामिल होने की शंका जताई थी, लेकिन जब ढींगरा ने अपना अपराध कबूल कर लिया और अपना संबंध पंजाब से बताया, तब जाकर यह भ्रम दूर हुआ। यहाँ तक कि सुरेंद्रनाथ बनर्जी ने भी शुरू में कुछ ऐसी ही शंका जताई थी। वे लिखते हैं कि नाम से एक बात तो स्पष्ट हो गई थी कि मारनेवाला बंगाली नहीं था, लेकिन भारत के किस प्रांत से था, यह कहना संभव नहीं था।[9]

मार्ले और उसके साथी इस घटना के पीछे छिपी साजिश का पर्दाफाश करने की कोशिश में लगे थे। 2 जुलाई, 1909 को मार्ले ने वायसराय लॉर्ड मिंटो को तार द्वारा एक संदेश भेजा, जिसमें सरकार को सावधानी बरतने की हिदायत दी गई थी, और साथ ही इस घटना की साजिश में संलिप्त व्यक्तियों को खोज निकालने का सुझाव भी दिया गया था। इसमें सरकार को किसी

क्रांतिकारी संगठन का हाथ होने का अंदेशा था, इसीलिए मार्ले ने तार में यह जोर देकर कहा था कि यह पता लगाना बहुत आवश्यक है कि क्या यह घटना एक व्यक्ति की सोच की उपज थी या सोची-समझी साजिश का परिणाम? सेक्रेटरी ऑफ स्टेट लॉर्ड मार्ले ने वायसराय को सतर्क रहने को कहा था और साथ ही यह हिदायत भी दी थी कि 'भारतीयों के विदेशों, खास तौर पर लंदनवासियों के साथ हो रहे पत्र-व्यवहार पर कड़ी नजर रखी जाए।' वायसराय मिंटो ने उसी समय डायरेक्टर जनरल, पोस्ट ऑफिस को इस संदर्भ में सचेत कर दिया। अब बाहर से भारत आनेवाला और भारत से विदेश जानेवाला पत्र सरकार की नजरों से होकर गुजरता था। मगर इतना सब कर लेने के बावजूद सरकार के हाथ कुछ न लगा। जहाँ भारत सरकार इस हत्या के पीछे छिपी साजिश को बेनकाब करने की कोशिश में लगी थी तो उधर ब्रिटिश सरकार यह सोचने को मजबूर हो गई थी कि हत्या का कारण कहीं नए लागू किए गए सुधार न हों, जो भारतीयों को संतुष्ट करने में असमर्थ रहे थे।

ब्रिटिश सरकार ने अपनी कमजोरी को छिपाने के लिए और घटना को एक नया मोड़ देने की कोशिश में इसे एक सिरफिरे, मूर्ख और बिगड़ैल नौजवान की करतूत करार दिया, जिसका कोई निश्चित उद्देश्य नहीं था। सरकार का भरसक प्रयास था कि घटना को किसी प्रकार से कोई तूल न दिया जाए, ताकि यह एक जुनून बनने से पहले गुजरते वक्त के साथ सवालों के अँधेरे में खो जाए और किसी प्रकार का राजनीतिक रंग न ले सके; लेकिन घटनाक्रम ने कुछ इस प्रकार मोड़ लिया कि न चाहते हुए भी यह एक सनसनीखेज खबर बन गई और आनेवाले कई सालों तक यह चर्चा का विषय बनी रही।

ढींगरा परिवार को जब इस हादसे की खबर मिली तो वह सदमे में आ गया। वह परिवार, जो कभी अंग्रेजों के प्रति अपनी दोस्ती और वफादारी के लिए जाना जाता था, आज उसी परिवार का एक सदस्य एक अंग्रेजी अफसर के खून का गुनहगार बन कठघरे में खड़ा था। परिवारवालों को जैसे ही इस घटना की सूचना मिली, समस्त परिवार सक्रिय हो गया और अपने दामन पर लगे दाग को धोने में जुट गया। जो होना था, वह तो हो चुका था, अब जरूरत थी उसे समेटने की, परिवार की साख बचाने की, जिसे बनाने में तो सदियाँ लग गई थीं। पर इस घटना ने एक पल में ही सब दाँव पर लगा

दिया था। पिता साहिब दित्तामल ने एक पल भी गँवाए बिना घटना की आलोचना की तथा अपने बेटे की गलती को स्वीकार किया और उसको बचपन से ही सनकी तथा मानसिक तौर पर रोगग्रस्त घोषित कर दिया। उन्होंने डनलप स्मिथ को एक पत्र लिखा—

"जब मैंने पहली बार अखबार में अपने बेटे द्वारा अपने ही प्रिय मित्र, कर्नल सर कर्जन वायली के कत्ल के बारे में पढ़ा तो उस समय मेरे दिल पर क्या बीती होगी, इस बात का अनुमान आप भली-भाँति लगा सकते हैं। मेरा समस्त परिवार इस जघन्य अपराध की, जिसे मेरे पागल बेटे ने अंजाम दिया, कड़े शब्दों में निंदा करता है। वह पिछले दस वर्षों से ही पागलों जैसी हरकतें किया करता था, लेकिन मैंने कभी सोचा भी न था कि 'इंडिया हाउस' उस पर कुछ ऐसा जादू कर देगा कि वह अपने ही शुभचिंतक को मार डालेगा! मुझे जब उसकी ऐसी हरकतों के बारे में जानकारी मिली तो मैंने तुरंत उसे 'इंडिया हाउस' और कृष्णवर्मा जैसे लोगों से किसी प्रकार का संबंध रखने से मना किया और साथ ही सर वायली को अपना प्रभाव इस्तेमाल करते हुए उसको ऐसी कुसंगति से दूर रखने का आग्रह किया था।

"मैं आपको विश्वास दिलाना चाहता हूँ कि मुझे अपने बेटे के खो जाने का इतना गम नहीं है, जितना मुझे उन दो बेगुनाहों के मारे जाने और अपने परिवार की बदनामी का है। मेरा परिवार सदा आपकी बेपनाह नेमतों का आभारी और अंग्रेजी सरकार का वफादार रहा है।"

इसके अलावा साहिब दित्तामल ने अपने सबसे छोटे बेटे भजनलाल को, जो उस समय लंदन में था, तार से यह संदेश पहुँचाया कि वह परिवारवालों की तरफ से इस घटना की भर्त्सना करे, साथ ही अपने भाई की दिमागी कमजोरी को जगजाहिर कर दे। उन्होंने उसे यह भी बताने को कहा कि उनका परिवार ऐसे बेटे से किसी प्रकार का संबंध नहीं रखना चाहता। डॉक्टर साहिब दित्तामल ने अपने इस बेटे से हर प्रकार का संबंध-विच्छेद कर लिया और उसके लिए जरा सी भी सहानुभूति नहीं दिखाई।

साहिब दित्तामल ने अपने बेटों मोहनलाल और बिहारीलाल को डनलप स्मिथ से मिलने तथा इस संदर्भ में सलाह लेने के लिए शिमला रवाना कर दिया। डनलप स्मिथ उस समय वायसराय के अधीन प्राइवेट सेक्रेटरी के तौर पर कार्य कर रहे थे और साहिब दित्तामल के गहरे दोस्त थे। दोनों भाइयों ने

उनसे मिलने के बाद अखबार को एक पत्र लिखा। जाहिर है, यह डनलप स्मिथ के दिए गए सुझाव के अनुसार ही लिखा गया होगा।[10] पत्र में लिखा था—"यह एक व्यंग्योक्ति ही है कि हमारा परिवार, जो तहेदिल से सरकार का वफादार रहा है और जिसके सरकार से इतने घनिष्ठ संबंध रहे हैं, उनके परिवार का एक नौजवान सदस्य हत्या जैसी वारदात में संलिप्त पाया जाए। यह एक हैरानी की बात है। हम भली प्रकार से जानते हैं और स्वीकार करते हैं कि उसको अकसर पागलपन के दौरे पड़ा करते थे और वह गुस्से में आ जाया करता था। ऐसे में वह कृष्णवर्मा और उसके सहयोगियों के हत्थे चढ़ गया, जिन्होंने उसकी इस कमजोरी का फायदा उठाया और उसे हथियार के तौर पर अपने बुरे इरादों को पूरा करने के लिए इस्तेमाल किया। हमारा भाई लंदन पहुँचने के कुछ समय बाद 'इंडिया हाउस' पहुँच गया था। पिताजी ने सर कर्जन वायली को इस विषय में पत्र लिखा और उनकी इस कार्य में सहायता भी माँगी थी। हमारा मानना है कि असली कातिलों ने बड़ी चालाकी से अपने आपको परदे के पीछे रखकर इस घटना को अंजाम दिया था। हम उनके इरादों को भली-भाँति समझते हैं। उग्रवादी चाहते हैं कि हम मदनलाल को शहीद स्वीकार करें, लेकिन हम उसे शहीद नहीं मानते, बल्कि हम उसे एक पागल समझते हैं, जो अपने प्रतिष्ठित परिवार और उनके स्थापित आदर्शों को छोड़ किसी दूसरे के बहकावे में आकर एक ऐसी घिनौनी घटना को अंजाम दे बैठा, जिसको परिवार उचित नहीं समझता और उसकी कड़ी निंदा करता है।"[11]

इस पत्र में एक तरफ तो मदनलाल के पागलपन और गुस्सैल स्वभाव की दुहाई दी गई थी, दूसरी तरफ एक संगठित साजिश होने का शक जताया गया था। ढींगरा को क्रांतिकारियों के हाथ की कठपुतली बतलाया गया था, जिन्होंने उसे अपनी योजना में हथियार के तौर पर इस्तेमाल किया। 'पायोनियर' अखबार ने लिखा था, "ढींगरा परिवार की इस फरियाद से शक की कोई गुंजाइश नहीं रह गई थी और इसे सोच-समझकर एंग्लो-इंडियंस को तथा उसके अपने देशवासियों को, उसकी प्रार्थना स्वीकार कर लेनी चाहिए और इस परिवार के प्रति हमदर्दी जतानी चाहिए, जो शर्म और गम से डूबा जा रहा था। इस प्रकार साहिब दित्तामल और उनका परिवार अपनी मासूमियत तथा घटना से विमुखता साबित करने में कामयाब हो गए थे।

शहीद भगत सिंह इससे भली-भाँति परिचित थे कि परिवार और समाज की क्रांतिकारियों के प्रति किस प्रकार की प्रतिक्रिया होती है। वे ढींगरा के संबंध में लिखते हैं, ''वह कोई नेता तो था नहीं, जिसकी आत्मकथा लिख दी जाती और उसकी सारी प्रतियाँ हाथोहाथ बिक जातीं। न ही वह कोई अवतारी महापुरुष था, जिसके बारे में ज्योतिषी कशीदे काढ़ते और उसकी बचपन की कहानियाँ गढ़ते कि कैसे वह सबसे अलग-थलग था, इसीलिए हम उसके आरंभिक जीवन के बारे में अच्छी तरह नहीं जानते।''[12] आम जनता और ढींगरा के परिवार के लोग शायद अंग्रेजी हुकूमत के गुस्से और उनकी प्रतिक्रिया से डरते थे, इसीलिए जब तक अंग्रेज भारत पर हुकूमत करते रहे, किसी ने भी ढींगरा के जीवन से जुड़ी किसी प्रकार की जानकारी इकट्ठी करने की जहमत नहीं उठाई। उसका परिवार चुप्पी साध गया और किसी अन्य नेता ने भी उसके बारे में कोई बात नहीं की। यूरोप में बसे कुछ भारतीयों को छोड़ किसी ने भी ढींगरा के हौसले की तारीफ नहीं की। हाँ, भर्त्सना जरूर की थी।

ढींगरा का पुश्तैनी घर, जो कभी 'ढींगरा अपार्टमेंट' के नाम से जाना जाता था, आज रीजेंट सिनेमा हॉल के पास कटड़ा शेरसिंह, अमृतसर में एक छोटे से अपार्टमेंट में सिमटकर रह गया है।[13] आज इस घर में मुकंदलाल ढींगरा का बेटा विक्रम ढींगरा अपने परिवार सहित रह रहा है। परिवार के सदस्य मदनलाल ढींगरा के बारे में बहुत कम जानते हैं और अधिक कुरेदने पर वी.एन. दत्ता की पुस्तक का हवाला दे देते हैं।

1976, वह वर्ष, जिसने भारत सरकार और इतिहासकारों का ध्यान ढींगरा की ओर आकर्षित किया तथा उसके जीवन पर लिखने के लिए प्रेरित किया। इससे पहले ढींगरा से जुड़े कुछ लेख या चंद पंक्तियाँ किसी साहित्यक लेख में ही लिखी मिलती थीं, लेकिन अब तो उसके जीवन पर एक पूर्ण पुस्तक लिख दी गई। इनमें केसर सिंह का नाम सबसे ऊपर आता है। वे एक ऐसे उपन्यासकार हुए हैं, जिन्होंने पंजाब के शहीदों को कहानी का मुख्य पात्र बनाकर उनके जीवन का ही चित्रण कर दिया, और इसी शृंखला में उन्होंने, 'अमर शहीद मदनलाल' उपन्यास लिखा था। यह उपन्यास कम और इतिहास के अधिक करीब है, क्योंकि इसको लिखने में उन्होंने लंदन में ढींगरा से जुड़े तथ्य एकत्रित किए और फिर इसे वास्तविक रूप दिया। इसी तरह

इतिहासकार वी.एन. दत्ता ने अमृतसर जाकर ढींगरा के परिवारवालों से मिलकर उनके गुमनाम जीवन को एक नया रूप प्रदान करने की कोशिश अपनी पुस्तक 'मदनलाल ढींगरा : ए रेवोल्यूशनरी मूवमेंट' में की। तीन दशकों के पश्चात् मलविंदर जीत सिंह वरैच और कुलदीप पुरी की पुस्तक 'ट्रिस्ट विद मारटीर्डम' बाजार में आई। इसकी मुख्य विषय-वस्तु मदनलाल ढींगरा की अदालती काररवाई रही, जिसके ऊपर अब तक कुछ लिखा नहीं गया था।

इसमें कोई शक नहीं कि ढींगरा के कार्य ने परिवार के लिए बहुत मुश्किलें खड़ी कर दी थीं। इसीलिए आजादी से पहले परिवार के सदस्य उनके बारे में बात करने से कतराते थे। यही कारण था कि आज हमारे पास ढींगरा के जीवन से संबंधित अधिक जानकारी प्राप्त नहीं है। 1947 में आजादी अपने साथ बँटवारा और बेहिसाब कत्लेआम लेकर आई। अमृतसर के निवासियों ने आजादी के नाम पर हुए खून-खराबे को बड़े नजदीक से देखा और झेला था। पंजाब को स्वतंत्रता एक बड़ी कीमत चुकाने के बाद हासिल हुई थी। आनेवाले दो दशक 1957 और 1967 बँटवारे में हुए नुकसान की भरपाई में निकल गए। किसी के पास इतना समय ही कहाँ था कि स्वतंत्रता के शहीदों के बारे में कुछ सोच पाते।

यह भी एक विडंबना ही थी कि 1976 में भारतीय क्रांतिकारियों के दबाव डालने पर भारत सरकार ने ब्रिटिश सरकार से शहीद ऊधम सिंह की अस्थियाँ भारत को लौटाने का आग्रह किया, जो पैंटाविला जेल में दफन थीं। जब उनकी अस्थियाँ खोजी जा रहीं थीं तो अचानक उसी जेल में पिछले सात दशकों से दफन मदनलाल ढींगरा की कब्र पर किसी की नजर पड़ी और इस प्रकार 20 दिसंबर, 1976 को मदनलाल ढींगरा की अस्थियों को अमृतसर के समीप माल मंडी में स्थापित किए गए चबूतरे पर रखकर हिंदू रीति-रिवाज से उनका संस्कार किया गया। सरकार ने इसी स्थान पर पाँच हेक्टेयर जमीन ढींगरा के स्मारक के लिए दी और बाद में इसी स्थान पर मदनलाल ढींगरा की प्रतिमा भी स्थापित की गई।[14]

आज अमृतसर शहर में ढींगरा परिवार से जुड़े दो स्मारक स्थापित हैं—एक, राम (कंपनी) बाग में स्थित है, जो मदनलाल ढींगरा के पिता साहिब दित्तामल का स्मारक है, उसे 'बारादरी' के नाम से जाना जाता है और दूसरा शहीद ढींगरा की प्रतिमा, जो अमृतसर से बाहर माल मंडी में विराजमान है।

''मुझे इस बात का गर्व है कि मैं अपना जीवन अपने देश के लिए न्योछावर कर सका, लेकिन याद रहे—वह दिन दूर नहीं, जब हमारा भी समय आएगा।''

—मदनलाल ढींगरा

निडर आजादी का परवाना

''मदनलाल ढींगरा 18 फरवरी, 1887 को अमृतसर में पैदा हुआ और जिसे 17 अगस्त, 1909 को लंदन में शहादत प्राप्त हुई। 1 जुलाई, 1909 में कर्जन वायली को गोलियों से मार देने के मामले में उन्हें सजा-ए-मौत सुनाई गई।

इस बहादुर नौजवान ने मौत को सहर्ष गले लगा लिया और हँसते-हँसते अपना जीवन देश की खातिर बलिदान कर दिया।''

ऊपर लिखी गई पक्तियाँ शहीद मदनलाल ढींगरा की प्रतिमा के नीचे अंकित हैं। इस प्रतिमा का उद्घाटन पंजाब के मुख्यमंत्री सरदार बेअंत सिंह ने 8 सितंबर, 1992 को किया था। इस पर अंकित मदनलाल ढींगरा का जन्म का वर्ष 1887 है, जो तथ्यों के आधार पर सही नहीं बैठता।

'द ट्रिब्यून' अखबार ने अपने 3 जुलाई के अंक में मदनलाल ढींगरा की उम्र 22 वर्ष बताई गई थी।[15] कुछ इतिहासकारों ने इसी को वास्तविक मानते हुए 1887 को उनका जन्म-वर्ष निश्चित कर दिया और सरकार ने भी इसी को सही मान लिया, जो उचित नहीं है।

'द टाइम्स' अखबार लंदन ने 'ट्रायल कोर्ट प्रोसीडिंग्स' में लिखा था—

''मदनलाल ढींगरा, उम्र 25 साल, पंजाब का निवासी, जो इंजीनियरिंग का विद्यार्थी था और लैडबरी रोड पर रहता था, उसे आज मिस्टर होरेस स्मिथ की पुलिस अदालत में देर रात 2 जुलाई, 1909 को पेश किया गया। कैदी ने अपनी उम्र 25 साल बताई। उसका रंग गहरे जैतून जैसा था और सिर के काले घुँघराले बाल उसके माथे पर गिर रहे थे। उसने सुनहरी रंग के बड़े फ्रेमवाला चश्मा लगा रखा था और गहरे रंग का साधारण सा विलायती सूट पहने हुआ था। वह कठघरे में अपने हाथ जेब में डालकर ऐसे खड़ा था जैसे उसको चल रही काररवाई से कुछ लेना-देना नहीं था।''[16]

'द टाइम्स' अखबार के अनुसार—अगर ढींगरा की उम्र 25 वर्ष मान लें तो उनके जन्म का वर्ष 1883-84 होना चाहिए। केसर सिंह अपने उपन्यास

ढींगरा बिल्डिंग 1976

ढींगरा बिल्डिंग 2010

में उनके जन्म का वर्ष 1883 लिखते हैं। इसके प्रमाण के लिए वे उपन्यास के शुरू में ही मदनलाल ढींगरा के पिता साहिब दित्तामल के हाथ का लिखा नोट भी छापते हैं, जिसमें स्पष्ट शब्दों में लिखा है—"मेरे सातवें बेटे मदनलाल का जन्म 18 फरवरी, रविवार के दिन 1883 को सुबह के 3 बजकर 15 मिनट पर अमृतसर में हुआ था।"

उसके जन्म के साल के बारे में इंग्लैंड जेल से मिलने वाले मृत्यु प्रमाण-पत्र में ढींगरा का जन्म किस साल हुआ था, यह तो पता नहीं चलता, लेकिन वह मृत्यु के समय 1909 में 25 वर्ष का था, ऐसा लिखा मिलता है। अगर हम इसको ठीक मान लें तो मदनलाल ढींगरा का जन्म 1883-84 में होना चाहिए।

अमृतसर में ढींगरा परिवार से जुड़ा हुआ दूसरा ऐतिहासिक स्मारक साहिब दित्तामल का है, जो कंपनी बाग के पश्चिम में स्थापित है।[17] यह स्मारक 'बारादरी' के नाम से जाना जाता है और इसे साहिब दित्तामल के बेटों ने उनकी याद में बनवाया था। 'बारादरी' के बाहर लगे अभिलेख पर लिखा है—

बारादरी

बारादरी 'रंजीत सिंह पैलेस' के पश्चिम में स्थित है। यह एक मंजिला इमारत है, जो एक ऊँचे चबूतरे पर बनाई गई है। इसकी छत समतल और साधारण है एवं इसके चारों तरफ ऊपर जाने के लिए सीढ़ियाँ बनी हुई हैं। हर द्वार पर तीन-तीन मेहराब बने हुए हैं। हर मेहराब स्तंभ के सहारे खड़ा है और इसके हर किनारे पर प्लास्टर किया गया है। प्लास्टर पर साँप की तरह डिजाइन बना हुआ है। इमारत के मुख्य द्वार को संगमरमर के पत्थर से सजाया गया है। मुख्य द्वार के ऊपर लिखा हुआ है : 'यह बारादरी साहिब दित्तामल के बेटों द्वारा अपने पिता की स्मृति में बनवाई गई थी।' जन्म 30 जुलाई, 1846; मृत्यु 29 अक्तूबर, 1916।

प्रश्न उठता है कि अंग्रेजी सरकार ने एक अपराधी के पिता का स्मारक बनाने की इजाजत क्यों दी? कोई तो कारण जरूर रहा होगा। क्या यह ढींगरा परिवार को उसकी स्वामिभक्ति का इनाम तो नहीं था? बारादरी की इमारत एक बात तो स्पष्ट रूप से साबित करती है कि अंग्रेजी सरकार ने मदनलाल

ढींगरा द्वारा लंदन में की गई वारदात को एक अलग स्वरूप में देखा और भारत में रह रहे ढींगरा परिवार को अलग नजर से देखा। वरना यह कभी संभव नहीं था कि अंग्रेजी सरकार ऐसे परिवार को, जिसका कोई सदस्य किसी अंग्रेजी अधिकारी की हत्या में संलिप्त हो, उसे सम्मानित करे। यह शायद अपने आप में पहला अनोखा उदाहरण था। शायद सरकार ने ढींगरा परिवार को उनकी मुश्किल में सहायता करने के एवज में ऐसा किया होगा। इस घटना ने ब्रिटिश राजधानी का सीना छलनी कर दिया था, सरकार की छवि धूमिल कर दी थी और राज्य की अभेद्यता पर प्रश्नचिह्न लगा दिया था। अंग्रेजी खुफिया एजेंसी अपने ही देश में पनप रही साजिश को भाँप न सकी थी। किसी बड़ी साजिश के होने या किसी बड़े संगठन के इसमें संलिप्त होने की संभावना को नकारा नहीं जा सकता था। आंतरिक तौर पर सरकार घटना के साथ जुड़ी हर कड़ी को खोज निकालने में लगी हुई थी, लेकिन बाहरी तौर पर उन्होंने इस घटना के प्रति अपनी उदासीनता बनाए रखी। ऐसे संकटकाल में ढींगरा परिवार का साथ सरकार के लिए राहत लेकर आया था। ब्रिटिश सरकार एक तीर से दो शिकार कर रही थी; एक मदनलाल को पागल साबित

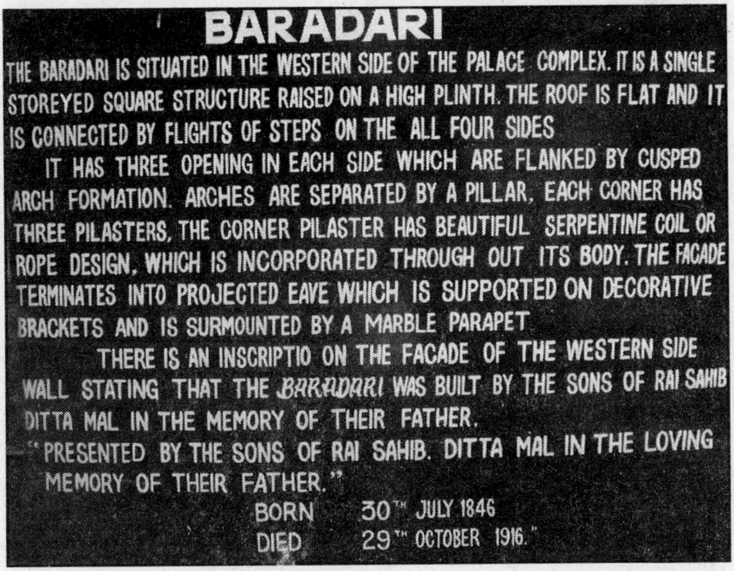

BARADARI

THE BARADARI IS SITUATED IN THE WESTERN SIDE OF THE PALACE COMPLEX. IT IS A SINGLE STOREYED SQUARE STRUCTURE RAISED ON A HIGH PLINTH. THE ROOF IS FLAT AND IT IS CONNECTED BY FLIGHTS OF STEPS ON THE ALL FOUR SIDES.

IT HAS THREE OPENING IN EACH SIDE WHICH ARE FLANKED BY CUSPED ARCH FORMATION. ARCHES ARE SEPARATED BY A PILLAR. EACH CORNER HAS THREE PILASTERS, THE CORNER PILASTER HAS BEAUTIFUL SERPENTINE COIL OR ROPE DESIGN, WHICH IS INCORPORATED THROUGH OUT ITS BODY. THE FACADE TERMINATES INTO PROJECTED EAVE WHICH IS SUPPORTED ON DECORATIVE BRACKETS AND IS SURMOUNTED BY A MARBLE PARAPET.

THERE IS AN INSCRIPTIO ON THE FACADE OF THE WESTERN SIDE WALL STATING THAT THE BARADARI WAS BUILT BY THE SONS OF RAI SAHIB DITTA MAL IN THE MEMORY OF THEIR FATHER.

"PRESENTED BY THE SONS OF RAI SAHIB. DITTA MAL IN THE LOVING MEMORY OF THEIR FATHER."

BORN 30TH JULY 1846

DIED 29TH OCTOBER 1916."

बारादरी

करके वह घटना की राजनैतिक महत्ता को कम करना चाहती थी और दूसरे वह लंदन में रह रहे क्रांतिकारियों पर शिकंजा कसना चाहती थी, जिनकी गतिविधियों पर तो उसकी कब से नजर थी, लेकिन सबूत न होने के कारण वह उनके खिलाफ कोई काररवाई नहीं कर पा रही थी। ढींगरा परिवार अगर अपने बेटे की जान की रक्षा का उपाय कर रहा था तो अंग्रेजी सरकार अपना उल्लू साधने में लगी थी। मगर अफसोस! परिवार और सरकार दोनों मदनलाल ढींगरा के कंधे पर बंदूक रखकर गोली चला रहे थे। परिवारवालों की यह दलील कि बचपन से ही उसकी दिमागी हालत ठीक नहीं थी, उन्होंने यह दलील अपने बेटे को फाँसी के फंदे से बचाने के लिए दी थी या सरकार की साख बचाने के लिए दी थी, कुछ कहा नहीं जा सकता। इसमें कोई शक नहीं कि यह योजना ढींगरा को फाँसी के फंदे से तो न बचा सकी, लेकिन सरकार को अपनी शर्मिंदगी छुपाने में अवश्य सहायक सिद्ध हुई और ढींगरा की शहीदी पर सवालिया चिह्न लगा गई।

ढींगरा परिवार ने मुसीबत के समय अंग्रेजी सरकार का साथ दिया था और शायद इसी बात को ध्यान में रखते हुए सरकार ने 1916 में कंपनी बाग में साहिब दित्तामल का स्मारक बनाने की इजाजत दे दी थी। वरना अंग्रेजी सरकार के द्वारा एक अपराधी के पिता को इतना सम्मान दिया जाना संभव नहीं था। लोग सरकार की नीतियों और उसके गुस्से से भली-भाँति परिचित थे। भारतवासी 1857 के प्रथम स्वतंत्रता संग्राम के बाद हुए कत्लेआम को अभी तक भूल नहीं पाए थे। इस बात का अनुमान इन शब्दों से लगाया जा सकता है, जो एक दर्शक ने 1 जुलाई को हुई घटना के स्थान पर ढींगरा के पकड़े जाने के उपरांत कहे थे और 'ट्रिब्यून' अखबार ने इसे 6 जुलाई, 1909 के अंक में प्रकाशित किया था—

''एक मिलिट्री ऑफिसर ने घटनास्थल पर वायली को देखकर कहा 'सॉरी फॉर वायली'। इस पर पास खड़े एक हिंदू ने कहा, 'नो, नो, बी सॉरी फॉर इंडियंस'। अर्थात् अफसोस वायली का नहीं, हम भारतीयों का करो, जो इस नादान की गलती का और अंग्रेजी सरकार के गुस्से का निशाना बनेंगे।'' आम जनता और 'इंडिया हाउस' में रहनेवाले, सभी सरकार के गुस्से और उसकी बदले की भावना से भली-भाँति परिचित थे। अखबार में छपी यह खबर इंग्लैंड में रह रहे भारतीय विद्यार्थियों के डर को उजागर करती है, जो

उनके दिलों में सदियों से बैठा हुआ था। ऐसे सैकड़ों उदाहरण मौजूद थे, जब एक व्यक्ति की गलती के लिए समस्त परिवार को सजा भुगतनी पड़ी थी।[18]

एक अन्य महत्त्वपूर्ण प्रश्न यह था कि क्या मदनलाल ढींगरा वास्तव में पागल था? जैसाकि परिवारवाले उसके बारे में प्रचार कर रहे थे। साहिब दित्तामल ने अपने बेटे के पागलपन की कहानी 'इंडियन डेली न्यूज' में 10 जुलाई को छपवाई थी :

"मदनलाल का जन्म 1883 में हुआ था। वह बचपन से ही सनकी था और उसका स्वभाव अपनी उम्र के बच्चों से अलग-थलग था। वह अपने प्रति और दूसरों के सुख-दुःख, दर्द के प्रति बिलकुल अनभिज्ञ था। उदाहरण के लिए, वह कभी किसी बीमार रिश्तेदार का हाल पूछने नहीं गया। एक बार जब उसकी माँ लंबी बीमारी से जूझ रही थी, उस समय सभी उसका हाल पूछने के लिए आए, लेकिन वह एक बार भी उस कमरे में नहीं गया था। एक बार जब उसके भाई की पत्नी मर गई थी और सारा परिवार शोक में डूबा हुआ था तो वह गलियों में बिना मकसद सीटी बजाता, बेपरवाह घूम रहा था, जैसे कुछ हुआ ही न हो। एक बार तो इसने अपने आपको कमरे में 24 घंटे इसलिए बंद कर लिया, क्योंकि उसका मानना था कि उसने कोई अपराध कर लिया है और वह अपने आपको उसकी सजा दे रहा है। कमरे का दरवाजा तोड़कर उसे बाहर निकाला गया। जब वह 24 साल का था तो घर से भाग गया और कई महीने तक हमें उसके बारे में कोई खबर नहीं थी। पहले तो वह बर्मा चला गया, फिर इधर-उधर बेकार घूमता रहा और अंत में एक जहाज पर उसने लास्कर की नौकरी कर ली। श्रीलंका से पैसों के लिए उसका तार आया था और फिर कुछ समय के बाद वह भारत लौट आया। जब वह वापस आया तो उसके व्यवहार में कोई सुधार नहीं देखा गया, वह पहले की तरह पागल ही पाया गया। उसे कई बार पागलपन के दौरे पड़ते थे और वह गुस्से में बेकाबू हो जाता था। उसका व्यवहार आमतौर पर पागलों जैसा ही था, इसीलिए मेरे डॉक्टर बेटे बिहारीलाल ढींगरा ने मुझ पर दबाव डाला और मुझे इस बात के लिए राजी किया कि चिकित्सा के आधार पर इसे लंदन भेज दिया जाए। उसे विश्वास था कि वहाँ की जलवायु और लंदन का वातावरण तथा व्यावसायिक विषय में पढ़ाई उसके लिए लाभदायक साबित होंगे।"

एक पिता का अपने पागल बेटे के लिए ऊपर दिया गया पत्र हमें

Madan Lal Dhingra

A brief account of his life
written by him of
Sir Curzon Wyllie & [illegible]
His trial & conviction
& execution at [illegible].

By
[illegible]

His bereaved father [illegible]
[illegible]
Dr. [illegible]

डॉ. साहिब दित्तामल की लिखावट (मदनलाल ढींगरा के पिता)

मदनलाल के पहले जीवन के बारे में जानने का मौका देता है, अन्यथा उसके बारे में हमारे पास अधिक जानकारी नहीं है। इस वर्णन से एक बात तो स्पष्ट हो

जाती है कि बचपन से ही मदनलाल के अपने परिवार से संबंध सामान्य नहीं थे। पत्र की भाषा और शैली साहिब दित्तामल के प्राधिकरण स्वभाव का परिचय करवा देती हैं। चिट्ठी में उनका स्वाभिमान और हठीलापन स्पष्ट झलकता है। उनका लिखा पत्र, पत्र कम आदेश ज्यादा लगता है। पत्र पढ़कर पात्र के प्रति सहानुभूति उत्पन्न होती है और सूचक के प्रति आश्चर्य होता है। लेखक का स्वाभिमान और अक्खड़पन पात्र के सनकीपन से अधिक दिखाई देता है और पिता की दिमागी हालत पर शक सा होने लगता है। ऐतिहासिक दृष्टि से यह पत्र महत्त्वपूर्ण है, क्योंकि यह हमें ढींगरा की उम्र के बारे में जानकारी प्रदान करता है। इस पत्र की सबसे बड़ी कमी यह है कि इसको पढ़कर हम पात्र द्वारा अंजाम दी गई भिन्न-भिन्न घटनाओं के बारे में तो जान जाते हैं, लेकिन जब ये घटनाएँ घटीं, उस समय उसकी सही उम्र क्या रही होगी, इसके बारे में यह कुछ नहीं बताता है। यह जानकारी मदनलाल पर लगाए जा रहे पागलपन के इलजाम को समझ ने के लिए बड़ी ज़रूरी थी।

मदनलाल पर जो दोष लगाए गए, जैसेकि दूसरों के प्रति उसका उदासीन व्यवहार, किसी के सुख-दुःख में शामिल नहीं होना, माँ के बीमार होने पर हाल-चाल नहीं पूछना, भाभी की मृत्यु पर कोई शोक प्रकट नहीं करना, अपने आपको कमरे में बंद कर लेना इत्यादि घटनाएँ शायद उस समय घटित हुई होंगी, जब वह बचपन से किशोरावस्था में कदम रख रहा होगा। इस अवस्था में नौजवान अपने आपको एक अलग दुनिया में महसूस करता है। वह शरीर में हो रहे बदलाव से अपरिचित होता है। ऐसी परिस्थिति में उसे अत्यधिक स्नेह, दुलार, सही मार्गदर्शन और दिशा-निर्देशन की जरूरत होती है। माँ-बाप की लापरवाही बच्चे को परिवार और समाज से अलग कर सकती है। हमें यह नहीं भूलना चाहिए कि हर व्यक्ति की अपनी एक अलग मानसिकता होती है। कुछ अधिक संवेदनशील होते हैं तो कुछ कम। किसी को समझाने के लिए आँख का इशारा ही बहुत होता है और कुछ मार खाकर भी नहीं समझते। इसलिए हर व्यक्ति को आँकने के लिए एक ही मापदंड का प्रयोग नहीं किया जा सकता। मदनलाल के संदर्भ में तो ऐसा प्रतीत होता है कि उसके पालन-पोषण में कहीं कोई कमी रही होगी। वह एक संवेदनशील व्यक्ति था, जिसे दुलार के साथ-साथ व्यवस्थित देख-रेख की भी जरूरत थी। संयुक्त परिवार में ऐसी लापरवाही अकसर देखी जा सकती है और खास

तौर पर उस परिवार में, जहाँ बच्चों की गिनती ज्यादा हो और पिता जरूरत से ज्यादा तानाशाह हो। ऐसे परिवार में जनमे संवेदनशील बच्चे अपने आपको उपेक्षित महसूस करते हैं तथा दूसरों का ध्यान अपनी ओर केंद्रित करने के लिए बचकानी हरकतें करते हैं, लेकिन इसका अर्थ यह नहीं कि वे पागल हैं। सवाल यह उठता है कि मदनलाल के दूसरे भाई ऐसे क्यों नहीं निकले? जवाब वही है कि सब एक जैसे नहीं होते। उसके दूसरे भाई विनम्र और आज्ञाकारी थे, लेकिन मदनलाल अलग प्रवृत्ति का था। वह स्वाभिमानी, निडर, बेपरवाह, साहसी और अहंभाव रखनेवाले कुछ चुनिंदा लोगों में से था, जो सच कहने की हिम्मत रखता था। उसके पिता अपनी व्यक्तिगत डायरी में जब मदनलाल के बारे में लिखते हैं तो उसकी असली छवि को अपने कुछ शब्दों में बयान कर जाते हैं और दिल से स्वीकारते हैं कि वह 'दृढ़प्रतिज्ञ और निष्ठावान' था। ये शब्द उन्होंने शायद जीवन के अंतिम दौर में लिखे लगते हैं, लेकिन ये वास्तव में, मदनलाल की वास्तविकता का बयान करते हैं।

मदनलाल ढींगरा

- उसके प्रारंभिक जीवन का संक्षिप्त वर्णन;
- कर्जन वायली और डॉक्टर लालकाका की हत्या;
- लंदन में मुकदमा चलना, दोषी पाया जाना और फाँसी लगना;
- शोक संतप्त पिता, अपने अभागे और गुमराह बेटे के लिए;
- जो 'दृढ़प्रतिज्ञ और निष्ठावान' था, अपना आखिरी फर्ज पूरा करना चाहता है।

ऊपर की पंक्तियाँ साहिब दित्तामल की डायरी से ली गई हैं और ये स्पष्ट करती हैं कि पिता अपने पुत्र को कोई लेख लिखकर श्रद्धांजलि पेश करना चाहता था। शायद वह लंदन के हादसे की घटना को विस्तार से लिखना चाहता था। ऊपर दी गई प्रत्येक पंक्ति लिखे जाने वाले लेख या पुस्तक के अध्याय का शीर्षक होने का संकेत देती हैं। साहिब दित्तामल के दिमाग में उस समय क्या चल रहा था और वह क्या लिखकर छोड़ जाना चाहता था, इसके बारे में हम कुछ नहीं कह सकते, लेकिन एक बात ध्यान देने योग्य है कि उसने एक बार भी अपने बेटे के नाम के साथ 'पागल' शब्द का प्रयोग नहीं किया था। ये पक्तियाँ दरशाती हैं कि साहिब दित्तामल के दिल

में अपने बेटे के प्रति प्यार था और वह ढींगरा को बेकसूर समझता था। शायद 'अभागा' शब्द पिता के लिए इस्तेमाल किया गया है, न कि ढींगरा के लिए। वास्तव में साहिब दित्तामल बड़ा बदकिस्मत बाप था, जिसे अपने परिवार और अपनी साख को बचाने के लिए या मदनलाल को फाँसी के शिकंजे से बचाने के लिए अपने बेकसूर बेटे को 'बचपन से पागल' के इलजाम से सुशोभित करना पड़ा था। वह अपने अवचेतन मन में यह भली-भाँति जानता था कि उसका बेटा पागल नहीं है, लेकिन उसे यह सब करना पड़ा था। वह शायद अपने अभागे बेटे को श्रद्धा के सुमन एक लेख लिखकर चढ़ाना चाहता था और अपनी गलती का प्रायश्चित्त करना चाहता था।

जेल के सुपरिंटेंडेंट ने अपनी रिपोर्ट में यह स्पष्ट लिखा है कि ढींगरा शारीरिक और मानसिक तौर पर ठीक था।

जेल के मेडिकल ऑफिसर की रिपोर्ट

एच.एम. प्रिजन ब्रिक्स्टन

22 जुलाई, 1909

औपचारिक चिट्ठी

रज : 9493 मदनलाल ढींगरा

यह व्यक्ति मेरे अस्पताल के विभाग की निगरानी के अधीन 2 जुलाई, 1909 से रह रहा था। मैं प्रतिदिन इसका निरीक्षण किया करता था और इससे कई बार बातें करने का मौका मिला, आज सुबह (वीरवार, 7 जुलाई, 1909) भी मैंने उससे बात की।

वह सेहतमंद था और उसने मुझसे कहा था कि जब वह भारत में था तब एक बार वह मलेरिया की चपेट में आ गया था, लेकिन इसके अलावा उसने सेहत में कोई खराबी नहीं बतलाई।

वह अच्छा-खासा, पढ़ा-लिखा और गहरी सोच तथा सूझ-बूझ की शख्सियत का व्यक्ति था, जो कम बोलता था और बातचीत में अधिक भाग नहीं लेता था तथा आराम करना अधिक पसंद करता था।

वह अच्छा खाता-पीता था और सभी विषयों पर बड़े तर्क से विवाद करता था। वह बड़े विनम्र भाव से पेश आता था और सबसे तमीज से बातचीत करता है। जब तक वह मेरे साथ रहा, मैंने उसके स्वभाव में कोई

पागलपन नहीं देखा।

एस.आर. डायर, एम.डी.

मेडिकल ऑफिसर[19]

उस पर लगाया गया यह इलजाम कि वह बर्मा, श्रीलंका जैसे देशों में घर में बिना किसी को बताए घूमता रहा, उसके आजाद स्वभाव को दरशाता है, और जहाँ तक इजाजत लेकर जाने की बात है, शायद इसका जवाब 'नहीं' होगा, वह भली प्रकार से जानता था। अड़ियल पिता के सामने किसी भी बेटे की इतनी हिम्मत नहीं थी कि आँख उठाकर बात कर सके । इस प्रकार के तंग वातावरण में जनमे व्यक्ति से हम और क्या उम्मीद कर सकते हैं कि या तो वह डर जाए और दुबककर अपना जीवन व्यतीत करे या फिर अपने अरमानों को पंख लगाकर एक नई उड़ान भरे? और उसने ऐसा ही किया था। पिता की यह शिकायत कि वह पैसे मँगवाया करता था, क्योंकि वह अच्छी तरह से जानता था कि घर में पैसों की कोई कमी नहीं है। इसमें कोई शक नहीं कि वह घर से अपनी मरजी से भांगा था। वह अगर पागल होता तो क्या वह इस तरह इधर-उधर भटकता होता और दर-दर की ठोकरें खा रहा होता? वह मेहनती इनसान था, जो खुद्दारी के साथ जीना चाहता था। उसने रिक्शा भी चलाया और जहाज में लश्कर के रूप में काम भी किया। अगर वह पागल होता तो भीख माँगता दिखाई देता? वैसे भी पागलों को कोई काम पर नहीं लगाता। वह समझदार नौजवान था, जो यह भली-भाँति जानता था कि उसका पिता एक प्रतिष्ठित और अमीर डॉक्टर है, जिसे अपनी प्रतिष्ठा बड़ी प्यारी है और वह मदनलाल को तो चाहे एक पैसा न दे, लेकिन अपनी इज्जत की खातिर उसे जरूर पैसे दे देगा, और अपने पिता की इस कमजोरी का वह फायदा उठाता है। ऐसा कोई पागल नहीं कर सकता। पिता का यह कहना कि वह पैसे मँगवाने के लिए तार भेज दिया करता था—इस बात में शिकायत कम और दोष देना अधिक लगता है। ढींगरा बचपन से ही विद्रोही स्वभाव का था। ऐसे बच्चे कभी भी किसी के पराधीन होकर नहीं रह सकते। साहिब दित्तामल के स्वभाव की अगर गहराई से समीक्षा की जाए तो वह ढींगरा से दो रत्ती अधिक सनकी और हठी प्रतीत होता है। ढींगरा का पिता अपने बनाए हुए आदर्शों पर चलता था और ऐसा ही अपने परिवार के अन्य सदस्यों से

उम्मीद करता था। उसके अनुसार, ब्रिटिश लोग देश के अन्नदाता थे और उनका साथ देना और निभाना ढींगरा परिवार का कर्तव्य और नियम था। इसलिए अंग्रेजी सरकार की सेवा करना और उनके प्रति वफादारी ढींगरा परिवार का परम धर्म थी। ऐसे परिवार में एक विद्रोही कैसे समा सकता था, जिसकी विचारधारा ही उलट हो? पिता वफादारी का पाठ पढ़ाता था तो मदनलाल का स्वभाव बगावत का था। जहाँ पिता को अंग्रेजी सरकार की गुलामी कबूल थी तो बेटे को आजादी। बेटा पूर्व को शीश झुकाता था तो पिता पश्चिम के आगे नतमस्तक होता था। पिता को परिवार की इज्जत प्यारी थी, पर मदनलाल इससे बेपरवाह था। पिता को अपने अंग्रेजी दोस्तों से संबंधों पर गर्व था तो मदनलाल को उनके नाम से ही नफरत थी। वह एक वफादार परिवार का एक विद्रोही पुत्र था, जिसका सिर किसी के आगे नहीं झुका था। वह राजा की तरह पैदा हुआ था और एक राजा की तरह ही जीना चाहता था।

वह एक स्वाभिमानी व्यक्ति था, जो अपनी मातृभूमि की आजादी के स्वप्न देखा करता था। यह वह स्वप्न था, जिसकी उसके परिवार के सदस्य तो ख्वाब में भी उम्मीद नहीं कर सकते थे। वह एक पैदाइशी बागी था, जिसे कोई बंधन, संगठन या कोई तानाशाह बाँधकर नहीं रख सकता था। जिसे पराधीनता अभिशाप दिखती थी और माँ स्वरूप जन्मभूमि गुलामी की जंजीरों में जकड़ी नजर आती थी। ऐसा व्यक्ति अपने परिवार तो क्या, आम आदमी की नजरों में भी अगर पागल न होगा तो और क्या होगा? एक संपन्न परिवार से होकर विलायत में पढ़ाई करके उज्ज्वल भविष्य को मौत के अँधेरे में धकेलनेवाला धूर्त नहीं तो क्या होगा? मदनलाल के पिता के पत्र की आखिरी पक्तियाँ सच्चाई का पर्दाफाश कर देती हैं, 'मेरे डॉक्टर बेटे बिहारीलाल ढींगरा ने मेरे ऊपर दबाव डाला और इस बात के लिए राजी किया कि इलाज के आधार पर इसे लंदन भेज दिया जाए।' क्या लंदन सनकी और पागलों का अस्पताल था? ऐसी सोच और विचार पिता और परिवार की मानसिकता को दरशाते हैं और उन्हीं की तरफ इशारा करते हैं, उन्हें दोषी ठहराते हैं। मदनलाल अपने अक्खड़ पिता की नजर में पागल था, क्योंकि वह उनके बनाए गए पदचिह्नों पर नहीं चलता था। जिसे साहिब दित्तामल दोस्त समझता था, उसे वह दुश्मन। पिता अंग्रेजी राज्य को वरदान मानता था तो बेटा बदकिस्मती। बाप उनके सहारे आगे बढ़ने की योजना बनाता तो बेटा उनका नाम लेने को

भी तैयार नहीं था। यह लड़ाई थी अलग-अलग विचारधारा की। बाप तो बेटे को कोस सकता था। उसने कोसा भी, लेकिन बेटा क्या करता? वह तो खामोश सब सुन और सह सकता था और जब तक वह सह सका, उसने सहा और जब यह सब बरदाश्त से बाहर हो गया, उसने बगावत कर दी। वह लड़ाई तो कर नहीं सकता था, इसीलिए उसने घर छोड़ने का निर्णय लिया होगा, अब इसे चाहे कोई पागलपन समझ ले!

□

2

परिवार, शिक्षा तथा घर त्याग

ढींगरा परिवार साहिवाल गाँव का निवासी था, जो जिला सरगोधा में पश्चिम पाकिस्तान के समीप स्थित था। सन् 1850 में ये लोग अमृतसर में आकर बस गए थे। साहिब दित्तामल ने 1867 में मेडिकल स्कूल, लाहौर से आँखों के सर्जन की डिग्री हासिल की थी। उन्होंने सहायक डॉक्टर के तौर पर सरकारी नौकरी कर ली और साथ ही उन्हें निजी चिकित्सा केंद्र चलाने की इजाजत भी मिल गई। वे कुछ समय गुरदासपुर में मेडिकल ऑफिसर रहे और होशियारपुर में सिविल सर्जन के पद पर भी कार्य किया। उनके नए पद से समाज में उनकी प्रतिष्ठा बढ़ गई। वहाँ पर उनकी मित्रता उस समय के जिलाधीश डनलप स्मिथ और कर्जन वायली से हो गई और उनके पहनावे एवं व्यवहार में विदेशीपन झलकने लगा था। उन्होंने तीस वर्ष तक सिविल सर्जन के पद पर कार्य किया और इसी पद से सेवानिवृत्त हुए। उन्होंने कुछ समय जम्मू की रियासत में महाराजा प्रताप सिंह के निजी चिकित्सक के रूप में भी काम किया था। ब्रिटिश सरकार ने उनकी सेवाओं के बदले में उन्हें 'राय साहब' का खिताब दिया था। सेवानिवृत्त होने के पश्चात् वे अमृतसर में आ गए और अपनी प्राइवेट प्रैक्टिस शुरू कर दी, जो जल्द ही चल निकली। उन्होंने शहर की चारदीवारी के अंदर और बाहर बहुत से मकान खरीदे और बनवाए। कटरा शेर सिंह में 'वंदेमातरम् हॉल' के समीप उनके मकानों की कतार शुरू होती थी, जो गली के आखिर तक चली जाती थी।

उन्होंने बहुत से मकान किराए पर दे रखे थे। साहिब दित्तामल अकसर अंग्रेजी लिबास में अपनी मोटरगाड़ी में घूमते देखे जाते थे। उनके पास छः घोड़ाबग्घी भी थीं। उन्होंने अपनी रिहायश के लिए 'ढींगरा बिल्डिंग' नाम का कई कमरोंवाला एक बड़ा घर 'वंदेमातरम् हॉल' की बगल में बनवाया था।

साहिब दित्तामल के आठ बच्चे थे। सबसे बड़ी लड़की काकीरानी और सात बेटे कुंदनलाल, मोहनलाल, बिहारीलाल, चमनलाल, चुन्नीलाल, मदनलाल और भजनलाल थे। काकीरानी की शादी साहिवाल के जमींदार चेतनदास से हुई थी, जिसकी कुछ समय बाद ही मृत्यु हो गई थी।[20] कुंदनलाल उनके लड़कों में सबसे बड़ा था। वह कपड़े का व्यापार करता था और व्यापार के सिलसिले में कई देशों में घूमता था। वह अकसर लंदन आया-जाया करता था। कर्जन वायल से उसके गहरे संबंध बन गए थे और वह उनसे 1905 से ही पत्र-व्यवहार किया करता था।[21]

मोहनलाल ढींगरा लंदन से डॉक्टरी की डिग्री प्राप्त करके लौटा था और अमृतसर में हैल्थ ऑफिसर के पद पर तैनात हुआ था। कुछ समय पश्चात् वह जम्मू चला गया और वहाँ मुख्य मेडिकल ऑफिसर के पद पर कार्य करने लग गया। उसने दवाइयों (मेडिशंस) पर कुछ पुस्तकें भी लिखीं, जो बहुत लोकप्रिय हुईं। बाद में वह विदेश चला गया और फ्रांस में उसकी मृत्यु हो गई।

डनलप स्मिथ ने मोहनलाल के बारे में अपने एक पत्र में लिखा था कि वह उससे ग्वालियर में मिला था। उसने अमृतसर में शहर की सैनिटरी हालत को सुधारने के लिए कई कार्य किए थे। बिहारीलाल तथा मोहनलाल ने मिलकर 'मिंटो हैल्थ' इश्तिहार छपवाए थे। डनलप स्मिथ का पत्र ढींगरा परिवार की उससे नजदीकियों का प्रमाण है।

बिहारीलाल ढींगरा भी लंदन से डॉक्टरी की पढ़ाई करके भारत लौट आया था और जींद में मेडिकल ऑफिसर के पद पर कार्य कर रहा था। बाद में उसने राज्य के चीफ मिनिस्टर के तौर भी कार्य किया। सेवानिवृत्ति के पश्चात् वह लंदन चला गया और वहीं उसकी मृत्यु हुई। उसे अंग्रेजी सरकार ने 'नाइटहुड' की उपाधि से सम्मानित किया था। उसे सी.आई.ई. तथा ओ.बी.ई. और 'केसरे-हिंद' जैसी उपाधियाँ भी प्रदान की गई थीं।

चमनलाल लंदन से वकालत पास कर लौटा था और उसे पंजाब हाई कोर्ट, लाहौर में 'अफसर रिसीवर' तैनात किया गया था। कुछ समय बाद अमृतसर में कार्य करने के पश्चात् वह पटियाला रियासत में न्यायिक अधिकारी के तौर पर कार्य करने लगा। वहीं पर अपैंडिक्स के ऑपरेशन के दौरान उसकी मृत्यु हो गई। जब मुजफ्फरपुर में बम की वजह से स्थानीय अंग्रेज वकील की पत्नी और बेटी मारी गई तो चमनलाल ढींगरा ने 'सिविल एंड मिलिट्री गजट' अखबार में 11 मई, 1908 को एक पत्र द्वारा इस घटना की कड़े शब्दों में निंदा की थी। वह भारत में अंग्रेजी राज्य की दीर्घायु की दुआ किया करता था। उसने लिखा था कि यह भारतवासियों के लिए बड़े सौभाग्य की बात है कि उन पर अंग्रेज लोग शासन कर रहे हैं। उनके कारण ही आज उन्हें सांस्कृतिक, मानसिक, नैतिक और भौतिक ज्ञान की प्राप्ति संभव हो सकी है। सरकार ने उन्हें जो सुरक्षा और शांति प्रदान की थी, आज उसी से वे मानसिक, सामाजिक और धार्मिक कार्यों को संपन्न करने में समर्थ हुए हैं। अंग्रेजों का साथ उनके लिए हर प्रकार से उपयोगी साबित हुआ था। उस समय ढींगरा परिवार अन्य कई परिवारों की भाँति अंग्रेज सरकार का गुणगान किया करता था। इसमें कोई शक नहीं कि ढींगरा परिवार तब तरक्की की चरम सीमा पर पहुँच चुका था और यह सब सरकार की नीतियों का ही परिणाम था।[22]

इस प्रकार एक-एक करके साहिब दित्तामल ने अपने पहले पाँच बच्चों का भविष्य सँवार दिया था और सभी अपने-अपने स्थान पर अच्छे पदों पर विराजमान थे। उस समय का यह एक आदर्श और संपन्न परिवार था। कोई भी पिता ऐसी संतान से धन्य हो जाता और ऐसे परिवार से कोई भी रिश्ता जोड़ना चाहता था। मदनलाल से छोटा बेटा भजनलाल लंदन में वकालत पास कर भारत वापस आ गया था। उसने कुछ समय अमृतसर में काम किया, फिर लाहौर की अदालत में निजी प्रैक्टिस शुरू कर दी थी। ढींगरा के मुकदमे के समय वह लंदन में ही था।

एक मदनलाल ही ऐसा था, जो पढ़ाई पर ध्यान नहीं देता था और पिता की परेशानी का कारण था। उसने मिशन हाई स्कूल से दसवीं और एफ.एस.सी. म्युनिसिपल कॉलेज, अमृतसर से पास की। आगे की पढ़ाई के लिए उसके पिता उसे लाहौर ले गए, जो उस समय उत्तरी भारत में शिक्षा का प्रमुख केंद्र

बन चुका था। उन्होंने मदनलाल को लाहौर के गवर्नमेंट कॉलेज में साइंस विषय में दाखिल करवा दिया और उसके रहने का भी प्रबंध कर दिया था। कुछ समय पश्चात् साहिब दित्तामल को बेटे के राजनीतिक गतिविधियों में शामिल होने की जानकारी मिली। पिता ने उसे रोकने का यत्न किया और कोई असर न होता देख उसे लाहौर कॉलेज से वापस बुला लिया। सरकारी दस्तावेज बताते हैं कि मदनलाल ने देशप्रेम की भावना और राजनीतिक गतिविधियों को कभी नहीं छुपाया था। साहिब दित्तामल को अपने इस बेटे से किसी प्रकार की उम्मीद की किरण दिखाई नहीं दे रही थी। सातों बेटों में मदनलाल ही अकेला ऐसा था, जिसकी न तो पढ़ाई में दिलचस्पी थी, न ही अनुशासन में और न ही उसे परिवार की मान-मर्यादा का खयाल था।

आखिर लाहौर में ऐसा क्या हुआ था कि मदनलाल को कॉलेज से हटा लिया गया? जहाँ तक तथ्यों की बात है तो हमारे पास इसका कोई ठोस जवाब नहीं है। केसर सिंह के अनुसार, साहिब दित्तामल ने अपने पद का सहारा लेकर मदनलाल का दाखिला लाहौर कॉलेज में करवाया था। मदनलाल को यह तरीका पसंद नहीं था। उसने कुछ समय बाद कॉलेज छोड़ दिया था, परंतु किस वजह से, इसके बारे में वह कुछ नहीं लिखते।[23] मेगोवालिया लिखते हैं कि उसने साइंस में इंटर का इम्तिहान गवर्नमेंट कॉलेज, लाहौर से पास किया था।[24] वी.एन. दत्ता भी मदनलाल के लाहौर कॉलेज में दाखिले की बात करते हैं, इसके सिवा और कुछ नहीं बताते। उधर प्रीतम सैनी ने लिखा है कि मदनलाल को राजनीतिक गतिविधियों के कारण कॉलेज से निकाल दिया गया था।

क्या उसने वास्तव में लाहौर की राजनीति में हिस्सा लिया था? मदनलाल ढींगरा ने कालका में मजदूर संघ की सदस्यता ग्रहण की थी। यह बात उसकी राजनीति में दिलचस्पी को दरशाती है। शायद गवर्नमेंट कॉलेज से उसे बेदखल किए जाने की यही वजह रही होगी। अगर उसके पिता चाहते तो उसका सस्पैंशन रुकवा सकते थे, लेकिन शायद मदनलाल का जिद्धि स्वभाव देखकर उन्होंने उसे वापस घर ले जाना ही ठीक समझा। कुछ इतिहासकारों का मानना है कि उस समय मदनलाल की उम्र बहुत छोटी थी, इसलिए उसे राजनीति की इतनी समझ नहीं हो सकती थी, लेकिन यह अनुमान उचित नहीं दिखता। जिस उम्र में ढींगरा ने इतनी बड़ी घटना को अंजाम दिया था,

उसे देखते हुए ऐसा सोचना उचित नहीं लगता। भगत सिंह, ऊधम सिंह, राजगुरु, सतगुरु, सुखदेव, सावरकर बंधु, इन सबने अपने देश की आजादी में छोटी उम्र में ही पाँव रख दिया था। 1900 से लेकर 1906 तक पंजाब के राजनैतिक हालात कुछ इस प्रकार के थे कि कोई भी संवेदनशील व्यक्ति इसकी चपेट में सकता था, और सैकड़ों आए भी।

1904 में लॉर्ड कर्जन को दोबारा बंगाल का वायसराय नियुक्त किया गया। लेकिन उसने इस बार भारत की राजनीति को एक बार हिलाकर रख दिया। सबसे पहले उसने अक्तूबर, 1905 में हिंदू-मुसलिम के आधार पर बंगाल के विभाजन की घोषणा कर डाली।[25] सरकार ने विभाजन का कारण राज-प्रबंधन की जरूरत बताया, जो वास्तव में राजनीतिक शरारत ही थी। बंगाल के लोगों ने सरकार के इस निर्णय का कड़ा विरोध किया और सरकार को यह घोषणा वापस लेने को कहा; लेकिन ताकत और अहंकार के नशे में चूर सरकार और उसका चहेता कर्जन किसी की भी बात सुनने को तैयार नहीं थे। सरकार के लिए भारतीय राजनैतिक दल कीड़े-मकोड़ों से अधिक कुछ नहीं थे, जिनको जब जहाँ चाहा, मसल दिया। बंगाल का विभाजन हिंदू-मुसलिम एकता में दरार डालने की साजिश से अधिक कुछ नहीं था। सरकार का कहना था कि विभाजन का कारण बंगाल की विशाल जनसंख्या थी, जिसके रहते हुए सरकार को कुशल प्रबंध करने में बहुत मुश्किलों का सामना करना पड़ रहा था। दो भागों में बँट जाने से कुशल प्रबंध स्थापित किया जा सकेगा, लेकिन जैसा सरकार प्रचार कर रही थी, वैसा कुछ होता दिखाई नहीं दे रहा था। सरकार के मन में अगर किसी प्रकार का खोट न होता तो बंगाल का विभाजन—हिंदू राज्य और मुसलिम राज्य को आधार बनाकर—नहीं किया जाता।

इसमें कोई शक नहीं कि बंगाल के विभाजन के पीछे हिंदू-मुसलिम की बढ़ती हुई नजदीकियों को विभाजित कर तोड़ना था। बंगाल उस समय समस्त भारत में पनप रही राष्ट्रीयता की चेतना को जाग्रत् करनेवाला मुख्य प्रांत बन चुका था। बंगाल का भद्र-पुरुष सारे भारत के राजनीतिक दलों की अगुआई करता प्रतीत होता था। ऐसे बंगाल की राजनीतिक गतिविधियों पर रोक लगाना सरकार के लिए अति आवश्यक हो गया था। ब्रिटिश सरकार के लिए बंगाल को इस प्रकार जाति के आधार पर विभाजित कर दोनों समुदायों

में मनमुटाव पैदा करना आसान हो जाता और इस प्रकार उसके लिए हिंदुओं में बढ़ रही राजनैतिक जागृति को कुचलना आसान हो जाता। सरकार की नीति का मुख्य प्रयोजन ही 'विभाजित करो और राज करो' रहा था और बंगाल का विभाजन कर सरकार ने उस नीति को साकार कर दिया था।

बंगाल के विभाजन की खबर वहाँ के लोगों पर बिजली की तरह गिरी। उन्हें लगा, जैसे उनके शरीर के दो फाड़ कर दिए हों और एक माँ के दो बेटों को ही जुदा कर दिया गया हो। उन्हें लगा कि सरकार ने उनके साथ विश्वासघात किया है; क्योंकि विभाजन की बात पर विचार बहुत पहले से हो रहा था। शुरू से ही बंगाल के लोग इस नीति का विरोध कर रहे थे। बंगाल के विभाजन ने लोगों में अंग्रेजों के प्रति रोष तथा उनमें एक अलग किस्म का जोश पैदा कर दिया था। (शायद कोई भी भारतीय राजनीतिक दल ऐसी भावना पैदा नहीं कर सकता था।) बंगाल में बंग-भंग के खिलाफ हिंदू-मुसलिम एकता का रूप देखने को मिला। हिंदू-मुसलिम एक-दूसरे की कलाई में राखी बाँध अपने भाईचारे का सबूत पेश करते नजर आए। बंगाल का विभाजन बँटवारे के तौर पर देखा गया तथा 'सीमाओं का रूपांतरण' सरकार की सोची-समझी साजिश और हिंदुओं एवं मुसलमानों में विभाजन तथा मनमुटाव पैदा करने का प्रयोजन समझकर इसका कड़ा विरोध किया गया।

बंगाल विभाजन ने 'स्वदेशी लहर' को एक नया मोड़ दे दिया।[26] 17 अगस्त, 1905 को कलकत्ता के टाउन हॉल में एक सभा आयोजित की गई और वहाँ पर विदेशी वस्तुओं के बहिष्कार का निर्णय लिया गया, जो आनेवाले समय में अपने आप में एक इतिहास बन गया। इस निर्णय को बाद में सुरेंद्रनाथ बनर्जी ने स्वदेशी और बॉयकाट को बंगाल विभाजन आंदोलन के दौरान सरकार के खिलाफ हथियार के तौर पर इस्तेमाल किया। सुरेंद्रनाथ बनर्जी लिखते हैं, ''हमने बिना समय गँवाए कारवाई की तैयारी शुरू कर दी।'' महाराजा जितेंद्र मोहन टैगोर के महल पथौरागढ़ में एक सभा बुलाई गई। महाराजा भी वहाँ उपस्थित हुए और उनके अलावा बैरिस्टर एच.ई.ए. कौटन, 'स्टेट्समैन' के संपादक रैडक्लिफ, 'इंग्लिशमैन' के संपादक फ्रेजर ब्लेयर और बहुत से एंग्लो-इंडियंस इसमें शामिल हुए। सबने मिलकर बंगाल के विभाजन की निंदा की। 'इंडियन मिरर' के संपादक नरेंद्रनाथ सेन को 'बॉयकाट के संकल्प' को छपवाने का कार्य सौंपा गया। ध्यान देने योग्य

बात यह थी कि शुरुआत में बहुत से विदेशी प्रेस इस आंदोलन के पक्ष में थे, लेकिन बाद में बदल गए।

जल्द ही आंदोलन एक विराट् रूप धारण कर गया और लोग बड़ी मात्रा में अपने नेताओं को सुनने के लिए इसके झंडे तले इकट्ठे होने लगे। लोगों की बढ़ती हुई भीड़ ने सरकार की नींद उड़ा दी। किसी ने कभी यह नहीं सोचा था कि सरकार की सीमाक्षेत्र के रखरखाव को लेकर अपनाई गई विभाजन की एक छोटी-सी नीति के खिलाफ लोगों की भीड़ एक महाकुंभ का स्वरूप ले लेगी और सरकार को इतने उग्र जन-विरोध का सामना करना पड़ेगा।

सरकार लोगों के इतने बड़े जनसमूह को देखकर घबरा गई थी। इसका अनुमान सरकार द्वारा जारी की गई घोषणाओं से लगाया जा सकता है। उस समय के बंगाल के लेफ्टिनेंट गवर्नर जे. बंपफील्ड ने (लोगों की इस बढ़ती हुई संख्या से घबराकर) स्कूल-कॉलेज के छात्रों को इस आंदोलन में शामिल होने से रोकने के लिए एक आदेश जारी कर दिया, जिसके अनुसार अगर किसी शिक्षा संस्थान का विद्यार्थी इस आंदोलन में शामिल पाया गया तो उस संस्था को दी जानेवाली सरकारी मदद रोक दी जाएगी। इस प्रकार से जारी किया गया आदेश सरकार की बौखलाहट की एक झलक पेश करता है और सरकार की आनेवाली दमनकारी नीतियों को दरशाता था। बंपफील्ड का इससे भी अधिक चौंकानेवाला फरमान 'वंदेमातरम्' के गायन पर प्रतिबंध था। इसके पीछे उसकी दलील थी कि यह गाना मुसलिम समुदाय को पसंद नहीं है। वे इसका विरोध कर रहे हैं और ऐसे में किसी प्रकार की गड़बड़ी की संभावना हो सकती है।[27]

बंगाल के विभाजन ने भारत के स्वतंत्रता संग्राम के इतिहास में एक नया अध्याय जोड़ दिया था। ऐसा पहली बार देखने को मिला था कि एक राज्य का विषय राष्ट्र का विषय बन जाए और जिसके लिए विशाल जनसैलाब सा आ जाए। कर्जन की प्रतिक्रियावादी नीति, बंगाल के विभाजन की संकीर्ण सोच और उस पर उसके हठी रवैये ने आग में घी का काम किया और यह आम लोगों एवं कांग्रेस में शामिल क्रांतिकारियों को संगठित और प्रोत्साहित करने में बहुत लाभकारी सिद्ध हुआ। कांग्रेस ने इसका जवाब 'स्वदेशी और बॉयकाट' आंदोलन चलाकर दिया। स्थान-स्थान पर रैलियाँ आयोजित की

गईं और विदेशी वस्तुओं की होली जलाई गई। इस आंदोलन में अमीर वर्ग के लोग, जमींदार और निम्न-मध्य श्रेणी के लोग तथा स्कूलों और कॉलेजों के विद्यार्थी भी बड़ी संख्या में शामिल हुए। ऐसा पहली बार हुआ था कि औरतें भी इस आंदोलन में बड़ी संख्या में शामिल हुई थीं। बंपफील्ड की ज्यादतियों के जवाब में कलकत्ता में एक नया कॉलेज खोला गया, जहाँ पर सिर्फ कॉलेजों से निष्कासित छात्रों को दाखिला दिया जाता था। अरविंद घोष इस कॉलेज के पहले मुख्य अध्यापक नियुक्त हुए। इसमें कोई शक नहीं कि भारत के इतिहास में बंगाल ही पहला ऐसा प्रांत था, जिसने राष्ट्रीयता की चेतना को समस्त भारत में फैलाया था। बंगाल ने ही अन्य राज्यों के लोगों का इस आंदोलन में मार्ग-निर्देश किया था। जल्द ही यह आंदोलन भारत के अन्य राज्यों में फैल गया। इनमें पंजाब सबसे आगे था।

पंजाब में स्वदेशी तथा बॉयकाट आंदोलन जोर पकड़ गया। इसका मुख्य कारण यह था कि उन्नीसवीं शताब्दी के अंत तक लाहौर उत्तरी भारत में शिक्षा का मुख्य केंद्र बन चुका था। 1883 से 1901 तक आर्ट्स कॉलेजों की संख्या तीन गुना, 4 से 12 गुना तक पहुँच गई थी। लाहौर उस समय शिक्षा के साथ-साथ स्पोर्ट्स, सर्विसेज, सामाजिक मेल-मिलाप, प्रिंटिंग तथा पब्लिशिंग, व्यापार तथा व्यवसायीकरण में काफी आगे था।

पंजाब की राजनीति की बागडोर उस समय की पढ़ी-लिखी युवा पीढ़ी के हाथ में थी, जिनमें लाला लाजपतराय, हरिकिशन लाल, मुरलीधर, हूँनी चंद्र, रामभज दत्त, साईदास, हंसराज, मुंशीराम, गोकुल चंद्र नारंग, शहाबुद्दीन और मुहम्मद सफी जैसे लोग शामिल थे। यह वह पढ़ी-लिखी जमात थी, जिसने राष्ट्रीय स्तर पर 'लैंड एलीनेशन बिल' की निंदा की थी। इस जमात ने लोगों को इस बिल के विरुद्ध इकट्ठा किया था और उनके दिमाग में यह बात डाली थी कि यह बिल अगर कल को कानून बन गया तो लोगों को राजनीतिक, सामाजिक और आर्थिक आधार पर विभाजित कर देगा। इसी प्रकार इन नेताओं ने प्रीवेंशन बिल, बारी दो आब में पानी पर टैक्स की दर को बढ़ाए जाने तथा कॉलोनाइजेशन बिल का कड़ा विरोध किया था। उन्होंने स्थान-स्थान पर भाषण दिए और लोगों को इनके प्रति जागरूक किया था। मिंटो का मानना था कि पंजाब में पैदा हुई गड़बड़ी के मुख्य तीन कारण थे—एक तो 1857 की पचासवीं वर्षगाँठ, दूसरा कॉलोनाइजेशन बिल तथा तीसरा

प्लेग। रैजीनॉल्ड करेडोक का मानना था कि 'कनाल कॉलोनाइजेशन बिल' तो एक बहाना था, वास्तव में पंजाब के लोग बंगाल के क्रांतिकारियों का साथ निभा रहे थे।

इसमें कोई शक नहीं कि पंजाब के लोगों को 1868 के बाद कई आपदाओं का सामना करना पड़ा था। साल 1868-69, 1869-70, 1877-78, 1896-97 और 1899-1900 में पंजाब में लगातार अकाल पड़ा और इसमें भारी संख्या में लोगों के जानो-माल की हानि हुई। अकाल पहले भी पड़ा करते थे, लेकिन अंग्रेजी राज्य के अधीन इनकी गिनती और इनके कारण होनेवाले नुकसान में वृद्धि हो रही थी। आर.सी. दत्त इस बदलाव के लिए अंग्रेजी सरकार को जिम्मेदार ठहराते थे। उनका मानना है कि जब यातायात के साधन इतने विकसित नहीं थे, तब एक स्थान से दूसरे स्थान तक अनाज पहुँचाना आसान कार्य नहीं था, लेकिन रेलवे व्यवस्था स्थापित हो जाने के पश्चात् अगर अनाज की कमी आती थी तो इसके लिए सरकार जिम्मेदार थी, और कोई नहीं।

सन् 1878 में 'फैमीन कमीशन' का गठन किया गया, इसे अकाल के कारणों की समीक्षा करने और आपातकालीन स्थिति से निबटने के लिए सुझाव देने को कहा गया। सन् 1880 में कमीशन ने अपनी रिपोर्ट सरकार को पेश की। 1896-97 में पंजाब एक बार फिर अकाल की चपेट में आ गया। इसका राज्य पर बुरा प्रभाव पड़ा और बड़े पैमाने पर जानो-माल का नुकसान हुआ, तब एक और कमीशन बैठा दिया गया। अभी इसकी रिपोर्ट आई भी न थी कि एक और अकाल ने पंजाब में दस्तक दे डाली। इस बार जानो-माल की क्षति इतनी अधिक थी कि सरकार ने डरते हुए एक और कमीशन बैठा दिया। देश में अनाज की कमी चल रही थी और उधर सरकार का गेहूँ का निर्यात। सरकार ने कमीशन के सुझाव पर 'तक्कावी लोन योजना' की शुरुआत की। इसके अनुसार, जरूरतमंद किसानों को सरकार की तरफ से कर्ज दिया जाता था, लेकिन यह योजना सफल न हो सकी। कर्ज लेने की प्रक्रिया बड़ी पेचीदा थी और आम किसान की समझ से बाहर थी।[28]

'स्वदेशी आंदोलन' को पंजाब में चलानेवाले लाला लाजपतराय और सरदार अजीत सिंह थे। लाला लाजपतराय का मानना था कि 'हमें हर प्रकार

से स्वदेशी बनना होगा। हमें अपने छोटों के दिलों में यह भावना कूट-कूटकर भरनी होगी, ताकि वह हर विदेशी वस्तु से घृणा करें। इसके लिए हमें विदेशी वस्तुओं की आहुति देनी होगी।' उन्होंने विदेशी वस्तुओं के साथ-साथ विदेशी चीनी के इस्तेमाल पर भी रोक लगाने के लिए लोगों को प्रेरित किया।[29] उन्होंने स्कूल तथा कॉलेज के विद्यार्थियों को 'जिमनास्टिक सोसाइटीज' का सदस्य बनने के लिए प्रेरित किया और अखाड़े में व्यायाम करने का सुझाव दिया। पंजाब में ऐसा पहली बार देखा गया था कि लोग बिना घबराए, जाति, धर्म तथा रंग के भेदभाव को भुलाकर एक स्थान पर इकट्ठे हुए थे।

'स्वदेशी आंदोलन' ने लाला लाजपतराय को अपने अखबार 'पंजाबी' के माध्यम से लोगों में राष्ट्रीय चेतना उजागर करने का सुनहरी अवसर प्रदान किया।[30] इसके सहारे उन्होंने समय के अनुकूल लेख लिखे और पंजाब के लोगों को सरकार की गैर-जिम्मेदार नीतियों तथा गलत बयानबाजी के प्रति जागरूक किया। लॉर्ड कर्जन ने भारतीयों के चरित्र के प्रति तीखी टिप्पणी की थी, जिसे 'पंजाबी' के 24 अप्रैल, 1905 के अंक में प्रकाशित्र किया गया। इस लेख ने लोगों के दिलों में अंग्रेजी सरकार और उसके कर्मचारियों के रवैये की पोल को खोलकर रख दी थी। इसका नतीजा यह हुआ कि जब लाजपतराय कलकत्ता के टाउन हॉल में कॉन्वोकेशन में शामिल होने पहुँचे तो उस समय 1500 से भी अधिक लोग उनको सुनने के लिए उपस्थित थे। पंजाब में भी लोगों को वायसराय कर्जन के खिलाफ स्थान-स्थान पर प्रदर्शन, जलसे-जुलूस निकालते हुए देखा जा सकता था। पंजाब में पढ़े-लिखे लोगों की गिनती चाहे कम थी, लेकिन इनका आम लोगों पर प्रभाव स्पष्ट देखा जा सकता था। यह चुनींदा गिनती के जवान हर प्रकार की मुसीबत मोल लेने को तैयार रहते थे और किसी प्रकार का बलिदान देने से नहीं डरते थे। बंगाल विभाजन से पैदा हुई आग ने देश के मुख्य प्रांतों को अपनी चपेट में ले लिया था। एक वर्ष पहले कभी कोई सोच भी नहीं सकता था कि एक विभाजन की क्रिया इतना विकराल रूप धारण कर लेगी और लोगों को आजादी की लहर से जोड़ देगी। 'पंजाबी' अखबार 18 सितंबर, 1905 के अंक में लिखता है, ''बॉयकाट की गूँज हर नुक्कड़ और हर गली में सुनी जा सकती थी और विदेशी वस्तुओं को जलते हुए चारों तरफ देखा जा सकता था।''

पंजाब के मुख्य शहर रावलपिंडी, लाहौर, अमृतसर तथा अंबाला स्वदेशी

वस्तुओं के प्रचार के लिए मुख्य तौर पर सक्रिय थे। 'द ट्रिब्यून' ने अपने 9 नवंबर, 1905 के अंक में लिखा था—"स्वदेशी आंदोलन ने लोगों में निष्क्रिय पड़ी हुई योग्यता को उभारा और उसे विकसित होने का सुनहरी अवसर प्रदान किया।" जैसाकि पहले भी कहा जा चुका है कि 'स्वदेशी लहर' के प्रारंभिक चरण में और 'बंगाल विभाजन' की नीति के खिलाफ बहुत से अखबारों के संपादक सरकार के विरोध में जनता के साथ इस संघर्ष में शामिल थे। 'डेली टाइम्स' के संपादक एस.एस. भाटिया, गोकुल चंद्र नारंग (प्रोफेसर डी.ए.वी. कॉलेज), एम.एस. भगत (बार ऐट लॉ, लाहौर), हंसराज साहनी (बार ऐट ला, रावलपिंडी) जैसे लोगों ने पंजाब में सरकार की नीतियों की अपने भाषण में कड़ी आलोचना की। लाहौर में 'पंजाब नेटिव स्टोर' नाम की एक दुकान खोली गई, जहाँ सिर्फ भारतीय वस्तुएँ बेची जाती थीं। स्कूल तथा कॉलेजों में भी विदेशी वस्तुओं के बहिष्कार का पाठ पढ़ाया जाता था। राजा ध्यान सिंह की लाहौर की हवेली में एक विशाल रैली बुलाई गई, जिसे रोशनलाल, (बार ऐट लॉ), के.पी. चटर्जी (संपादक 'द ट्रिब्यून'), हबीब आलम (संपादक 'पैसा' अखबार) और धरमदास सूरी (पब्लिक प्रॉसीक्यूटर) आदि नेताओं ने स्वदेशी के पक्ष में भाषण दिए और लोगों को इसकी बारे में समझाया।

लाहौर में 'वाटर वर्क्स रिजरवायर' के पास लोग हजारों की संख्या में इकट्ठे हुए थे और दिगंबर (प्रख्यात संगीतकार) के संग सुर मिलाकर 'वंदेमातरम्' गा रहे थे। हैदर रजा ने 'लाहौर रैली' से प्रभावित हो अपनी टर्किश टोपी को उतार फेंका। गोकुल चंद नारंग ने अपने भाषण में पिछले दस वर्षों में अकाल से मरने वाले लाखों भारतीयों के मरने के कारणों की व्याख्या की और इसके लिए अंग्रेजी सरकार को जिम्मेदार ठहराया।[31] लाहौर इंडियन एसोसिएशन का लोगों की उमड़ती भीड़ को देख इतना उत्साह बढ़ गया कि इसके सदस्यों ने म्युनिसपैलिटी के उन सदस्यों के विरुद्ध कानूनी काररवाई करने की घोषणा कर डाली, जिन्होंने कर्जन के विदाई समारोह में भाग लिया था और उसे एक महँगी भेंट यादगार के रूप में दी थी।[32] 23 नवंबर, 1905 को जब लाला लाजपतराय लंदन से लौटे तो लाहौर रेलवे स्टेशन पर हजारों की संख्या में लोग उनके स्वागत के लिए एकत्रित हुए थे।[33] लोगों को उन्होंने बताया, "अंग्रेज लोग अपने आप और अपनी चुनावी

प्रतिक्रिया में व्यस्त हैं। उन्हें भारतीयों और उनकी परेशानियों से कोई सरोकार नहीं और न ही कोई दिलचस्पी है। इसीलिए हमें अपनी आजादी की लड़ाई आप ही लड़नी होगी।''[34] सरला देवी (रामभज दत्त की पत्नी) ने अपनी मधुर आवाज से भीड़ को मंत्रमुग्ध कर रखा था।[35] लॉर्ड मिंटो को डनलप स्मिथ ने लिखा था—"वर्तमान स्थिति में औरतों का पंजाब की राजनीति में बढ़-चढ़कर भाग लेना सबसे हैरान कर देने वाली घटना है। जिस प्रकार औरतें राष्ट्रीय आंदोलन के लिए पैसा इकट्ठा कर रही थीं, यह नए आंदोलन की आने वाली लहर की ओर संकेत करता था।''[36] डैंजिल एबिटसन (पंजाब के लेफ्टिनेंट गवर्नर) ने लिखा कि पंजाब के बिगड़े राजनीतिक हालात के लिए मध्य वर्ग की पढ़ी-लिखी युवा पीढ़ी जिम्मेदार थी।[37] पंजाब के बदलते राजनीतिक हालात के लिए प्रीएंपशन बिल, बारी दोआब में पानी पर टैक्स की दर को बढ़ाया जाना तथा कॉलोनाइजेशन बिल और बहुत हद तक बंगाल विभाजन आंदोलन जिम्मेदार थे। इसमें कोई शक नहीं कि पंजाब की राजनीति बंगाल की तरह अभी इतना ऊग्र रूप धारण नहीं कर पाई थी, लेकिन इसने कइयों को अपनी चपेट में ले लिया था और आनेवाले कल की लड़ाई के लिए नौजवान पीढ़ी को प्रभावित करने में सफल हुई थी। यह तो एक तरह की शुरुआत थी, जिसमें समाज का एक छोटा सा समुदाय ही शामिल हुआ था, लेकिन यह छोटी सी इकाई एक गहरी छाप छोड़ गई थी।[38] पंजाब, जिसे एक शांतिप्रिय राज्य समझा जाता था और जिस पर अंग्रेजी सरकार को बड़ा गर्व था, वह पंजाब भी बंगाल विभाजन विवाद की लड़ाई में शामिल हो गया था।

ऐसे वातावरण में पलने-पढ़नेवाले नौजवान इससे भला कैसे अछूते रह सकते थे? लाहौर तो क्रांति प्रचार का मुख्य केंद्र बन चुका था और यहाँ पर पढ़नेवाला हर विद्यार्थी प्रत्यक्ष या अप्रत्यक्ष रूप से इस आंदोलन से प्रभावित हुए बिना नहीं रह सकता था। मदनलाल ढींगरा उन दिनों लाहौर में पढ़ने के लिए गया हुआ था और उस जैसा नौजवान, जो पहले ही अपने पिता की गुलाम तबीयत से नाराज था, कैसे उस राजनीतिक हवा से बच सकता था? सोहन सिंह जोश लिखते हैं—"मदनलाल इस क्रांति के कुछ गिने-चुने सदस्यों में से एक था। उसने उस समय की राजनीतिक सरगर्मियों में भाग लेना शुरू कर दिया था।''[39] सरकार उस समय ऐसे क्रांतिकारियों के खिलाफ सख्त

कारखाई कर रही थी। मदनलाल, जो इस खेल का नया खिलाड़ी था, सरकार के गुस्से का निशाना बना और राजनीतिक गतिविधियों में भाग लेने के कारण उसे कॉलेज से निष्कासित कर दिया गया। वफादार और सरकार के समर्थक पिता को जब अपने होनहार बेटे की करतूत का पता चला तो उन्होंने उसे वापस बुलाना उचित समझा। वरना एक पिता, जो अपने बच्चों को अच्छी शिक्षा दिलाना चाहता था, मदनलाल को लाहौर से अमृतसर वापस क्यों ले जाता? मदनलाल के व्यवहार ने साहिब दित्तामल की मान-मर्यादा को ठेस पहुँचाई थी। पिता यह बात भली-भाँति जानता था कि अगर सरकार की वफादारी का अर्थ इनाम था तो सरकार से बेवफाई का मतलब था—आर्थिक विपदा, सरकारी दुश्मनी और बिना वजह की परेशानी। पिता ने सोचा होगा कि अगर मदनलाल को लाहौर के गरम माहौल और प्रभाव से दूर रखा तो वह शायद सुधर जाएगा, लेकिन यह उसका भ्रम था। साहिब दित्तामल ने मदनलाल को व्यापार में डालने का भी असफल प्रयास किया।[40]

मदनलाल को व्यापार भी आकर्षित न कर सका और न ही पिता का गुस्सा उसे काबू में रख सका। अगर साहिब दित्तामल अड़ियल स्वभाव के व्यक्ति थे तो मदनलाल भी कम जिद्दी नहीं था। जो सोच लिया, उसे कर गुजरना उसके स्वभाव में था। वह अंतर्मुखी विचारधारा का व्यक्ति था, जो किसी से भी आसानी से खुलता नहीं था। उसके मन के अंदर क्या चल रहा है, यह कोई नहीं जान सकता था। इतने विशाल परिवार में जनमा-पला मदनलाल किसी से भी घुला-मिला नहीं था और अपने आप में मस्त रहता था। अपने पिता का बड़ा घर उसके लिए किसी कैद से कम नहीं था, जहाँ वह अपनी मरजी से कुछ भी नहीं कर सकता था और न ही अपने अंतस्थ को व्यक्त कर सकता था। ऐसे में उसने ऐसे परिवार को त्यागने में ही अपनी भलाई समझी और एक दिन वह बिना बताए घर छोड़कर चला गया। उसके इस वनवास काल के बारे में हमारे पास कोई अधिक जानकारी नहीं है। सबसे पहले वह कश्मीर गया और वहाँ पर उसने बतौर क्लर्क सैटलमेंट विभाग में नौकरी कर ली। यहाँ पर छह महीने नौकरी करने के पश्चात् वह शिमला चला गया।[41] शिमला में उसने अपने दूर के रिश्तेदार राय बहादुर दौलतराम के अधीन कालका-शिमला टाँगा सेवा में नौकरी कर ली।[42] वहीं पर उसे अपनी माँ की तबीयत खराब होने की खबर मिली और वह नौकरी

छोड़कर घर चला आया।[43] कुछ दिन घर रहने के बाद वह एक बार फिर अपनी मंजिल की ओर निकल पड़ा। उसके पिता चाहते थे कि वह पढ़ाई पूरी कर ले, लेकिन वह इसके लिए तैयार नहीं था। इस बार उसने जहाज में बतौर लश्कर नौकरी कर ली। इसी दौरान वह श्रीलंका भी गया। इसकी पुष्टि साहिब दित्तामल के एक पत्र से होती है, जिसमें उन्होंने इस बात की चर्चा की थी कि मदनलाल ने श्रीलंका से टेलीग्राम भेजकर पैसे मँगवाए थे।[44] कुछ महीनों के बाद उसका मन नौकरी से भर गया और वह वापस भारत लौट आया तथा कुछ अरसे बाद वह लंदन चला गया।[45]

□

3

लंदन तथा भारतीय राजनीति

मदनलाल ढींगरा को समुद्र की लहरें भी अधिक देर तक बाँधकर न रख सकीं और वह भारत लौट आया। भारत में वह संगरूर में रह रहे अपने डॉक्टर भाई बिहारीलाल से मिलने गया। वह उस समय चीफ मेडिकल ऑफिसर के पद पर कार्यरत थे। बिहारीलाल ने मदन का स्वागत किया और धीरे-धीरे उसे एक बार फिर पढ़ने के लिए राजी कर लिया, लेकिन पढ़ाई का कॉलेज इस बार लाहौर न होकर लंदन था। इस नई योजना के लिए मदनलाल ने हामी भर दी। शायद वह अपने जीवन को एक नया मोड़ देना चाहता था, जो यहाँ रहकर संभव नहीं था। इस योजना के बारे में बिहारीलाल ने अपने पिता की स्वीकृति भी प्राप्त कर ली थी। वहीं से मदनलाल अपनी तय की गई नई मंजिल की ओर निकल पड़ा। इस बार वह अपने घर भी नहीं गया। उसकी यात्रा और पढ़ाई का खर्च परिवार ने ही उठाया था।[46] लंदन उस समय शिक्षा के क्षेत्र का मक्का समझा जाता था। वहाँ से शिक्षा प्राप्त करने का अर्थ था—भारत लौटने पर एक अच्छी नौकरी।

6 जुलाई, 1906 को मदनलाल लंदन पहुँचा। वहाँ पर उसके स्वागत के लिए उसका बड़ा भाई कुंदनलाल पहले से ही उपस्थित था। वह अपने व्यापार के सिलसिले में इंग्लैंड आया हुआ था। उसी ने मदनलाल के ठहरने का इंतजाम किया। मदनलाल ने पहले तीन महीने लंदन की महत्त्वपूर्ण इमारतें देखने और वहाँ की भौगोलिक स्थिति के अध्ययन में बिताए। सी.आई.डी.

की एक रिपोर्ट के अनुसार, मदनलाल जुलाई में लंदन आया था और 19 अक्तूबर, 1906 को उसने यूनिवर्सिटी कॉलेज में इंजीनियरिंग के छात्र के तौर पर दाखिला लिया था। कॉलेज की एक रिपोर्ट के अनुसार, वह आखिरी दिन तक नियमित रूप से कॉलेज में आया करता था। 1906 से 1909 तक वह लंदन में रहा और उसने इंजीनियरिंग का डिप्लोमा तीसरी श्रेणी में पास किया था।[47]

बीसवीं शताब्दी की शुरुआत तक इंग्लैंड राजनीतिक और आर्थिक दृष्टि से एक महत्त्वपूर्ण शक्तिशाली देश बन चुका था। 1901 में महारानी विक्टोरिया अस्सी वर्ष के लंबे राजकाल के बाद स्वर्ग सिधार गईं। उनके बाद उनका बेटा एडवर्ड सप्तम् गद्दी पर बैठा और उसने आनेवाले दस वर्षों तक शासन किया। इंग्लैंड का राजा नाममात्र का अधिकारी था। वास्तव में राज्य की सारी शक्तियाँ लोगों द्वारा चुनी गई पार्लियामेंट के हाथों में निहित थीं। इंग्लैंड में कंजरवेटिव तथा लिबरल पार्टी नामक दो मुख्य राजनैतिक दल स्थापित हो चुके थे और इन्हीं दोनों के बीच चुनावी जंग देखने को मिलती थी। 1885 से 1905 तक इंग्लैंड में राज्य की बागडोर कंजरवेटिव पार्टी के हाथों में रही थी।

भारतीयों के हितों को देखने और वहाँ के राज प्रबंध को सुचारू ढंग से चलाने तथा भारत को अपने अधीन रखने के लिए इंग्लैंड में 'सेक्रेटरी ऑफ स्टेट फॉर इंडिया' का ऑफिस स्थापित किया गया था। उसकी सहायता के लिए एक 'काउंसिल ऑफ इंडिया' का गठन किया गया।[48] भारत में वायसराय/गवर्नर जनरल ब्रिटिश सम्राट् का प्रतिनिधित्व करता था। राज्य की सारी शक्तियाँ उसी के हाथ में थीं। उसकी शक्तियों पर लगाम लगाने के लिए चार सदस्यों की एक एक्जेक्टिव काउंसिल स्थापित की गई थी।[49] 'सेक्रेटरी ऑफ स्टेट' भारत को सुचारू ढंग से चलाने के लिए लंदन में बैठकर नीति निर्धारित करता था और वायसराय उसे भारत पर लागू करता था। वायसराय अपने सभी कार्यों के लिए 'सेक्रेटरी ऑफ स्टेट फॉर इंडिया' के प्रति जवाबदेह था। वायसराय तथा 'सेक्रेटरी ऑफ स्टेट' आपस में मिल-जुलकर कार्य करते थे।

कर्जन ने 1899 से 1904 तक भारत के वायसराय के तौर पर कार्य किया था। अंग्रेजी सरकार ने उसके सफल कार्यकाल को देखते हुए उसे दूसरी बार भारत में वायसराय बनाकर सरकार चलाने के लिए भेजा।[50] वैसे तो कर्जन ने अपनी पहली चार साल की पारी के दौरान कई नए प्रशासकीय

सुधार लागू किए थे, लेकिन कर्जन द्वारा 1905 में जारी किया गया बंगाल के विभाजन का प्रयोग भी उनमें से एक था।[51] अपने इस प्रयोग के कारण वह समस्त भारतवासियों की आलोचना का पात्र बना और उसके खिलाफ भारत में स्थान-स्थान पर आंदोलन शुरू हुए। 'सेक्रेटरी ऑफ स्टेट फॉर इंडिया' को इस बिल पर हस्ताक्षर करने से रोकने के लिए भारत की आम जनता और राजनैतिक पार्टियों ने, जिनमें कांग्रेस पार्टी तथा बंगाल के लोग सबसे आगे थे, भरपूर कोशिश की। इसके खिलाफ साठ हजार व्यक्तियों के हस्ताक्षर करवाकर एक मैमोरेंडम ब्रिटिश पार्लियामेंट को भेजा गया; लेकिन यह सारी कवायद एक गणतंत्रवादी सरकार के आगे बेकार सिद्ध हुई। जब अपील, दलील तथा हस्ताक्षर अभियान असफल हो गए तो कांग्रेस की कार्यवाही कमेटी ने गोपालकृष्ण गोखले और लाला लाजपतराय को डेलीगेशन के रूप में इंग्लैंड भेजने की योजना बनाई।

इंग्लैंड में उन दिनों पार्लियामेंट के चुनाव की प्रतिक्रिया शुरू हो चुकी थी। कांग्रेस पार्टी इस सुनहरे अवसर को भुनाना चाहती थी।[52] उसका मुख्य उद्देश्य इंग्लैंडवासियों का भारतीयों के प्रति समर्थन जुटाना था। दोनों नेताओं ने भरतीयों की माँगों को वहाँ के लोगों के समक्ष प्रस्तुत किया और अनगिनत जनसभाओं को संबोधित किया। कांग्रेस का यह प्रयोजन लोगों का दिल भले ही जीत सका हो, लेकिन सरकार की नीति को बदलने और अपनी बात मनवाने में असफल रहा।[53] 16 अक्तूबर, 1905 को सरकार ने बंगाल विभाजन बिल पर अपनी स्वीकृति की मोहर लगा दी।

यहाँ एक बात हमें भली-भाँति समझ लेनी चाहिए कि बंगाल विभाजन अंग्रेजी सरकार और कांग्रेस के बीच प्रतिष्ठा का विषय बन गया था। अगर एक तरफ कांग्रेस अपनी बात मनवाने के लिए सरकार पर हरसंभव दबाव डाल रही थी तो दूसरी तरफ सरकार अपने निर्णय से पीछे हटने को तैयार नहीं थी।[54] अंग्रेजी सरकार के लिए बंगाल विभाजन को भंग करने का अर्थ था—घुटने टेक देना, और वह किसी भी कीमत पर ऐसा संदेश लोगों तक नहीं पहुँचाना चाहती थी। बंगाल के विभाजन का प्रसंग सरकार और कांग्रेस पार्टी के लिए युद्धस्थल बन गया था।

1905 के चुनाव में इंग्लैंड में लिबरल पार्टी की विजय हुई। कैंपबेल बैनरमैन को 5 दिसंबर, 1905 को इंग्लैंड की पार्लियामेंट का नया प्रधानमंत्री

चुना गया।[55] मार्ले को 'सेक्रेटरी ऑफ स्टेट फॉर इंडिया' नियुक्त किया गया। नई चुनी गई पार्लियामेंट के सदस्यों ने सरकार से भारत के प्रति उदार नीति अपनाने की उम्मीद जताई। हेनरी काटन ने तो भारत में पुरानी व्यवस्था को लागू करने की सिफारिश कर डाली।[56] टी. हार्ट डेविस ने कहा, 'यह तो मैकिवैलीयन नीति थी, जिसे कंजरवेटिव पार्टी ने बनाया था। नई सरकार को चाहिए कि वह इस नीति को भारत की जनता की आवाज के अनुसार बदल ले।' इसी प्रकार के विचार ओ' डोनल ने रखे: 'जो किया जा चुका है, उसे बदलना कोई मुश्किल कार्य नहीं होगा।' मार्ले ने इन सबका उत्तर 'नहीं' में दिया। उसके अनुसार, बंगाल का विभाजन एक स्थापित तथ्य बन चुका था, जिसे किसी भी हाल में विस्थापित नहीं किया जा सकता था। ब्रिटिश पार्लियामेंट के सदस्यों को उसने बताया कि बंगाल में स्थिति नियंत्रण में कर ली गई है और इसके खिलाफ चल रहा आंदोलन धीरे-धीरे खत्म हो रहा है।

बंगाल की प्रेस को नई सरकार से बड़ी उम्मीद थी, लेकिन मार्ले के पार्लियामेंट में दिए गए बयान ने उसे निराश किया। 'ढाका गजट' अखबार ने लिखा, ''बंगाल का भविष्य अब निश्चित कर दिया गया था।''[57] तो 'अमृतबाजार' पत्रिका ने मार्ले को अपने निर्णय पर पुनः विचार करने का विमर्श दे डाला। उसने लिखा कि सरकार को जनता की आवाज को नजरअंदाज नहीं करना चाहिए। मगर ब्रिटेन में कंजरवेटिव पार्टी के बदल जाने और लिबरल पार्टी के आ जाने के बाद भी सरकार की भारत के प्रति नीति में कोई बदलाव नहीं आया।

उधर इंग्लैंड में श्यामजी कृष्णवर्मा ने कांग्रेस की भीख माँगने वाली नीति और उस पर गोखले की असफल लंदन-यात्रा की अपनी पत्रिका 'इंडियन सोशियोलॉजिस्ट' में तीखी अलोचना की। वह कांग्रेस की माँगों की लिस्ट से भी असहमत थे। उनका मानना था कि उनकी माँगें जरूरत से बहुत कम हैं। वह नॉन-कोऑपरेशन को माध्यम समझते थे और होमरूल को साधन। उनका विश्वास था कि माँगने से अंग्रेजी सरकार कुछ देनेवाली नहीं है। वे इस बात में विश्वास रखते थे कि अगर मनाने की प्रक्रिया काम न आवे तो ताकत का इस्तेमाल करने में कोई परहेज नहीं करना चाहिए।

अंग्रेजी सरकार के लिए स्वदेशी आंदोलन की सफलता और बंगाल-विभाजन विवाद में कांग्रेस की बढ़ती लोकप्रियता चिंता का विषय बनी हुई

थी। बंगाल-विभाजन विवाद से बहुत परेशान हो चुकी अंग्रेजी सरकार ने हिंदू-मुसलिम एकता की बढ़ती शक्ति को तोड़ने की योजना पर काम शुरू कर दिया था। उन्होंने मुसलिम समुदाय का मानसिक बदलाव करने के यत्न से यह बात फैला दी कि भारतवर्ष के लिए पार्लियामेंटरी सिस्टम उचित नहीं है और अगर यह किसी कारणवश लागू कर दिया गया तो इसमें मुसलिम समुदाय को भारी नुकसान होगा; क्योंकि उन्हें बहुमत में विराजमान हिंदू समुदाय का गुलाम बनकर रहना होगा।[58] मुसलिम समुदाय के इस वर्ग को यह अहसास हो गया था कि राजनीति की दौड़ में वह हिंदुओं से पीछे छूट गए हैं और उन्हें अपने अस्तित्व को बनाए रखने के लिए अंग्रेजी सरकार का साथ देना होगा तथा उनका विश्वास जीतना होगा।[59] इस विषय पर एक मुसलिम प्रतिनिधिमंडल मोहसिन-उल-मलिक की अगुआई में लॉर्ड मिंटो से 1 अक्तूबर, 1906 को मिला और मुसलिम समुदाय के लिए सेपरेट रिप्रिजेंटेशन की माँग रखी। सबसे हैरान कर देनेवाली बात यह थी कि लॉर्ड मिंटो ने उनकी यह माँग एक ही पल में स्वीकार कर ली और 30 दिसंबर, 1906 को ढाका में मुसलिम लीग की स्थापना कर दी गई।[60] जिस प्रकार नई पार्टी बनाई गई और मुसलिम समुदाय के हितों की बातें चलीं, इसमें कोई शक नहीं रह जाता कि ब्रिटिश सरकार उन्हें खुश करने में लगी हुई थी, ताकि वह कांग्रेस की दिन-प्रतिदिन बढ़ रही लोकप्रियता पर गतिरोध लगा सके। कांग्रेस अंग्रेजी सरकार की इस चाल को भली-भाँति समझती थी कि यह सब हिंदू और मुसलिम समुदाय को बाँटने की साज़िश है, जिसमें एक समुदाय के चंद लोग ही शामिल थे।

गोखले के असफल अभियानों ने गरम दल को, जिनके नेता लाल, बाल और पाल थे, नरम दल की उदारवादी नीति का विरोध करने का सुनहरी अवसर प्रदान किया।[61] सन् 1906 में कांग्रेस का अधिवेशन दादा भाई नौरोजी के नेतृत्व में हुआ। दोनों दलों के समर्थकों में कांग्रेस की नीतियों को लेकर बहुत बहस हुई। ऐसा लगता था कि कांग्रेस दो फाड़ हो जाएगी, लेकिन दादाजी की उपस्थिति ने परिस्थितियों को सँभाल लिया और एक साल के लिए कांग्रेस का विभाजन टल गया। 1907 में सूरत में हुए कांग्रेस के सालाना अधिवेशन में नरम और गरम दल के सदस्य नेता के चुनाव और कांग्रेस की नीतियों इत्यादि सवालों को लेकर भिड़ गए और हाथापाई पर उतर आए।

आनन-फानन में गरम दल के सदस्यों को पार्टी से निष्कासित कर दिया गया और नरम दल ने कांग्रेस पार्टी पर कब्जा कर लिया। पार्टी के इतिहास में यह बड़े दुर्भाग्य की बात थी। इस घटना ने एक तो पार्टी को कमजोर किया तथा दूसरे, सरकार के खिलाफ चल रही बंगाल-विभाजन की लहर की कमर तोड़ डाली।

कांग्रेस के विभाजन की खबर ब्रिटिश सरकार के लिए एक सुखद संदेश लाई थी। यह वह घड़ी थी, जिसका मिंटो तथा मार्ले बेसब्री से इंतजार कर रहे थे। मार्ले ने ब्रिटिश पार्लियामेंट में अपने भाषण में दावा किया था, ''हमें सिर्फ उदारवादी दल का विश्वास जीतना होगा और गरम दल के लोगों को अलग-थलग करना होगा, बाकी सब सँभल जाएगा।'' जॉन मार्ले ने भारत के प्रति गाजर और छड़ी अर्थात् सहानुभूति और दमन की दोहरी नीति अपनाई थी।[62] सरकार ने नरम दल के नेताओं को अपना सर्मथन दे दिया और गरम दल के सदस्यों को दमनकारी नीति द्वारा कुचलने का प्रयत्न शुरू कर दिया।

सरकार ने क्रांतिकारी गतिविधियों पर रोक लगाने के लिए कुछ नए विधेयक पास किए। जैसे 11 मई, 1907 को एक अध्यादेश लागू किया, जिसके अनुसार किसी भी जनसभा को आयोजित करने के सात दिन पहले इसकी सूचना जिला मजिस्ट्रेट को दिया जाना अनिवार्य कर दिया गया। मजिस्ट्रेट को किसी भी संस्था को सभा आयोजित करने या न करने की इजाजत देने का मनवांछित अधिकार दिया गया था। इस अध्यादेश को सबसे पहले पंजाब और पूर्वी बंगाल में लागू किया जाना था। छह महीनों के पश्चात् इस अध्यादेश को 'प्रिवेंशन ऑफ सेडिशियस मीटिंग ऐक्ट' के नाम से पारित कर कानून बना दिया गया। इसी प्रकार बंगाल में प्रेस के प्रति कठोर कदम उठाए गए। बंगाल का 'जहाँगीर' अखबार (जुलाई) सरकार के गुस्से का सबसे पहला शिकार बना और 'वंदेमातरम्' अखबार (अगस्त) दूसरा तथा 'संध्या' अखबार (सितंबर) इसका तीसरा शिकार बना था। सन् 1908 में 'एक्सप्लोसिव सबस्टांस ऐक्ट' पास किया गया। इसी साल पत्रिकाओं और पत्रकारों के खिलाफ 'इनसाइटमेंट टू ओफेंस ऐक्ट' पास किया गया। इन दो ऐक्ट के तहत सरकार किसी को भी बारूद रखने और लोगों को भड़काने के जुर्म में गिरफ्तार कर सकती थी। जिस प्रिंटिंग प्रेस के खिलाफ लोगों को भड़काने की शिकायत दर्ज हो, ऐसी प्रेस को मजिस्ट्रेट को केस की सुनवाई

के शुरू होने से पहले ही जब्त करने का अधिकार मिल गया था।

सरकार का प्रेस के प्रति इतना सख्त रुख इसलिए था, क्योंकि सरकार बंगाल-विभाजन में प्रेस के लोगों को भड़काने के लिए जिम्मेदार मानती थी। सरकार ने गरम दल के समर्थक अखबारों के प्रति कड़ा रुख अपनाते हुए 'केसरी' अखबार के संपादक बाल गंगाधर तिलक को छह साल की कैद की सजा सुनाई। अरविंद घोष को जालसाजी के केस में उलझा दिया गया, लेकिन उनके खिलाफ कोई सबूत न होने के कारण छोड़ दिया गया। इस घटना के बाद अरविंद घोष ने राजनीति से संन्यास ले लिया। लाला लाजपतराय तथा अजीत सिंह को लोगों को भड़काने के लिए 'देश-निकाला' देकर मांडले जेल भेज दिया गया। भाई परमानंद के पास से बम बनाने का फॉर्मूला मिला, जिसके कारण उन्हें गिरफ्तार कर लिया गया। कांग्रेस के विभाजन ने सरकार को पार्टी की राजनीति में दखल देने का सुनहरा अवसर प्रदान किया, चाहे कुछ देर के लिए ही सही। अंग्रेजी सरकार कांग्रेस से गरम दल के प्रभाव को कम करने में सफल रही और दूसरी तरफ क्रांतिकारियों की गतिविधियों पर अंकुश लगाने में भी।

सन् 1906 के बाद भारत की राजनीति का अखाड़ा भारत से निकलकर विदेशों में विकसित होने लगा। इसका मुख्य कारण था—वहाँ पर विचारों को व्यक्त करने और पत्रिकाओं में अपने विचार छपवाने की मिलने वाली आजादी, जो भारत में किसी-न-किसी कारण से छीन ली गई थी। उन दिनों व्यापारी, उद्योगपति, विद्यार्थी, पर्यटक, बीमार, बेरोजगार, बुद्धिजीवी, राजनीतिज्ञ, नवाब, राजा और महाराजा किसी-न-किसी कारणवश विदेशों की ओर या खास तौर पर विलायत की ओर कूच कर रहे थे। कुछ गिने-चुने लोगों ने इस आजादी का पूरा फायदा उठाया और वे भारत की आजादी की माँग करने लगे।

विलायत की धरती से लड़ी जा रही इस जंग के पायलट अगर श्यामजी कृष्णवर्मा थे तो इसके मल्लाह विनायक दामोदर सावरकर थे। अगर एक ने विदेशी धरती से भारत के लोगों के विचारों को प्रकट करने के लिए पत्रिका का संचालन शुरू किया और एक क्रांतिकारी संगठन खड़ा करना के लिए एक संस्था का निर्माण किया तो दूसरे ने राजनीति का परचम लहराने, भारत में हथियारों द्वारा क्रांति लाने के सपनों को साकार करने की हिम्मत की। भले ही भारत की धरती से क्रांतिकारी गतिविधियों को नियंत्रण में करने के लिए

सरकार दम भरती रही हो, लेकिन क्रांतिकारी गतिविधियाँ अब उसकी नाक के नीचे घटित हो रही थीं। इन्हीं में होतीलाल वर्मा, बापत राय और हेमचंद्रा दास बम बनाने का नुस्खा लेकर 1908 में भारत पहुँचे। बापत ने भारत लौटकर बारींद्र घोष, नरेंद्र घोष तथा प्रफुल्ल चक्की जैसे क्रांतिकारियों से मुलाकात की। उन्होंने मजिस्ट्रेट किंग्सफोर्ड को 30 अप्रैल, 1908 को बम से उड़ाने की योजना बनाई। लेकिन बदकिस्मती से मिसेज प्रिंगले कैनेडी तथा उसकी बेटी इनका निशाना बन गईं। प्रफुल्ल चक्की ने आत्महत्या कर ली और उनके साथी खुदीराम बोस पकड़े गए, जिन्हें बाद में फाँसी दे दी गई। नरेंद्र गोसाईं सरकारी गवाह बन गया था। इसी प्रकार पुलिस इंस्पेक्टर नंदलाल बनर्जी, जिसने इस बमकांड से जुड़े षड्यंत्रकारियों को पकड़ने में सफलता हासिल की थी, उसे नवंबर, 1908 में गोलियों से भून दिया गया। इस प्रकार भारत में बम बनाना और सीक्रेट सोसाइटीज का प्रचलन विदेशों से ही आया था। इसका मुख्य कारण विदेशों में बसे आर्थिक रूप से समृद्ध वे भारतीय थे, जो अपने देश को आजाद देखना चाहते थे। इसके अलावा बहुत से यूरोपियन देश ब्रिटिश साम्राज्य की बढ़ती हुई शक्ति और साम्राज्यवादी प्रसार से जलते थे और उसे अव्यवस्थित कर रोकना चाहते थे। वे खुलेआम उसका सामना तो नहीं कर सकते थे, लेकिन चोरी-छिपे उनके खिलाफ पैदा हो रहे संगठनों को हरसंभव सहायता प्रदान कर रहे थे। फ्रांस, जो ब्रिटेन का पुराना दुश्मन था, इस खेल में सबसे आगे था।

इन उग्रवादी गतिविधियों के पुनरुत्थान के कई कारण थे। सबसे पहला कारण तो उदारवादी दल की अपील द्वारा अपनी माँगें मनवाने के असफल प्रयास थे, जिसने पार्टी से जुड़े लोगों की ब्रिटिश सरकार के प्रति उनकी पुरानी स्थापित विचारधारा बदल डाली थी। जो लोग ब्रिटिश सरकार की राजप्रबंध और न्यायप्रणाली में गूढ़ विश्वास रखते थे, बंगाल-विभाजन के समय हुई गतिविधियों ने सरकार की विश्वसनीयता पर से उनका विश्वास उठा दिया था। लोग अभी 1857 की क्रांति की घटनाओं को भूल भी नहीं पाए थे कि बंगाल-विभाजन का ठीकरा उनके सिर पर फोड़ दिया गया। उदारवादी नेताओं के बंग-भंग आंदोलन की नीति को अंग्रेजी सरकार द्वारा वापस किए जाने के असफल प्रयास, अंग्रेजी सरकार का नरम दल के नेताओं को समर्थन और गरम दल के नेताओं और उनके समर्थकों के प्रति दमनकारी नीति, मुसलिम

समुदाय को कांग्रेस के खिलाफ समर्थन आदि हिंदुओं में नाराजगी का विषय बन गया।

बीसवीं शताब्दी के पहले दशक तक बहुत से भारतीय पढ़-लिख गए थे, लेकिन सरकार के पास उनको योग्यता के आधार पर देने को नौकरियाँ नहीं थीं। उच्च पदवियाँ सिर्फ गोरों के लिए सुरक्षित थीं। पढ़े-लिखों की संख्या दिन-प्रतिदिन बढ़ रही थी और नौकरियाँ कम थीं, जिसके कारण बेरोजगारी की समस्या बढ़ रही थी। राजा राममोहन राय, स्वामी दयानंद, स्वामी विवेकानंद, बाल गंगाधर तिलक, अरविंद घोष जैसे समाज-सुधारकों की शिक्षाओं ने लोगों के सोए हुए मनोबल को जगाने में बड़ी सहायता की। आम आदमी, जो कभी हीनता के मनोवैज्ञानिक रोग से ग्रस्त था, इन नेताओं के वचनों के कारण उन रोगों से मुक्त होने में सफल हुआ। उसका अपने आप में आत्मविश्वास जागा और वह आत्मग्लानि से मुक्त हुआ तथा अब वह एक नए सवेरे के इंतजार में था, जिसमें वह अपनी मातृभूमि को आजाद देखना चाहता था।

बंगाल के विभाजन के खिलाफ उठी आवाज ने मजदूर संगठनों को प्रोत्साहित किया। ब्रिटिश अफसरशाही की गालियों और दुर्व्यवहार से परेशान मजदूर उनके खिलाफ इकट्ठे हो गए। राष्ट्रीय आंदोलन से प्रभावित व प्रेस से सहानुभूति प्राप्त कर उन्होंने 'मजदूर संघ' पार्टी का निर्माण किया। इस संगठन को स्थापित करनेवालों में चार मुख्य नाम अश्विनी कुमार बनर्जी, प्रभात कुसुम राय चौधरी, अपूर्बा कुमार घोष और प्रेमतोष घोष थे। बंगाल में 1905 से 1908 तक कई बार फैक्टरियों और रेलवे में मजदूरों की हड़ताल देखने को मिलती है, लेकिन 1908 में कपास की मिलों में शुरू हुई हड़ताल, जिसने 37 में से 18 मिलों के मजदूरों को अपनी चपेट में ले लिया था, एक उग्र रूप धारण कर गई थी। सरकार ने कड़ा रुख अपनाकर कठोर कारवाई करके इसको फैलने से रोक लिया था। राष्ट्रीय पार्टियाँ मजदूर संगठनों को सहानुभूति प्रदान कर रही थीं और आंतरिक तौर पर सहायता भी दे रही थीं, क्योंकि वे इसकी सफलता का फायदा उठाना चाहती थीं, लेकिन वे इसमें सफल न हो सकीं।

समिति या राष्ट्रीय स्वयंसेवक (नेशनल वालंटरीज) बंगाल में पनपे स्वदेशी आंदोलन की उपज थे। समिति में लोगों को शारीरिक कसरत करवाई

जाती थी, नैतिकता का पाठ पढ़ाया जाता था और अकाल, महामारी एवं किसी प्रकार की आपदा पड़ जाने पर किस प्रकार से लोगों की सहायता करनी है, उसका प्रशिक्षण दिया जाता था। इसके सदस्यों का कार्य गाँव-गाँव जाकर लोगों को समझा-बुझाकर, स्कूलों में, कोर्ट-कचहरियों में जाकर, भिन्न-भिन्न प्रकार के प्रयोजनों से लोगों को स्वदेशी के प्रति जागरूक करना था। 1907 की एक रिपोर्ट के अनुसार, इस समिति के कुल 8,485 सदस्य थे, जिनमें से पूर्व बंगाल के बकरगंज और ढाका के कुल 2600 सदस्य थे, इसी प्रकार अनुशीलन समिति तथा जुगांतर ने गुप्त सोसाइटीज की शुरुआत की। इन संस्थाओं का काम जुल्म करनेवाले अधिकारियों, मुखबिरों और गद्दारों को मार गिराना था। ये लोग हथियार खरीदने तथा पैसा एकत्रित करने के लिए डाका डालते थे। इस समिति का सबसे चर्चित कार्य दिल्ली के चाँदनी चौक में वायसराय लॉर्ड हार्डिंग के ऊपर बम फेंकना था। इस कार्य को रासबिहारी बोस तथा सचिन सान्याल ने 1908 में अंजाम दिया था।

इस प्रकार इन नौजवानों ने हँसते हुए देश की आजादी के लिए जंग लड़ी और अपनी अमूल्य जिंदगी दाँव पर लगा दी। भले ही वे उस लक्ष्य तक पहुँच नहीं सके जिस तक पहुँचना चाहते थे, लेकिन फिर भी वे लोगों के दिलो-दिमाग में अपनी अमिट छाप छोड़ने में सफल हुए। चाहे क्रांतिकारी गतिविधियाँ और संस्थाएँ धीरे-धीरे सरकार की चपेट में आ गईं और उन्हें बड़ी बेरहमी से कुचल दिया गया, लेकिन उनकी कुर्बानियाँ भारतीय लोगों के दिलों में राष्ट्रीय चेतना की भावना को जगाने में सफल रहीं। इनकी गिनती चाहे कम थी, लेकिन इनके द्वारा किए गए कार्यों का प्रभाव बड़ा गहरा था।

□

4

'इंडिया हाउस', लंदन

क्रांतिकारियों और आम भारतीयों को विदेश में शरण और प्रोत्साहन देने के लिये श्यामजी कृष्णवर्मा तथा उनके द्वारा लंदन में स्थापित 'इंडिया हाउस' सबसे आगे था। वे लंदन में भारतीयों के हितों की देख-रेख करने और उनको विदेश में आजादी की लहर में शामिल करने, उनके ठहरने, खाने-पीने के साथ-साथ जरूरतमंदों को आर्थिक सहायता भी प्रदान करने में महत्त्वपूर्ण भूमिका निभाते थे। इस सारी प्रतिक्रिया के पीछे उनका एक ही मंतव्य था—विदेश में आए नौजवानों को अपनी मातृभूमि के प्रति सजग रखना और भारतीयों की समस्याओं के प्रति जागरूक करना था।[63] अकसर विदेश में आकर लोग अपनी संस्कृति को छोड़ पाश्चात्य संस्कृति के रंग में रँग जाते थे और अपने देश की समस्याओं को भूल विदेशी सरकार की ढफली बजाने लगते थे। उनके दिलों में देशप्रेम की भावना को बनाए रखना बहुत जरूरी था, ताकि जब वे भारत लौटें तो विदेशी महाराज की चाकरी न कर अपनी मातृभूमि के लिए कार्य करें और देश की आजादी की लड़ाई में शामिल हो उसकी सेवा करें।

श्यामजी कृष्णवर्मा एक क्रांतिकारी थे, जिन्होंने 1897 में कर्जन वायली के कारण भारत छोड़ दिया था और लंदन जाकर बस गए थे। उन्होंने लंदन में बहुत दौलत कमाई और इसका सदुपयोग भारत की आजादी के लिए किया। उनका घर जो 9, क्वीन वुड्ज हाईगेट में था, भारत से आनेवाले क्रांतिकारी विचारोंवाले युवकों का केंद्र बन गया।[64] सरदार सिंह राऊजी राना और मैडम

भीकाजी उसके शुरुआती सहयोगियों में से थे, जो अकसर भारत की आजादी के विषय पर चर्चा किया करते थे।[65] जे.एम. पारिख तथा जे.सी. मुखर्जी भी इस दल के सदस्य बने। जनवरी, 1905 में श्यामजी कृष्णवर्मा ने अपनी प्रथम साप्ताहिक पत्रिका 'इंडियन सोशियोलॉजिस्ट' का प्रकाशन शुरू किया। वे हरबर्ट स्पैंसर की विचारधारा से बड़े प्रभावित थे। उसका विचार था, "हर व्यक्ति को अपनी इच्छा का अनुसरण करने का अधिकार है, बशर्ते उसके कार्य से किसी दूसरे की आजादी में विघ्न न पड़ता हो। अकारण किए गए आक्रमण का प्रतिरोध करना कोई गुनाह नहीं है और यह न्याय प्रसंगति से जरूरी भी है। जुर्म का विरोध न करना—परोपकारी और अहंकारी दोनों को ठेस पहुँचाता है।"[66] 'इंडियन सोशियोलॉजिस्ट' के पहले अंक में एच.एम. हिडमैन के ये विचार छपे—"भारतीयों को आत्मनिर्भर और संगठित होना होगा। भारत से ब्रिटिश लोगों को निकालने के लिए ताकत का इस्तेमाल करना पड़ेगा। जो यह सोचते हैं कि सरकार के या गवर्नर के बदल जाने से सरकार की सोच बदल जाएगी, तो वह गलत सोचते हैं।"[67] इसके प्रथम संस्करण में श्यामजी कृष्णवर्मा ने 2000 रुपए की पाँच छात्रवृत्ति देने की घोषणा कर दी। ये पैसे ग्रेजुएट पास भारतीय विद्यार्थियों को विलायत में उच्च शिक्षा प्राप्त करने के बदले में दिए जाने थे। छात्रवृत्ति प्राप्त करनेवाले विद्यार्थी को दो शर्तें स्वीकार करनी होती थीं; एक शिक्षा पूरी होने पर विद्यार्थी को भारत लौटना होगा और दूसरी, वह अंग्रेजी सरकार के अधीन किसी पद पर नौकरी नहीं करेगा।[68]

18 फरवरी, 1905 को हाइगेट लंदन में 'इंडियन होम रूल सोसायटी' की स्थापना हुई। श्यामजी कृष्णवर्मा इसके प्रधान बने तो जे.एम. पारिख, एस. सुहरावर्दी तथा एम.बी. गोदरेज वाइस प्रेसिडेंट तथा जे.सी. मुखर्जी इसके सेक्रेटरी बने। इस सोसाइटी का उद्देश्य भारत के लिए होम रूल प्राप्त करना और इंग्लैंड में रह रहे भारतीयों में आजादी का प्रचार करना था। 1906 में श्यामजी कृष्णवर्मा ने स्पष्ट शब्दों में कहना शुरू कर दिया था, "आजादी बिना एकजुट हुए और संघर्ष किए प्राप्त नहीं की जा सकती। आजादी के लिए लड़ना कोई गलत कार्य नहीं है।"[69]

श्यामजी ने 65, क्रॉमवेल एवेन्यू हाइगेट के पास एक बड़ा मकान खरीद लिया और उसका नाम 'इंडिया हाउस' रखा। 10 जुलाई, 1905 को इसका उद्घाटन हुआ। 'इंडिया हाउस' के उद्घाटन के समय दादा भाई नौरोजी, लाला

लाजपतराय, लाला हंसराज, एंथोनी कुल्च, मदन देशपड़ और स्वीनी जैसी जानी-मानी हस्तियाँ शामिल हुई थीं। 'इंडिया हाउस' में हर रविवार की शाम को एक सभा आयोजित करना निश्चित हुआ। इसके लिए इंग्लैंड में रह रहे प्रत्येक भारतीय को निमंत्रित किया गया। सभा की बैठक के दौरान सदस्य भारत की आजादी से जुड़े विषयों पर चर्चा करते और प्रश्न पूछते हुए उस पर आपस में विचार-विमर्श करते थे। यह मकान आजादी के परवानों की आरामगाह बन गया। यहीं से भारत की आजादी से जुड़ी क्रियाओं को उचित आकार मिलने लगा। धीरे-धीरे 'इंडिया हाउस' क्रांतिकारियों का तीर्थस्थल बन गया था।

श्यामजी कृष्णवर्मा कांग्रेस की दलील तथा अपील की नीति से उकता गए थे। गोखले और लाला लाजपतराय की असफल लंदन-यात्रा ने उनके ब्रिटिश सरकार के प्रति अविश्वसनीयता के विचार को और भी सुदृढ़ कर दिया था। श्यामजी कृष्णवर्मा गोपाल कृष्ण गोखले की कॉलोनियों को स्वयं संचालित करने के अधिकार (सैल्फ गवर्निंग कॉलोनी) की माँग से भी असहमत थे। वे भारत की संपूर्ण आजादी की माँग के अलावा किसी और माँग के लिए तैयार नहीं थे। कांग्रेस किस्तों में आजादी प्राप्त करना चाहती थी और श्यामजी कृष्णवर्मा एकमुश्त रूप में।

गोखले को जब श्यामजी कृष्णवर्मा के विचारों पर बोलने को कहा गया तो उन्होंने कहा, "श्यामजी कृष्णवर्मा भारत की धरती से छह हजार मील की दूरी पर बैठा है। वह वास्तविकता से बहुत परे है। अगर वह भारत की आजादी की लड़ाई लड़ना चाहता है तो उसे इंग्लैंड छोड़कर भारत आना होगा।" गोखले श्यामजी को पश्चिम के रंग में रँगा व्यक्ति समझते थे, जिसका वास्तविकता से कोई नाता नहीं था। वे उसकी विचारधारा को काल्पनिक मानते थे, जिसे प्राप्त कर पाना संभव नहीं था। गोखले भारत की राजनीति से भली-भाँति परिचित थे। वे भारत के लोगों की जरूरतों और उनकी कमजोरियों को अच्छी तरह समझते थे। उन्हें अपने द्वारा इंग्लैंड में किए गए कार्यों के लिए भारत में कांग्रेस के सदस्यों और वहाँ के लाखों लोगों को जवाब देना होता था। जबकि श्यामजी कृष्णवर्मा किसी प्रकार के दबाव के अधीन नहीं थे। वे आर्थिक दृष्टि से संपन्न थे और उन्हें किसी के आगे पैसे के लिए हाथ नहीं फैलाना पड़ता था। दोनों भारत को आजाद देखना चाहते थे, लेकिन गोखले सब्र से धीरे-धीरे आगे बढ़ना चाहते थे, जबकि कृष्णवर्मा यह सब जल्दी हासिल कर लेना चाहते थे।

भारत से आनेवाले हर व्यक्ति के लिए इस घर के दरवाजे खुले थे। वह बहुत कम खर्चे में यहाँ रहकर अपना निर्वाह कर सकता था। 'इंडिया हाउस' भारत से आनेवाले लोगों की शरण-स्थली बन गया था, जहाँ पर भारतीय अपने सुख-दु:ख को सांझा कर सकते थे। राजनीति के साथ-साथ लोग अपनी दिनचर्या की चर्चा भी करते थे। 'इंडिया हाउस' ने भारत से आ रहे भिन्न-भिन्न प्रांतों के लोगों को एक ही छत के नीचे मिल-जुलकर उठने-बैठने, सोचने और समझने का सुनहरी अवसर प्रदान किया था। यहाँ लोग जात-पाँत को भुलाकर इकट्ठे भोजन करते और रहते थे। यहाँ एक अद्‌भुत सांस्कृतिक मेल-मिलाप का संगम देखने को मिलता था, जहाँ बंगाली, पंजाबी, गुजराती इत्यादि—सब एक जगह मिलकर रहते थे।

श्यामजी कृष्णवर्मा ने इंग्लैंड में प्रचलित प्रेस की आजादी का पूरा फायदा उठाया और अपनी पत्रिका द्वारा सरकार की नीतियों का कड़ा विरोध किया एवं भारत की आजादी की माँग का प्रश्न बार-बार दोहराया। उन्होंने अपने लेखों में भारतीय लोगों के कमजोर आर्थिक हालात की छवि वहाँ के लोगों के सामने प्रस्तुत की। उन्होंने भारतवासियों के दिलों में क्रांति की विचारधारा को प्रचलित करने के लिए लेखों का सहारा लिया। भारत में ब्रिटिश सरकार ने क्रांतिकारियों की नकेल कस रखी थी और उनकी हर प्रकार की आजादी पर पाबंदी लगा दी गई थी। इस तंग वातावरण से भागकर बहुत से क्रांतिकारी विदेशों में आकर बस गए थे और यहीं से आजादी की लड़ाई लड़ रहे थे। यही कारण था कि विदेश में बस रहे क्रांतिकारियों ने आजादी की लहर और जोश को खत्म नहीं होने दिया और इसे धीरे-धीरे सुलगता रखा।

वीर दामोदर सावरकर उन दिनों पूना में थे। उन्होंने श्यामजी कृष्णवर्मा द्वारा दी जाने वाली छात्रवृत्ति के बारे में 'केसरी' में छपे 'इंडियन सोशियोलॉजिस्ट' के एक लेख में पढ़ा। उसमें, 'शिवाजी और गुरु गोविंद सिंह' नामक दो प्रकार की छात्रवृत्ति की चर्चा की गई थी, जिसका उद्‌देश्य भारत की भूमि से विदेशियों को बाहर निकाल अपनी मातृभूमि को आजाद करवाना था। अंत में छात्रवृत्ति के साथ जुड़ी कुछ शर्तों का भी जिक्र था।[70]

मार्च, 1906 में सावरकर ने छात्रवृत्ति के लिए आवेदन दिया और बाल गंगाधर तिलक ने इसे स्वीकार कर लिया। सावरकर को 'शिवाजी' तथा अमृतसर से हरनाम सिंह को 'गुरु गोबिंद सिंह छात्रवृत्ति' के लिए चुना गया। दोनों

विद्यार्थी 'परशिया' नामक जहाज से जुलाई, 1906 में लंदन पहुँचे। दोनों ने वकालत के अध्ययन के लिए कानून (ग्रेज इन लॉ) कॉलेज में दाखिला ले लिया और वहीं से वकालत की डिग्री हासिल की। इंग्लैंड में उस समय 700 के करीब भारतीय विद्यार्थी शिक्षा प्राप्त करने के लिए आए हुए थे और उनमें से लगभग 380 लंदन में रह रहे थे।[71]

सावरकर ने इंग्लैंड पहुँचकर 'इंडिया हाउस' में शरण ली। 'इंडिया हाउस' के बारे में 'संडे क्रॉनिकल' अखबार को दिए गए साक्षात्कार में सावरकर ने बताया था, " 'इंडिया हाउस' एक सस्ता सा होस्टल है, जिसकी सदस्यता भारत से आनेवाले हर जाति, धर्म, वर्ग और विचारधारा के व्यक्ति के लिए खुली है। सदस्य को मात्र एक पाउंड सप्ताह भर के रहने और खाने-पीने के खर्च के लिए देना होता है। हाउस में राजनीति के विषय पर खुलकर बहस होती है।" कुछ लोग 'इंडिया हाउस' की नीतियों की बुराई करते तो कुछ ब्रिटिश सरकार को बुरा-भला कहते अर्थात् 'इंडिया हाउस' में हर प्रकार के विचार पर चिंतन करने की आजादी थी। जो भी व्यक्ति अपने तर्क से दूसरों को प्रभावित कर सकता, वह बहस में जीत जाता। कुछ दिनों के लिए भाई परमानंद भी यहाँ ठहरे थे। लाला हरदयाल अकसर यहाँ आया करते थे।[72]

'इंडिया हाउस' भारत से आनेवाले विद्यार्थियों को रहने का सस्ता कमरा और भोजन प्रदान करता था। इस संस्था की सबसे बड़ी खासियत यह थी कि यहाँ भारत से आनेवाले नौजवान वर्ग के लोगों को सुरक्षित स्थान, हमवतनों का साथ, सही मार्गदर्शन और दिशा-निर्देश मिल जाता था, जो अपने आप में बहुत बड़ी सहूलियत थी।

सावरकर और मदनलाल ढींगरा दोनों 1906 में लंदन पहुँचे थे। सावरकर छात्रवृत्ति प्राप्त कर वकालत की पढ़ाई करने के लिए लंदन गए, जबकि ढींगरा अपनी मरजी से और परिवार की सहायता से वहाँ इंजीनियरिंग की डिग्री प्राप्त करने के लिए पहुँचे। मदनलाल ढींगरा एक संपन्न घराने से थे, जिनकी लंदन में रहने की जिम्मेदारी उनके परिवार ने उठा रखी थी। उनके वहाँ पहुँचने से पहले ही उनके ठहरने और खाने-पीने का पूरा इंतजाम कर दिया गया था। सावरकर पहले से ही भारत की आजादी की विचारधारा में निमग्न थे, जबकि मदनलाल ढींगरा इन सब बातों से इतनी गहराई से वाकिफ नहीं थे। सावरकर छोटी उम्र से ही क्रांतिकारी गतिविधियों से जुड़ गए थे और भारत में 'मित्र-

मेला' नामक संस्था स्थापित कर चुके थे, अर्थात् सावरकर आजादी की लहर का एक मँजा हुआ क्रांतिवीर था और मदनलाल ढींगरा राजनीति के क्षेत्र में नया था। सावरकर के बड़े भाई भी आजादी की रणभूमि में जाने-माने सिपाही थे। अगर मदनलाल ढींगरा का परिवार अंग्रेजी सरकार का पिट्ठू था तो सावरकर का परिवार उनका घोर विरोधी था। ढींगरा-परिवार जहाँ अंग्रेजों को भारत का माई-बाप मानता था और उनके राज्य को अति उत्तम, वहीं सावरकर बंधु उन्हें भारत की खस्ता अर्थव्यवस्था और गरीबी का कारण मानते थे। विनायक दामोदर सावरकर लंदन में पढ़ाई के साथ-साथ राजनीतिक गतिविधियों का अध्ययन करने और भारत की आजादी के लिए लड़े जाने वाले युद्ध की तैयारी के उदेश्य से आया था, लेकिन ढींगरा शायद पढ़ाई के इरादे से ही लंदन पहुँचा था। ढींगरा का परिवार शायद उनकी पढ़ाई पूरी होने के पश्चात् ब्रिटिश सरकार की नौकरी का सपना देखता हो, लेकिन सावरकर की छात्रवृत्ति की शर्त के अनुसार वह नौकरी करने की बात सोच भी नहीं सकते थे। ढींगरा अगर शाही परिवार का शहजादा था तो सावरकर क्रांतिवीरों का सरदार था।

सावरकर ने लंदन में पहले छह महीनों के दौरान मैजिनी की आत्मकथा का मराठी में अनुवाद कर दिया था। मैजिनी की विचारधारा ने उसके दिलो-दिमाग पर गहरी छाप छोड़ी थी। सिखों के इतिहास में भी उनकी गहरी दिलचस्पी थी। उसको पढ़ने के लिए उसने पहले गुरमुखी लिपि को पढ़ना सीखा और फिर 'आदि ग्रंथ', 'पंथ प्रकाश', 'सूर्य प्रकाश' तथा 'विचित्र नाटक' जैसी धार्मिक पुस्तकों का अध्ययन किया और इन पर कई लेख लिखे तथा इश्तिहार जारी किए। उसके द्वारा प्रकाशित इश्तिहार 'खालसा' सिख सेना में बड़ा लोकप्रिय हुआ था। इसमें सिख सिपाहियों की उनकी मातृभूमि के प्रति वफादारी और उसे आजाद कराने की बातें लिखी गई थीं।

सूत्रों के अनुसार, मदनलाल ढींगरा को यूनिवर्सिटी में दाखिला लेने के पश्चात् 'इंडिया हाउस' के बारे में जानकारी हुई। इसके बारे में उसे वहाँ के किसी विद्यार्थी ने बताया था और वह अपने एक मित्र के साथ 'इंडिया हाउस' गया था। 'इंडिया हाउस' के वातावरण, लोगों का आपसी मेल-जोल, कार्यशैली और सावरकर की भाषण देने की श्रेष्ठता ने उसके मन को मोह लिया। वहाँ पर एकत्रित सब लोग भारतीय थे, जो लंदन में शिक्षा हासिल करने आए थे। इनमें से अधिकतर संपन्न परिवार से संबंधित थे और कुछ मध्यवर्ग परिवारों

से एवं कुछ अपनी योग्यता के आधार पर छात्रवृत्ति प्राप्त कर पढ़ाई कर रहे थे। उसे यहाँ पर अपने देश का वातावरण हँसता, बसता और खेलता हुआ दिखाई दिया। ये सब नौजवान अपने घर-परिवार को छोड़ एक उज्ज्वल भविष्य की खोज के लिए यहाँ पधारे थे। वे भारत के तंगदिली वाले वातावरण से बहुत दूर एक खुले वातावरणवाले देश में आए थे, जहाँ पर अपनी बात कहने की पूरी आजादी थी। पर इंग्लैंड में उन्हें रंगभेद का शिकार होना पड़ता था। गोरे लोग उनसे घृणा करते थे, लेकिन 'इंडिया हाउस' में अपने देशवासियों से मिल लेने से सारी कटुता और थकान दूर हो जाती थी।

एक बार 'इंडिया हाउस' के संपर्क में आ जाने के बाद ढींगरा यहाँ अकसर आने लगा और रविवार को तो विशेष तौर से। वहाँ पर लोगों द्वारा दिए जाने वाले भाषण और उन पर होनेवाले वाद-विवाद को वह बड़े ध्यान से सुनता था। उसे कभी किसी ने विचार-विमर्श में या वाद-विवाद के दौरान बोलते हुए नहीं सुना था। वह वहाँ का एक मूकदर्शक तथा प्रशंसक था, जो वहाँ होनेवाले वार्त्तालाप को अपने दिलो-दिमाग में सँजो रहा था। ढींगरा 'इंडिया हाउस' में 1908 में अप्रैल से अक्तूबर तक, लगभग छह महीने वहीं रहा था।[73] 1909 के शुरू में वह एक महीने के लिए वहाँ ठहरा था।

'सेडिशियस कमेटी' की एक रिपोर्ट में 'इंडिया हाउस' के बारे में लिखा था कि वर्ष 1906 से लेकर जुलाई, 1907 तक श्यामजी कृष्णवर्मा द्वारा स्थापित 'इंडिया हाउस' की गतिविधियाँ संदेहास्पद रही थीं। इस रिपोर्ट के आधार पर 'हाउस ऑफ कॉमंस' में यह प्रश्न भी पूछा गया था कि सरकार इसके खिलाफ कोई कानूनी कार्यवाही कर रही है या नहीं? सरकार को इसका जवाब देने के लिए कहा गया था।[74] 'सेडिशियस कमेटी' ने अपनी रिपोर्ट में श्यामजी कृष्णवर्मा द्वारा प्रकाशित पत्रिका 'इंडियन सोशियोलॉजिस्ट' में छपे एक लेख की ओर ध्यान आकृष्ट कराया। इस लेख में छपा था—"भारत में किसी भी प्रकार का आंदोलन गुप्त रूप से किया जाना चाहिए। ब्रिटिश सरकार को मनाने का और उसे होश में लाने का एक ही रास्ता है—'रूस की तरह क्रांति।' इसी रास्ते को अपनाकर यह सब हासिल किया जा सकता है। यह उपद्रव तब तक चलता रहना चाहिए जब तक ब्रिटिश सरकार दमनकारी नीति की लगाम ढीली नहीं छोड़ देती और हमारे देश से निकल नहीं जाती।" इस लेख का हवाला देकर सरकार को 'इंडिया हाउस' और उसकी गतिविधियों पर रोक लगाने के

लिए और सख्त कारखाई की माँग की थी। लंदन में श्यामजी कृष्णवर्मा की राजनीतिक गतिविधियाँ सरकार के निशाने पर थीं। उनके द्वारा उक्त पत्रिका में लिखे जानेवाले लेख, जिनमें अकसर सरकार की नीतियों की अलोचना की जाती थी, सरकार के गुस्से का कारण बन रहे थे। सरकार तो 'इंडिया हाउस' को भी शक की निगाह से देखती थी, लेकिन ठोस सबूत न होने के कारण कोई कारखाई नहीं कर पा रही थी। गुप्त सूत्रों के अनुसार, ब्रिटिश सरकार, जो 'इंडिया हाउस' पर बहुत दिनों से नजर रखे हुए थी, श्यामजी को किसी भी समय गिरफ्तार कर सकती थी।[75] ऐसे में उन्होंने लंदन से निकल जाना ही बेहतर समझा। वे लंदन को छोड़ फ्रांस की राजधानी पेरिस में जाकर बस गए और लंदन में 'इंडिया हाउस' की देख-रेख का काम उन्होंने एस.आर. राणा को सौंप दिया था।[76]

एस.आर. राणा 'इंडिया हाउस' की आर्थिक जरूरतों को देखते थे और खर्चे का हिसाब रखते थे, जबकि सावरकर वहाँ की राजनीतिक गतिविधियों का संचालन देखते थे। सावरकर ने अपनी तीव्र बुद्धि, लिखने की कला और ओजस्वी भाषणों से वहाँ पर रहनेवाले भारतीयों का दिल जीत लिया था। उनके प्रशंसकों में मदनलाल ढींगरा के अलावा पांडुरंग महादेव बापत, वीरेंद्रनाथ चट्टोपाध्याय, हरनाम सिंह अरोड़ा, वी.वी.एस. अय्यर और गोविंद अमीन जैसे लोग शामिल थे।[77] चट्टोपाध्याय ने 'इंडियन सोशियालोजिस्ट' के संपादन और प्रकाशन का कार्य अपने हाथों में ले लिया था। बिपिनचंद्र पाल लंदन में सावरकार और वीरेंद्र चट्टोपाध्याय के साथ एक ही घर में ठहरे थे। उन्होंने 'स्वराज' पत्रिका का प्रकाशन लंदन में शुरू किया, जिसके संपादक बिपिनचंद्र पाल थे। इस पत्रिका का उद्‌देश्य राष्ट्रीयता की विचारधारा को प्रचारित करना था, जो सार्वभौमिक मानव-जाति के हित के लिए अनिवार्य थी।

'इंडिया हाउस' से जुड़े सभी भारतीय विद्यार्थी पढ़ने के उद्‌देश्य से इंग्लैंड आए हुए थे और लंदन के खुले वातावरण से बहुत प्रभावित थे। 'इंडिया हाउस' में सावरकर जैसे बहुत कम लोग थे, जो भारत से ही राजनीति से जुड़े हुए थे। भारत के प्रति इन लोगों के दिलों में प्यार और राजनीतिक चेतना का उदय 'इंडिया हाउस' में ही हुआ था। 'इंडिया हाउस' इनके लिए राजनीति की पाठशाला थी और वहाँ फल-फूल रही राजनीतिक विचारधारा इनका पाठन-पठन थी। इसके अलावा इंग्लैंड के आजाद वातावरण, वहाँ पर प्रचलित चुनाव प्रणाली, जिसमें

लोग अपनी मरजी की सरकार चुन सकते थे, जैसी बातों ने इन सबको प्रेरित किया और यह सोचने पर मजबूर किया कि अगर इस प्रकार का राजनीतिक वातावरण यहाँ पर संभव हो सकता है तो भारत में क्यों नहीं? वे भी भारत के लिए सामान्य चुनाव प्रणाली चाहते थे और इसकी शुरुआत उन्होंने 'भारतीयों को भी सरकार में शामिल किया जाना चाहिए' जैसी माँग से की। इसमें कोई शक नहीं कि नई शिक्षा प्रणाली ने भारतीयों की आँखें खोल दीं और उनमें राजनीतिक चेतना को उजागर किया।

इंग्लैंड में राजनीति की चादर तले भारतीयों के ऊपर किए जा रहे जुल्मों की दास्तान अकसर सुनने को मिल जाती थी, जिसका वहाँ के नौजवानों के दिलों पर बुरा प्रभाव पड़ता था। इससे वे अकसर विचलित हो जाते थे। भारत में प्रेस की स्वतंत्रता के दमन की खबर ने भी विद्यार्थियों के दिलों पर गहरी छाप छोड़ी। भारतीयों का आर्थिक शोषण, दिन-प्रतिदिन अकाल की खबरें, कभी जॉइंडिस, मलेरिया तथा प्लेग के फैल जाने की खबरें और उसके ऊपर सरकार की लापरवाही के किस्से, अनगिनत लोगों की मौत तथा सरकार की दमनकारी नीति जैसी सूचनाएँ अकसर 'इंडिया हाउस' में सुनने को मिला करती थीं। भारत में रहकर तो शायद भारत का खयाल न आता हो, लेकिन हजारों मील दूर पर बैठे प्रत्येक भारतीय को अपने वतन से लगाव हो जाना और रह-रहकर उसकी और घरवालों की याद आना स्वाभाविक था। यही कारण था कि जब विदेश में रह रहे भारतीय को अपने देश की शोचनीय हालत की खबर मिलती थी तो वह विचलित हो उठते थे और अपनी मातृभूमि के लिए कुछ कर गुजरने को तत्पर हो जाते थे। यही एक बड़ा कारण था कि विदेशों में रह रहे भारतीय, जो समय पाकर संपन्न हो गए थे, अब अपने देश और देशवासियों के लिए कुछ करना चाहते थे। इसी बात को ध्यान में रखते हुए कुछ लोग 'इंडिया हाउस' में रहनेवाले भारतीय विद्यार्थियों को अपने देश में होने वाली हर घटना के प्रति जाग्रत् रखने के लिए समय-समय पर उन्हें सूचित करते रहते थे। इसके पीछे एक ही उद्देश्य था कि उनके दिलों में देशप्रेम की अग्नि प्रज्वलित रहे और क्रांति का जोश बरकरार रहे।

आसिफ अली 'इंडिया हाउस' के बारे में हमें विस्तृत जानकारी देते हैं। वे बताते हैं कि जब वे रीजा और रौफ के साथ पेरिस पहुँचे तो वहाँ पर उनकी मुलाकात श्यामजी कृष्णवर्मा से हुई थी। उन्होंने उन्हें 'इंडिया हाउस' के बारे

में जानकारी दी और तीनों ने वहाँ रहने का मन बना लिया। जब तीनों लंदन पहुँचे तो उनका स्वागत गोविंद ने किया। वही उनको हाइगेट में स्थित 'इंडिया हाउस' लेकर गया था। वे बताते हैं, ''यह एक विशाल घर था और हमारी जरूरत के अनुकूल था। वहाँ पर स्थायी तौर पर रहनेवालों की गिनती अधिक नहीं थी। पंजाब से मदनलाल ढींगरा और मद्रास से आए हुए प्रतिभाशाली व्यक्ति वी.वी.एस. अय्यर वहीं रह रहे थे। 'इंडिया हाउस' में हर रविवार को बीस से तीस लोगों की बैठक लगती थी। किसी एक को सभा का अध्यक्ष बना दिया जाता था। उसके बाद कोई एक व्यक्ति किसी राजनीतिक विषय पर भाषण देता था, जिस पर फिर सदस्य सवाल-जवाब करते और इस प्रकार बहस शुरू हो जाती थी। विचार-विमर्श के पश्चात् अध्यक्ष अपना निर्णय सुनाता था। 'इंडिया हाउस' राजनीति से प्रेरित लोगों के लिए मिलकर बैठने और विचार-विमर्श करने का एक उचित स्थान था और नौजवानों व क्रांतिकारियों के लिए यह एक प्रशिक्षण स्थल था।'' आसिफ अली लिखते हैं—''सावरकर की इंग्लिश पर पकड़ इतनी अच्छी नहीं थी, फिर भी उनके बोलने का सलीका और उच्चारण इतना अच्छा था कि कोई भी उसे सुन लेने के बाद मुग्ध हुए बिना नहीं रह सकता था।''[78] बिपिनचंद्र पाल, जो बंगाल-विभाजन आंदोलन के एक उग्र नेता रहे, अकसर यहाँ आया करते थे। यहाँ पर वे लोग आया करते थे, जो या तो बहुत नामवर थे और या वे, जिनका नाम कल को होने वाला था। बिपिनचंद्र पाल का बेटा निरंजन पाल (नानू), जो सावरकर का घनिष्ठ मित्र था, वहाँ अकसर आया-जाया करता था। इतिहासकार डॉक्टर के.पी. जायसवाल भी वहाँ आया करते थे। डब्ल्यू.वी. फड़के, जिन्होंने सावरकर की पुस्तक '1857 की क्रांति' का अनुवाद किया था, सिकंदर हयात खान, जो बाद में पंजाब के प्रधानमंत्री बने और सकलतवाला, जो आगे चलकर ब्रिटिश पार्लियामेंट के कम्युनिस्ट सदस्य बने, वहाँ अकसर आया करते थे।

अगर बंगाल के विभाजन ने भारतवासियों के दिलों में एकता की भावना जाग्रत् की थी तो सरकार की दमनकारी नीति ने उनमें देशभक्ति और राष्ट्रीय चेतना को उभारने में मदद की। इसी प्रकार इंग्लैंड में 1857 के प्रथम स्वातंत्र्य समर की याद में अंग्रेजों द्वारा मनाए जाने वाले जश्न ने विदेश में रह रहे भारतीयों के दिलों में अंग्रेजी शासन के खिलाफ नाराजगी व गुस्से की लहर को जन्म दिया और उनको भी इसी तरह से अपने देश के शहीदों के लिए कुछ करने

को प्रेरित किया। अंग्रेजों द्वारा इंग्लैंड में इस जश्न की पचासवीं सालगिरह बड़ी धूमधाम से मनाई जा रही थी। 1857 के गदर की विजय गाथा के प्रचार के लिए इंग्लैंड में जश्न की तैयारियाँ और प्रचार किया जा रहा था। पत्रिकाओं में विज्ञापन दिए जा रहे थे, जिनमें अंग्रेजी सिपाहियों को शहीद बताया जा रहा था। नाटक खेले जा रहे थे, जिनमें अंग्रेजों को बहादुर और वफादार सिपाही दिखाया जा रहा था और भारतीय नेताओं और क्रांतिवीरों को नीचा दिखाने के लिए उनको बेईमान, धोखेबाज, सरकार के गद्दार साबित किया जा रहा था। 1857 की याद में मनाए जाने वाले इस उत्सव ने वहाँ रह रहे भारतीयों के दिलों में एक अलग प्रकार का जोश और अपने देश के प्रति प्रेम-प्यार का जज्बा पैदा कर दिया था। इंग्लैंड में रहनेवाला प्रत्येक भारतीय अंग्रेजों द्वारा 1857 के स्वतंत्रता संग्राम को 'गदर' कहे जाने पर विरोध कर रहा था और अंग्रेजों की तरह भारतीय क्रांतिकारियों की याद में एक जश्न मनाकर अंग्रेजों को इसका मुँहतोड़ जवाब देना चाहता था।

अंग्रेजी फौज की 1857 की विजय, जो उन्होंने भारत में आखिरी मुगल बादशाह बहादुरशाह जफर तथा उसके साथियों को पराजित करके प्राप्त की थी, की पचासवीं वर्षगाँठ के उपलक्ष्य में यह जश्न मनाने की योजना बनाई गई। इसमें भारत में शहीद हुए अंग्रेजी फौज के सिपाहियों को श्रद्धांजलि देने और उन सिपाहियों का 'धन्यवाद करने' का दिन समस्त इंग्लैंड में, खास तौर पर लंदन में, जश्न की तरह मनाया गया। जिन सिपाहियों ने अपनी जान की बाजी खेलकर देश के गौरव की रक्षा की, मान-सम्मान बढ़ाया और अपने देश के लिए शहीद हुए, उनकी याद में खुशी मनाना या जलसा करना कोई गलत कार्य नहीं था। यह तो समस्त देश और उनके परिवारवालों के लिए बड़े गर्व की बात थी। अखबारों में उन शहीदों की याद में लेख लिखे गए और उनकी शहादत की घटनाओं को विस्तार से बढ़ा-चढ़ाकर प्रस्तुत किया गया। 'द डेली टेलीग्राफ' अखबार ने लिखा था, "इन योद्धाओं की बदौलत भारत में ब्रिटिश साम्राज्य समाप्त होने से बच गया।" लेख में एक तरफ ब्रिटिश सिपाहियों की बहादुरी की कहानी लिखी गई थी तो दूसरी ओर भारतीय क्रांतिवीरों और सिपाहियों की मूर्खता, तंगदिली, कायरता, आपसी दुश्मनी और ईर्ष्या जैसी कमजोरी को उनकी हार के लिए जिम्मेदार ठहराया गया था। इसमें भारतीय सिपाहियों के आचरण पर कीचड़ उछाला गया था और ब्रिटिश सिपाहियों की

बहादुरी को चार चाँद लगाकर प्रस्तुत किया गया था। यह कोई नई बात नहीं थी। जो युद्ध जीतता है, सारी अच्छाइयाँ उसी में होती हैं और हारनेवाला तो बेचारा जान-माल के नुकसान के साथ-साथ युद्ध में विजेता की जीत का खर्चा भी हर्जाना देकर चुकाता है। इसी तरह ब्रिटेन में मनाए जा रहे जश्न और सिपाहियों की बहादुरी की दास्तान से किसी को कोई नाराजगी नहीं थी, लेकिन जिस तरह से पराजित भारतीय सिपाहियों की वरदी को बदनाम कर उन्हें शहीद न समझकर कमजोर, बुजदिल और गद्दार दिखाया जा रहा था, यह सब वहाँ पर रह और पढ़ रहे आम व्यक्तियों और विद्यार्थियों को पसंद नहीं आ रहा था। अगर यह सब यहीं तक सीमित रहता तो शायद बात इतनी आगे न बढ़ती, लेकिन विजेता अपनी जीत का बिगुल बजाने और उस घड़ी को उत्सव के रूप में मनाने के लिए तत्पर थे।

1 मई, 1908 को अंग्रेजों द्वारा एक नाटक का विमोचन किया गया, जिसमें रानी झाँसी, तात्या टोपे , नाना साहिब और अन्य देशभक्तों को जालिम, क्रूर, दरिंदे और खून के प्यासे दिखाया गया।[79] यह भारतीय योद्धाओं को बदनाम करने और इंग्लैंड में रह रहे भारतीयों के मनोबल को कमजोर करने की खुली साजिश थी। लेकिन उनकी यह योजना उलटे उन पर ही भारी पड़ गई और वह उत्सव की घड़ी अंग्रेजों के जी का जंजाल बन गई। इस 'जश्न-ए-आजादी' के खिलाफ 'इंडिया हाउस' में बड़ी नाराजगी प्रकट की गई। इन नाटकों के मंचन की भरसक आलोचना की गई। अगर ब्रिटिश सिपाही अपने देशवासियों की नजरों में शहीद थे तो लाखों भारतीय सिपाही, जिन्होंने 1857 की क्रांति में अपनी जान गँवाई थी, वे भी किसी तरह से कम नहीं थे और उनकी शहादत को भी कम नहीं आँका जाना चाहिए था। 'इंडिया हाउस' इस विषय पर चर्चा का केंद्र बन गया। धीरे-धीरे 'इंडिया हाउस' में आनेवाले भारतीयों की संख्या बढ़ने लगी। हर एक की जुबान पर एक ही सवाल था कि क्या भारतीय सिपाही शहीद नहीं थे? क्या हम उनकी याद में कुछ ऐसा नहीं कर सकते? हमें भी कुछ ऐसा ही करना चाहिए? सावरकर ने 'इंडिया हाउस' में इस विषय पर चर्चा करने के लिए एक सभा आयोजित की, जिसमें लोगों ने बड़ी संख्या में भाग लिया।

'इंडिया हाउस' में बहुत विचार-विमर्श के बाद 10 मई को भारतीय शहीदों की याद में पचासवीं सालगिरह मनाने का प्रस्ताव सर्वसम्मति से पास हो गया।

उस दिन एक सभा आयोजित करने का निश्चय किया गया। लोगों की अच्छी संख्या सुनिश्चित करने के लिए प्रत्येक उपस्थित व्यक्ति को अपनी जान-पहचान के लोगों को इस आयोजन के लिए न्योता देने का कार्य सौंपा गया। इंग्लैंड में पढ़ाई कर रहे भारतीय विद्यार्थियों को निमंत्रण पत्र भेजे गए। उनसे इस आयोजन के बारे में भारत में रह रहे अपने घरवालों को भी इसकी जानकारी देने का आग्रह किया गया। प्रत्येक व्यक्ति को इस सभा की सफलता के लिए कुछ आर्थिक सहायता देने को भी कहा गया था। लोगों की उपस्थिति बढ़ाने के खयाल से 'इंडिया हाउस' से जुड़े साथियों को घर-घर जाकर लोगों को उस दिन के लिए बुलाने का काम सौंपा गया। दो-दो व्यक्तियों का एक ग्रुप बनाया गया, जिसका काम घर-घर जाकर न्योता देने के साथ-साथ 1857 की क्रांति के बारे में लोगों को जानकारी देना भी था; क्योंकि बहुत से विद्यार्थी इससे बिलकुल अनभिज्ञ थे। इनमें मदनलाल और हरनाम सिंह का एक दल था। राजिंद्र और चट्टोपाध्याय का दूसरा ग्रुप था और इनका काम बंगाली साथियों को निमंत्रण पहुँचाना था। उस दिन को यादगार बनाने के लिए आनेवाले लोगों को चपातियाँ (रोटियाँ) भेंट करना निश्चित हुआ। हरनाम सिंह तथा मदनलाल को कार्यक्रम को आयोजित करने तथा 'इंडिया हाउस' को सजाने-सँवारने का काम सौंपा गया। ज्ञानचंद वर्मा को कॉन्फ्रेंस शुरू होने के दो दिन पहले रिपोर्ट बनाने का काम दिया गया। 'इंडिया हाउस' के सदस्य सुबह को पढ़ाई करते थे और रात के समय कार्ड बाँटने का काम करते थे।

मई, 1908 में सावरकर द्वारा आयोजित 1857 की क्रांति के शहीदों की याद में मनाए जाने वाले समारोह की गहमागहमी 'इंडिया हाउस' में देखी जा सकती थी। हर कोई अपने निर्धारित कार्य को कुशलता से निभाने में लगा हुआ था। चारों ओर खुशी से भरा वातावरण बरकरार था। इंग्लैंडवासियों ने 'इंडिया हाउस' में इससे पहले इस तरह की चहल-पहल कभी नहीं देखी थी और न ही वहाँ पर कभी इस तरह का समागम हुआ था। छोटी-मोटी गोष्ठियाँ तो अकसर हुआ करती थीं और एक से बढ़कर एक विद्वान् तथा जानी-मानी हस्तियाँ 'इंडिया हाउस' में रहने और भाषण देने आया करती थीं, लेकिन इस तरह समस्त इंग्लैंड में बसे भारतीयों को शायद कभी बुलाया नहीं गया था। जैसे-जैसे दिन नजदीक आ रहे थे, 'इंडिया हाउस' की गतिविधियाँ और सदस्यों में काम करने का जोश बढ़ता जा रहा था। केसर सिंह लिखते हैं, ''मदनलाल ढींगरा दिए गए

काम से बड़ा उत्साहित था। वह हरनाम सिंह के साथ मिलकर घर-घर जाकर लोगों को आमंत्रित करता, साथ ही उन्हें इस महोत्सव का कारण और जरूरत के बारे में भी जानकारी देता।'' वे आगे लिखते हैं—''10 मई को लंदन की हर गली, हर सड़क 'इंडिया हाउस' की ओर जाती दिखाई दे रही थी। यहाँ रह रहे विद्यार्थियों ने भारत की आजादी का पाठ पढ़ाने का एक अलग ही रास्ता चुना था।[80] वे इस समागम के जरिए नौजवानों के दिलों में 1857 की क्रांति के शहीदों के प्रति जागृति पैदा करना चाहते थे और साथ में ब्रिटिश सरकार की भेदभाव तथा दमनकारी नीतियों को उजागर करना चाहते थे।''

एमलि ब्राउन लिखती हैं, 'इंडिया हाउस' को फूलों और रोशनी से सजाया गया था। लाल रंग के कपड़े के बॉर्डर से फूलों का श्रृंगार तथा सुनहरे रंग से बोर्ड के ऊपर नाम लिखकर सजावट के साथ बाहर की दीवार पर लगाया गया था। रानी झाँसी, बहादुरशाह जफर, नाना साहिब, मौलवी अहमद शाह, राजा कुँवर सिंह जैसे नेताओं की तसवीरें दीवार पर लगाई गई थीं। हॉल में अगरबत्ती और इत्र की खुशबू वातावरण को सुगंधित कर रही थी और घर जैसा अहसास दिला रही थी। शाम 4 बजकर 30 मिनट पर सरदार सिंहजी रेवा, भाई राणाजी, जो 'पेरिस में रह रहे थे, अपने साथियों के साथ 'इंडिया हाउस' में पधारे। वे मैडम कामा का पेरिस से संदेश लेकर आए थे, जिसे उन्होंने सबकी उपस्थिति में पढ़ दिया।

''समारोह की शुरुआत वंदेमातरम् के गायन से ज्ञानचंद्र वर्मा ने की। वंदेमातरम् के नारों से सारा हॉल गूँज उठा और इसकी आवाज दूर तक सुनाई दी थी। वंदेमातरम् के बाद वी.वी.एस. अय्यर ने राष्ट्रीय प्रार्थना बोली। 'इंडिया हाउस' का हॉल तथा बाहर का खाली हिस्सा लोगों की भीड़ से खचाखच भरा हुआ था। लोगों को खड़े होने के लिए भी जगह नहीं मिल रही थी। भारतीय नौजवान तथा विद्यार्थी कैंब्रिज, ऑक्सफोर्ड और रीडिंग से आए हुए थे।''

'द टाइम्स' अखबार ने इस समारोह का हवाला बड़ी बारीकी से छापा था। यहाँ तक कि न्योते के कार्ड का कागज और उसमें इस्तेमाल की जानेवाली लाल रंग की स्याही का भी अखबार में वर्णन किया गया था।

एमलि ब्राउन लिखती हैं—''सावरकर ने इस अवसर पर 1857 की क्रांति पर लिखी अपनी मराठी पुस्तक 'स्वातंत्र्य समर' का हिंदी अनुवाद, जो लंदन में ही प्रकाशित हुआ था, का विमोचन किया।''[81] ब्राउन आगे लिखती हैं कि

समारोह से भी अधिक सावरकर की पुस्तक ने सरकार और लोगों का ध्यान अपनी ओर आकर्षित किया था।[82] सावरकर ने अपना जोश से भरा हुआ भाषण दिया और वहाँ उपस्थित सभी लोगों का दिल जीत लिया। उन्होंने अपनी पुस्तक के बारे में बताया कि वह इस पुस्तक द्वारा 1857 की क्रांति के शहीदों को श्रद्धांजलि देना चाहते थे।[83] उसका उद्देश्य लोगों को क्रांति के नेताओं द्वारा लड़ी गई लड़ाइयाँ, उनकी बहादुरी के कारनामे और उन पर अंग्रेजों द्वारा किए गए जुल्मों की हकीकत बतलाना और भारतीयों के दिलों में आजादी की लहर को जिंदा करना था, ताकि वह कल को आजादी के युद्ध के लिए तैयार हो जाएँ।[84] उनका कहना था कि एक दूसरा युद्ध ही उनकी मातृभूमि को अंग्रेजी सरकार से आजाद करवाएगा।[85] आज के नौजवानों को कल को होनेवाले युद्ध के लिए तैयार रहना होगा, तभी आजादी की आस पूरी हो सकती थी। उन्होंने अपने भाषण में बहादुरशाह जफर और नाना साहिब द्वारा दी गई कुर्बानियों की कहानी सुनाई और 1857 की क्रांति को मनाने का महत्त्व समझाया। अपने भाषण के अंत में उन्होंने वंदेमातरम् का नारा लगाया। अगले वक्ता खान ने राजा कुँवर सिंह के बारे में बताया और दास ने रानी लक्ष्मीबाई के बारे में लोगों को बताया। अन्य कई लोगों ने भी सभा को संबोधित किया और प्रधान के भाषण के साथ 1857 के प्रथम स्वातंत्र्य संग्राम समारोह का आयोजन समाप्त हुआ।

सभा में आए लोगों ने देश को आजाद करवाने के लिए बलिदान और हर संभव मुश्किल झेलने की कसम उठाई। इस समारोह की याद को बनाए रखने के लिए '1857 स्मारक' के बिल्ले बनवाए गए थे। यूनिवर्सिटी के अध्यापकों, डॉक्टर, वकील, जर्नलिस्ट, व्यापारी, औरतों और बच्चों—सबने अपने देश को आजाद करवाने के लिए संकल्प किया और हर प्रकार से इस आंदोलन में सामर्थ्य के अनुरूप मदद करने की कसम उठाई, इनमें मदनलाल ढींगरा भी शामिल था। जिन लोगों ने कसम उठाई थी, उन्हें छाती पर लगाने के लिए खास किस्म के बिल्ले (बैज) दिए गए।[86] कई उपस्थित लोगों ने सिगरेट और कुछ लोगों ने मनोरंजन छोड़ने की कसमें उठाईं। इस 'त्याग और बलिदान' की काररवाई का मुख्य उद्देश्य 1857 के नायकों को एक बार दोबारा लोगों के मस्तिष्क में जिंदा करना था और आंदोलन को आगे बढ़ाने के लिए धन जुटाना था। विद्यार्थियों ने बताया कि वे हाथ में टोपी लेकर भी इस लक्ष्य के लिए भीख माँगकर पैसा इकट्ठा करेंगे और लोगों को 1857 की क्रांति के बारे

में जानकारी देंगे तथा क्रांति की आग को कभी भी अपने दिलों में बुझने नहीं देंगे।

1857 की क्रांति में शहीद हुए वीरों बादशाह बहादुरशाह जफर, नाना साहिब, रानी लक्ष्मीबाई, मौलवी अहमद शाह, राजा कुँवर सिंह और आजादी के अन्य नेताओं को श्रद्धांजलि दी गई। इसके पश्चात् सभी उपस्थित सज्जनों ने सभी प्रकार के आनंद से दूर रहने और 1857 की लड़ाई के शहीदों के लिए पैसा जुटाने की शपथ ली और अपने देश की आजादी के लिए योगदान देने की कसम उठाई। 'द टाइम्स' अखबार ने 23 मई, 1908 के लेख में लिखा, "सौ से भी अधिक विद्यार्थियों ने इस समारोह में भाग लिया था। कोई कैंब्रिज, ऑक्सफोर्ड और कई तो एडिनबर्ग से भी आए हुए थे। यह सभा कोई चार घंटे के करीब चली। समारोह के अंत में सबको चपातियाँ प्रसाद के रूप में दी गईं। ठीक ऐसा ही 1857 की क्रांति की शुरुआत से पहले किया गया था। उसी याद को एक बार फिर पचास साल के पश्चात् दोहराया गया था। यह अपने आप में एक ऐतिहासिक तथा गौरवशाली पल था।"[87]

मदनलाल ढींगरा, हरनाम सिंह और रफी अहमद बड़े गर्व से '1857 स्मारक' बिल्ले छाती पर लगाकर इंग्लैंड की गलियों में घूमा करते थे, पर एक दिन हरनाम सिंह और रफी अहमद को उनके कॉलेज के प्रिंसिपल ने इन बिल्लों के साथ देख लिया। प्रिंसिपल ने उन्हें अपने ऑफिस में बुलाकर बुरा-भला कहा और बिल्ले उतार फेंकने को कहा, लेकिन आजादी का नया-नया जोश, जो हाल ही में हुए समागम ने इनके दिलों में भरा था और जो त्याग और बलिदान की कसमें उन्होंने उठाई थीं, उसके वशीभूत हो उन्होंने बिल्ला उतारने से इनकार कर दिया। केसर सिंह की बात इतनी बढ़ गई कि इंग्लैंड की पार्लियामेंट में प्रिंसिपल के रवैये की निंदा की गई और उसे सब्र से विद्यार्थियों के साथ पेश आने की हिदायत दी गई। इस बात से खुश होकर एक देशभक्त धन देवी ने भारतीय विद्यार्थियों को रात्रि भोजन पर बुलाया और उन्हें 'यार-ए-हिंद' का चाँदी का बना सिक्का भेंट किया।[88] लेकिन इस घटना ने अंग्रेजी अध्यापकों और विद्यार्थियों के बीच मनमुटाव पैदा कर दिया। इस विषय पर चर्चा करने के लिए कैक्स्टन हॉल में एक गोष्ठी आयोजित की गई। 'डेली क्रॉनिकल' लिखता है, "भारतीय विद्यार्थियों में अनुशासनहीनता की बात देखने को मिली। जब लॉर्ड लेमिंग्टन एक संवेदनशील विषय पर चर्चा कर रहे थे तो उस समय

भी विद्यार्थियों ने बात-बात पर हँसकर वातावरण को खराब करने की कोशिश की थी और कई बार उन्हें शांत हो जाने के लिए कहना पड़ा था।'' यह घटना भारतीय विद्यार्थियों के बढ़े हुए हौसले को बयान करती है।

ब्रिटिश सरकार को यह अहसास हो गया था कि भारतीयों में पनप रही आजादी की लहर रूस की पार्टी निहिलिस्ट के नक्शे-कदम पर चल रही है। सरकार ने 'इंडिया हाउस' की निगरानी के लिए गुप्तचर तैनात कर दिए थे। सावरकर की पुस्तक 'भारत का प्रथम स्वतंत्रता संग्राम' सरकार की सबसे बड़ी चिंता का विषय थी। सरकार ने इस पुस्तक के कुछ अध्याय छपने से पहले ही प्राप्त कर लिये थे और इसका खतरा भाँपते हुए इस पुस्तक को छपने से पहले ही प्रतिबंधित कर दिया था।

कुछ इतिहासकार मानते हैं कि 1907 के बाद 'इंडिया हाउस' में लोगों की भीड़ और राजनीतिक गतिविधियाँ बढ़ गई थीं, लेकिन आसिफ अली, जो उन दिनों इंग्लैंड में ही थे, उनकी जानकारी के अनुसार, ऐसा नहीं दिखाई पड़ता। आसिफ अली लिखते हैं कि 'इंडिया हाउस' में रहनेवालों की गिनती अधिक नहीं थी। इसका कारण शायद 'इंडिया हाउस' की राजनीतिक सरगर्मियाँ थीं, जिनके बारे में वहाँ की प्रेस में आपत्ति जताई गई थी और 'इंडिया हाउस' आलोचना का विषय बन गया था। ब्रिटिश लोग 'इंडिया हाउस' को शक की निगाह से देखने लगे थे और वहाँ पर रह रहे लोगों को क्रांतिकारी समझा जाने लगा था। जिस समय ढींगरा ने घटना को अंजाम दिया, उस समय बहुत कम लोग वहाँ रह रहे थे। स्कॉटलैंड पुलिस 'इंडिया हाउस' पर आँखें गड़ाए बैठी थी। यहाँ एक बात ध्यान में रखनी चाहिए कि भारत से जो विद्यार्थी आते थे, उनका मुख्य उद्देश्य पढ़ाई करके अपने भविष्य को उज्ज्वल बनाना होता था, न कि राजनीतिक गतिविधियों में उलझकर उसे धूमिल करना। कोई भी विद्यार्थी अपने नाम के साथ 'क्रांतिकारी' शब्द जुड़ा देखना नहीं चाहता था। इसके अलावा 'इंडिया हाउस' विभिन्न प्रांतों से आए भिन्न जात-पाँत के लोगों का एक समूह था। ऐसे स्थान पर मिल-जुलकर रहना हर एक के बस की बात नहीं थी।''[89] किसी की जरूरत पंजाबी रोटी थी तो किसी को डोसा-साँभर चाहिए था। आसिफ अली लिखते हैं कि वहाँ जिस प्रकार का भोजन परोसा जाता था, उसे हर कोई नहीं खा सकता था। वहाँ पर कम लोगों की गिनती का यह भी एक कारण था।

इसी दौरान मदनलाल ढींगरा की मुलाकात अपने बड़े भाई कुंदनलाल से हुई। वह इंग्लैंड में अपने व्यापार के सिलसिले में आया हुआ था। कुंदनलाल ने मदनलाल ढींगरा से उसकी पढ़ाई के बारे में पूछा। कुछ देर इधर-उधर की बातें करने के बाद कुंदनलाल मुद्दे पर आ गया और उसने मदनलाल को अपने आने का असली मंतव्य बता दिया। उसने बताया कि घर में पिताजी उसकी राजनीतिक गतिविधियों से बहुत नाराज हैं और वे चाहते हैं कि वह ऐसे लोगों से नाता तोड़ ले और अपनी पढ़ाई की ओर ध्यान लगाए, जिसके लिए तुम्हें यहाँ भेजा गया था। तुम्हें यह नहीं भूलना चाहिए कि ढींगरा परिवार ब्रिटिश सरकार का बड़ा आभारी है और उसके प्रति हमेशा वफादार रहेगा, और क्योंकि तुम भी उसी खानदान का चिराग हो, इसलिए तुम्हें भी उनके प्रति निष्कपट और ईमानदार होना चाहिए। उसने आगे समझाया कि तुम्हें यह नहीं भूलना चाहिए कि तुम्हारा एक गलत कदम समस्त परिवार की खुशियाँ छीन सकता है और हमारी मान-मर्यादा को ठेस पहुँचा सकता है।

मदनलाल 'हूँ-हाँ' में सिर हिलाता रहा, लेकिन अपने बड़े भाई के किसी भी सुझाव को मानने के लिए सहमत नहीं हुआ। कुंदनलाल को इस प्रकार के जवाब की उम्मीद नहीं थी। उसने अपने आपको बड़ा बेइज्जत महसूस किया। वह मन-ही-मन अपना गुस्सा पी गया, क्योंकि वह मदनलाल के स्वभाव से भली-भाँति परिचित था, लेकिन फिर भी उसे इस प्रकार के उत्तर की उम्मीद नहीं थी। उसने एक बार फिर साहस बटोरकर मदनलाल को समझाने-रिझाने की असफल कोशिश की, लेकिन राजनीति के रंग में नया-नया रँगा मदनलाल अब बिलकुल बदल चुका था। कुंदन ने उसे समझाने में पूरा जोर लगा लिया, लेकिन अडिग मदनलाल अपनी बात से पीछे नहीं हटा। कुंदन उसे 'इंडिया हाउस' जाने से रोकने में असफल हो मन-ही-मन बड़बड़ाता और दिल में पछताता हुआ निराश होकर लौट गया।

केसर सिंह लिखते हैं कि मदनलाल ने बातों-बातों में अपने भाई को 'इंडिया हाउस' में रहने के निर्णय के बारे में भी बता दिया था, जिस कारण वह उसके प्रति और भी चिंतित हो उठा था। कुंदन ने उसे एक बार फिर समझाने की कोशिश की। आखिरी हथियार का प्रयोग करते हुए उसने यह धमकी भी दे डाली कि अगर वह उसकी बात नहीं मानेगा तो वह आज के बाद उससे मिलने कभी नहीं आएगा; लेकिन यह धमकी भी कोई काम न आ सकी। हारा

हुआ, लाचार और परेशान कुंदनलाल उसे उसकी किस्मत पर छोड़ वापस लौट गया।

19 अक्तूबर, 1908 को केक्स्टन हॉल में एक सभा आयोजित की गई। इसका उद्देश्य बाल गंगाधर तिलक की रिहाई और बंगाल-विभाजन के मसले को उठाना था। लाला लाजपतराय ने इसकी अगुवाई की। गोकुल चंद नारंग, बिपिनचंद्र पाल, गोखले, आर.सी. दत्त, खार्पड़े और केरंतकार ने इस दौरान भाषण दिए।[90]

20 दिसंबर, 1908 को नेशनल कॉन्फ्रेंस के अधीन एक और सभा बुलाई गई। इसकी सदारत खार्पड़े ने की। दादाभाई नौरोजी, मैडम कामा और आगा खान ने इसमें भाषण दिए। मैडम कामा ने विदेशी वस्तुओं के बॉयकाट की बात की, जिसे ज्ञानचंद वर्मा ने भी स्वीकृति दे दी। आगा खान ने तुर्की को गणतंत्र बनने पर बधाई दी। कुमार स्वामी ने स्वराज के मसले को उठाया और पूर्ण आजादी को ही उद्देश्य बनाने का प्रस्ताव रखा। 'मिंटो-मार्ले सुधारों' की निंदा की गई और इसे भारत में हिंदू- मुसलिम समुदाय को बाँटने की एक चाल बताया गया।

29 दिसंबर, 1908 को गुरु गोविंद सिंहजी का दो सौवाँ शहीदी दिवस केक्स्टन हॉल, लंदन में मनाया गया। इसकी प्रधानगी बिपिनचंद्र पाल ने की। सावरकर ने मराठी में 'पियाकार हिंदुस्तान' गीत गाया और प्रोग्राम शुरू किया। गोकुल चंद्र नारंग ने गुरु गोविंद सिंह की जीवनी पर लेख पढ़ा और उनके बलिदान की चर्चा की। उन्होंने लोगों को बताया कि गुरुजी ने किस तरह मुगलों के साथ आजादी का युद्ध लड़ा था। बिपिनचंद्र पाल ने भी आजादी के लिए लोगों को प्रेरित किया।

इस प्रकार की गतिविधियों के बारे में 'द स्टैंडर्ड' अखबार ने एक लेख में इंग्लैंड में बढ़ रही भारतीयों के क्रांतिकारी कदमों की चेतावनी दी और सरकार को इन पर नजर रखने तथा सख्ती से रोकने के लिए सुझाव दिया। बंबई के पूर्व गवर्नर लॉर्ड लैमिंग्टन ने लंदन में एक सभा को संबोधित करते हुए ब्रिटेन में भारतीयों की बढ़ रही क्रांतिकारी सरगर्मी की आलोचना की और लोगों को सावधान रहने के लिए कहा। पाल ने भी इसमें भाग लिया। इसके पश्चात् वारनर विलियम लेह ने अपने भाषण में बिहारियों को 'डर्टी निग्गर' कहकर संबोधित किया। फिर क्या था, भीड़ में शामिल 'संध्या और युगांतर' के संपादक वासुदेव

भट्टाचार्य ने स्टेज पर पहुँचकर वारनर विलियम के गाल पर कसकर एक चाँटा जड़ दिया। सुबह के अखबार वासुदेव भट्टाचार्य के इस दुस्साहसी कारनामे की भर्त्सना से भरे हुए थे। मामला अदालत में पहुँच गया और भट्टाचार्य को बीस रुपए का जुरमाना लगाया गया।[91] इन सारी घटनाओं ने सरकार को आनेवाले कल के तूफान की चेतावनी दे दी थी। ब्रिटिश सरकार, 'इंडिया हाउस' और इससे जुड़े हर विद्यार्थी को शक की निगाह से देखने लगी थी। अखबारों ने समय-समय पर 'इंडिया हाउस' और इसके नेताओं के खिलाफ लिखना शुरू कर दिया था।

स्कॉटलैंड पुलिस ने कीर्तिकर को 'इंडिया हाउस' की जासूसी करने का काम सौंपा। उसने डेंटल स्टुडेंट बनकर 'इंडिया हाउस' में दाखिला लिया और समय-समय पर वह पुलिस को 'इंडिया हाउस' में होनेवाली गतिविधियों की जानकारी देता रहता था। लेकिन टी.एस. राजन और अय्यर ने शीघ्र ही उसकी हरकतों को नोट कर लिया और एक दिन उसे रँगे हाथ पकड़ लिया। उसने अपना गुनाह कबूल कर लिया, लेकिन सावरकर ने उसे माफ कर दिया और उसे अपने लिए काम करने को राजी कर लिया। अब वह उनके अनुसार पुलिस को सूचना देता था। चतुर्भुज अमीन 'इंडिया हाउस' में रसोइया था। वह भारत से अपने साथ हथियार लेकर आया था।[92]

ढींगरा किसी और का भाषण सुने या न सुने, सावरकर का भाषण सुनना कभी नहीं चूकता था। जब 'अभिनव भारत' की सभा नीतीश दास के घर में अली खान की अध्यक्षता में बुलाई गई थी तो मदनलाल उसमें उपस्थित था। वह 'इंडिया हाउस' में सावरकर, बापत और जी.सी. वर्मा के साथ रहा भी था। अप्रैल, 1909 में भी वह 'इंडिया हाउस' में ठहरा था। वहाँ से वह लेडबरी रोड स्थित बेजवाटर नामक स्थान पर रहने के लिए चला गया था। वहाँ पर उसने 15 शिलिंग हफ्ते के किराए पर ग्राउंड फ्लोर पर एक कमरा ले लिया था।[93] वह भले ही लेडबरी रोड, बेजवाटर में बने घर पर रहने के लिए चला गया था, लेकिन 'इंडिया हाउस' से उसका संपर्क कभी कम नहीं हुआ था। डेविड गॉरनेट भी ढींगरा को 'इंडिया हाउस' में मिला था। 24 जनवरी और 26 जनवरी की सभा में जब नायडू ने अपना पेपर 'राष्ट्रवादी भारत में नौकरी करनेवालों के प्रति क्या सोचते हैं?' पढ़ा था तो ढींगरा वहीं उपस्थित था। वह अपने भाई भजनलाल को भी 'इंडिया हाउस' में लेकर आया था। जब सावरकर

और हरनाम के वकालत पास कर लेने के बावजूद वकालत की प्रैक्टिस करने पर पाबंदी लगा दी गई और सावरकर तथा कारेगाँवकर ने इस निर्णय का कड़ा विरोध किया, तब भी ढींगरा वहीं उपस्थित था। आसिफ अली भी ढींगरा को घटना से कुछ समय पहले 'इंडिया हाउस' में ही मिले थे। 'इंडिया हाउस' में सरकार विरोधी गतिविधियाँ बढ़ती जा रही थीं और वह अब एक राजनीतिक अखाड़े में तब्दील हो चुका था, लेकिन आजादी के लिए क्या उचित कदम उठाया जाना चाहिए—इसके बारे में कोई सहमति नहीं थी और न ही कोई प्रोग्राम तय हुआ था। सी.जे. स्टीवेंशन, डायरेक्टर इंटेलीजेंस ने कमिशनर पुलिस को 'अन्याय के प्रति आक्रोश की संभावना' का खतरा जताया था। उसका इशारा सावरकर और हरनाम सिंह के खिलाफ लिए गए निर्णय की तरफ था।

ढींगरा का लंदन में यह आखिरी साल था। वह इंजीनियरिंग की पढ़ाई के अंतिम चरण में था। अब वह पूर्ण रूप से हर प्रकार के दिमागी बोझ से आजाद था और 'इंडिया हाउस' की गतिविधियों पर ध्यान तथा समय दे सकता था। 1908 से लेकर 1909 तक का समय, जिसका पहले वर्णन किया जा चुका है, वह समय था, जिन दिनों ढींगरा 'इंडिया हाउस' की गतिविधियों में बड़ा सक्रिय दिखाई देता है और यह वही अवधि थी, जब वह एक साधारण विद्यार्थी से क्रांतिकारी बन गया था। भारत की आजादी का विचार चाहे उसके दिमाग में गवर्नमेंट कॉलेज, लाहौर से आया था, लेकिन ढींगरा ने उस विचार को वास्तविक रूप सावरकर की संगति, ब्रिटिश सरकार की गैर-जिम्मेदाराना हरकतों, दमनकारी नीति और 'इंडिया हाउस' की गतिविधियों एवं सरगर्मियों के चलते ही दिया था। 'इंडिया हाउस' ने इस तीन साल की अवधि में क्रांतिकारी विचारों को धीरे-धीरे उसके दिमाग में बैठा दिया और वह राजनीति का एक परिपक्व योद्धा बनकर तैयार हो गया था, जो किसी भी समय जान की बाजी लगा सकता था। लाहौर में बीजा गया स्वतंत्रता का बीज, जिसे इंग्लैंड की धरती में सींचा और सँजोया गया था, अब पककर क्रांति की लड़ाई के लिए तैयार हो चुका था। वह मन-ही-मन आजादी की योजना बनाता रहता था, क्योंकि वह किसी भी तरीके से अपने भारत को आजाद देखना चाहता था। वह उपयुक्त अवसर की तलाश में था, जब वह अपने विचारों को अमली जामा पहना सकता।

□

5

कर्जन हत्याकांड

1 जुलाई, 1909 का दिन मदनलाल ढींगरा के जीवन का बड़ा महत्त्वपूर्ण तथा व्यस्त दिन था। यह वह दिन था, जिसका वह बहुत समय से बेसब्री के साथ इंतजार कर रहा था। यूनिवर्सिटी कॉलेज में उसकी पढ़ाई खत्म हो चुकी थी, जिसके लिए उसके परिवार ने उसे लंदन भेजा था। अब उसकी तरफ कोई उँगली नहीं उठा सकता था कि उसने पढ़ाई पूरी नहीं की। ढींगरा परिवार में अब कोई अनपढ़ नहीं रह गया था। जब वह भारत में था तो पढ़ाई के विषय को लेकर अकसर उसे बुरा-भला कहा जाता था। उसे अपनी राजनीतिक गतिविधियों के कारण लाहौर कॉलेज को छोड़ना पड़ा था। तीन महीने में वह भारत के लिए रवाना हो जाता और अपनी माँ के दुलार-प्यार को पा सकता था तथा अपने पिता की आँखों में झलकते गर्व को महसूस कर सकता था। तीन साल के बाद वह अपने परिवारवालों से मिलनेवाला था। पिछले तीन साल में उसने एक भी पत्र अपने घरवालों को नहीं लिखा था। शायद उसने अपने भविष्य के लिए कोई और ही रास्ता चुन रखा था, जिसमें पत्र-व्यवहार, भावना की अभिव्यक्ति और मनोभाव कोई महत्त्व नहीं रखते।

दोपहर के दो बजे के करीब उसने अपने घर से कूच किया और 5 या 6 बजे वह टोटनहैम की शूटिंग रेंज पर पहुँचा, जो कोर्ट रोड पर स्थित थी। यह स्थान लंदन यूनिवर्सिटी के नजदीक पड़ता था। शूटिंग रेंज में उसने पहले की तरह 12 गोलियाँ निशाने पर दागीं। उसके निशाने का नतीजा आज बेहतर

रहा था। उसने तीन इंच के वर्गक्षेत्र में सारी गोलियाँ दागी थीं। वह प्रैक्टिस में कोल्ट पिस्टल का इस्तेमाल किया करता था। इसकी खासियत यह थी कि गोली के चलने के बाद खाली कारतूस बाहर निकल आता था और दूसरा भरा हुआ कारतूस चलने के लिए अपने आप (आटोमैटिकली) मैगजीन से ऊपर उठकर आगे आ जाता था। ढींगरा ही एक ऐसा व्यक्ति था, जो पिछले तीन महीनों से अपनी निजी ऑटोमैटिक पिस्तौल पर प्रैक्टिस किया करता था। यही (कोल्ट पिस्तौल) वह हथियार था, जिसका ढींगरा ने वारदात में इस्तेमाल किया था। वह अकसर निकिल स्टील की धातु से बनी गोलियों का प्रयोग करता था। उस दिन अभ्यास के नतीजे से वह बड़ा संतुष्ट था। 12 में से 11 गोलियाँ निशाने पर लगी थीं। 7 बजे के करीब वह घर लौट आया था।

घर आकर वह शाम को होनेवाली 'नेशनल इंडियन एसोसिएशन' पार्टी की तैयारी में व्यस्त हो गया। उसने अपनी बढ़िया कमीज और सूट अलमारी में से निकालकर पहना। नीले रंग की सिल्क की पगड़ी सिर पर बाँधी और गले में टाई लगाकर वह तैयार हो गया। अपने आपको आईने में देखकर वह मंद-मंद मुसकराया। वह खूबसूरत और जवान मर्द की तरह दिखाई दे रहा था। सिर पर बँधी हलके नीले रंग की पगड़ी ने उसके चेहरे की रंगत को बढ़ा दिया था। वह जानता था कि अब वह दोबारा इस कमरे में आनेवाला नहीं है। इसलिए उसने हसरत भरी निगाह से आखिरी बार कमरे को निहारा। उसने अपनी जेब टटोली और निश्चित किया कि जो सामान वह ले जाना चाहता है, वह पूरा है या नहीं। कोल्ट में आठ और बेल्जियन पिस्तौल में छह गोलियाँ भरी हुई थीं। दोनों हथियारों को उसने अपने वेस्ट कोट की जेब में डाल रखा था। इसके अलावा अलग से पाँच कारतूस उसने अपनी जेब में डाल लिये थे। उसके पास इस्तेमाल करने के लिए कुल मिलाकर उन्नीस कारतूस हो गए थे। एक बड़ा सा चाकू भी उसने अपनी जेब में डाल लिया था। इन सबके अतिरिक्त उसने अपने बयान की एक हस्तलिखित कॉपी भी जेब में डाल ली थी। बयान की एक कॉपी वह अपने कमरे में ही छोड़ गया था। अपनी सभी चीजों को ठीक से परख लेने के बाद वह अपनी, खुद ही निश्चित की हुई, मंजिल की ओर चल दिया।

आठ बजकर पैंतालीस मिनट पर उसने टैक्सी ली और इंपीरियल इंस्टीट्यूट की तरफ निकला, जहाँ पर 'नेशनल इंडियन एसोसिएशन' ने अपनी गरमियों

की सालाना पार्टी 'ऐट होम' का आयोजन किया था। रात के 9 बजे के करीब वह इंपीरियल इंस्टीट्यूट के जहाँगीर हॉल में दाखिल हुआ, जहाँ पर पार्टी चल रही थी। इस पार्टी का आयोजन 'नेशनल इंडियन एसोसिएशन' ने भारतीयों को रिझाने के लिए किया था। इस तरह की पार्टी एसोसिएशन द्वारा हर साल आयोजित की जाती थी।

नेशनल इंडियन एसोसिएशन

अंग्रेजी सरकार द्वारा स्थापित की गई एक संस्था थी, जिसका उद्देश्य भारत से आए विद्यार्थियों को सहायता प्रदान करना तथा उन्हें इंग्लैंड के बारे में जानकारी देना था। एसोसिएशन उन्हें वहाँ रह रहे भारतीयों, अंग्रेजी अफसरों और लोगों से परिचित करवाती और उनकी हरसंभव मदद करती थी। संस्था उनके ठहरने, खाने-पीने और पढ़ाई संबंधी का निवारण करने में सहायता करती थी।

यह उद्देश्य तो सिर्फ दिखावे के लिए था। वास्तव में इस संस्था का कार्य भारत से आ रहे नौजवानों पर नजर रखना, कि वे कहाँ रह रहे हैं, किस-किस के साथ मेल-जोल बढ़ा रहे हैं और किन-किन गतिविधियों में लीन हैं—अर्थात् उनके बारे में हर प्रकार की जानकारी रखना था। इसके अतिरिक्त संस्था के सदस्यों का कार्य भारतियों को सहानुभूति जताकर उनका ब्रिटिश सरकार के प्रति विश्वास जीतना था, ताकि कल को जब वे भारत लौटें तो वे सरकार के वफादार साथी साबित हों तथा सरकार के लिए कार्य करें। यह एक जरूरी काररवाई थी, जिसे अंग्रेजी सरकार ने बहुत सोच-समझकर लागू किया था, क्योंकि भारत से आनेवाला हर यात्री साधारण व्यक्ति नहीं होता था। अकसर ऊँचे घराने से संबंधित और धनाढ्य लोग ही विदेश की यात्रा के लिए निकला करते थे। अंग्रेजी सरकार ने भारतीयों के प्रति अपनी छवि एक परोपकारी की बनाई हुई थी। इन भारतीयों की सहानुभूति और स्नेह जीतना सरकार के लिए लाभदायक भी था और अनिवार्य भी, ताकि जब वे भारत लौटें तो दिखने में तो वे भारतीय रहें, लेकिन पहनावे और विचारों से ब्रिटिश समर्थक।

मदनलाल ढींगरा 'नेशनल इंडियन एसोसिएशन' की हर करतूत से वाकिफ था। उसे इस संस्था से कोई प्यार या सहानुभूति नहीं थी। वह अपने

द्वारा खुद के लिए निश्चित किए गए उद्देश्य को पूरा करने के लिए इस संस्था का सदस्य बना था।[94] मिस बैक 'नेशनल इंडियन एसोसिएशन' में सेक्रेटरी के तौर पर कार्य कर रही थीं। मदनलाल ढींगरा के बैक से मिलकर इस संस्था का सदस्य बनने की इच्छा जाहिर की थी। ढींगरा मिस बैक के संपर्क में आने के बाद मार्च में इस एसोसिएशन का सदस्य बना था। इसके लिए उसने एक चिट्ठी भी लिखी थी, जिसमें उसने लिखा था कि मुझे इस संस्था के बारे में अपने भाई से पता चला और मैं इसका सदस्य बनना चाहता हूँ। उसके आवेदन-पत्र को स्वीकार करते हुए उसे संस्था का नया सदस्य बना लिया गया था। यह संस्था सीधे तौर पर सम्राट् के अधीन कार्य करती थी और इसके संचालक अकसर भारत में पहले से नौकरी कर चुके ऑफिसर हुआ करते थे। सर कर्जन वायली इस संस्था का एक प्रतिष्ठित अधिकारी था और खजाँची के पद पर कार्यरत था।

'नेशनल इंडियन एसोसिएशन' के 'ऐट होम' समागम में 200 के करीब सदस्य उपस्थित थे। इस पार्टी की खास बात यह थी कि इस बार इसमें बहुत सी भारतीय महिलाएँ भी शामिल हुई थीं और सभी अपने राष्ट्रीय पहनावे में आई थीं। मदनलाल ढींगरा भी पगड़ी बाँधकर अपनी पंजाबी पहचान बनाकर आया था। हॉल में संगीत की धुन सुनाई दे रही थी। सर चार्ल्स और लेडी लायल मेहमानों का स्वागत कर रहे थे और उनके साथ सर स्टुअर्ट और लेडी बेयले, सर लेजले और लेडी प्रॉबिन, सर फ्रैडी क्रैंडी, सर कवास जहाँगीर और राजकुमारी सोफी, दलीप सिंह भी मौजूद थे।

जहाँगीर हाल में मिस बैक से 9 बजे के करीब ढींगरा की मुलाकात हुई थी। दोनों ने एक-दूसरे का हाल जान लेने के पश्चात् कुछ देर बातें की थीं। इसके पश्चात् मदनलाल ढींगरा अन्य मेहमानों से बातचीत करने में व्यस्त हो गया। रात बढ़ रही थी और लोगों ने वापस जाना शुरू कर दिया था, लेकिन कर्जन वायली अब तक नहीं पधारे थे। कर्जन वायली कभी भारत में अंग्रेजी सरकार की ओर से उच्च पदाधिकारी तैनात किए जा चुके थे, लेकिन पिछले कुछ वर्षों से इंग्लैंड में ही रह रहे थे और 'नेशनल इंडियन एसोसिएशन' में वरिष्ठ अधिकारी के रूप में कार्यरत थे। कुछ लोग, खासतौर पर मदनलाल ढींगरा, उनके आने का इंतजार कर रहा था।

ढींगरा 10 बजकर 40 मिनट पर एक बार फिर मिस बैक से मिला और

दोनों ने इस बार बहुत देर तक बातें कीं। मिस बैक को उसने अपनी व्यस्तता, पढ़ाई तथा इम्तिहान के बारे में जानकारी दी। यह सब बड़ा खुशनुमा स्थिति में घटित हुआ।[95] चाहे वह मिस्र बैंक से बातें करने में व्यस्त था लेकिन उसकी आँखें मुख्य द्वार पर टिकी थीं और कर्जन वायली को खोज रही थीं। उसकी अनुपस्थिति का अर्थ था—योजना को स्थगित करना और वह शायद ऐसा करने को तैयार नहीं था।

कर्जन वायली और लेडी वायली ऐसे अवसर पर अकसर उपस्थित रहते थे, लेकिन उस दिन वह सेवॉय होटल में फजुलभाई करीमभाई इब्राहिम, जो 'बंबई मिल ओनर्स एसोसिएशन' के चेयरमैन थे, अपने छोटे भाई के साथ कुछ दिनों के लिए लंदन आए हुए थे, वक आज कर्जन के साथ रात्रि-भोज पर निमंत्रित थे। सर कर्जन वायली की नजर में 'इंडिया हाउस' की पार्टी की क्या महत्ता थी, इसी बात से अंदाजा लगाया जा सकता है कि वह 'ऐट होम' में दो सौ व्यक्तियों को नजरअंदाज कर एक मेहमान के साथ सेवॉय होटल में खाना खा रहा था। खाना खा लेने के पश्चात् वह अपने खास मेहमानों के साथ गाड़ी में बैठकर इंपीरियल इंस्टीट्यूट की ओर चल दिया। जल्दी ही कर्जन वायली अपनी पत्नी और कुछ भारतीय मेहमानों के साथ जहाँगीर हॉल में दाखिल हुआ। मदनलाल ने उसे आते हुए देखा और उसके शरीर में रक्त-संचार बढ़ गया और उसने एक अजीब सा तनाव महसूस किया। उसका दिमाग तेजी से काम करने लगा। उसकी आँखें कर्जन का पीछा कर रही थीं। कर्जन और उसकी पत्नी मेहमानों से मिल रहे थे और हँस-हँसकर बातें कर रहे थे। पार्टी मध्य रात्रि में खत्म होनी थी, लेकिन मेहमानों ने 11 बजे ही वापस जाना शुरू कर दिया था। कार्जन वायली ने भी वापस जाने का मन बना लिया था। फजलभाई करीमभाई इब्राहिम, लेडी वायली के साथ सीढ़ियों से नीचे उतरकर अमानती सामानघर (क्लॉक रूम) से अपना सामान लेने के लिए चल दिए। कर्जन वायली भी मेहमानों से विदा ले नीचे आने की तैयारी में था, लेकिन एक भारतीय के साथ, जिसे वह पहले नहीं मिल सका था, बात करने के लिए रुक गया। यह कोई और नहीं, मदनलाल ढींगरा ही था, जिसने उसको रोक रखा था। दोनों दरवाजे के पास एक-दूसरे से एक गज की दूरी पर खड़े बातें कर रहे थे।

यही वह घड़ी थी जब लेडी वायली कर्जन को छोड़ नीचे अपना सामान

लेने के लिए क्लॉक रूम में जाने को सीढ़ियाँ उतरी थीं। बातचीत के दौरान मदनलाल ने अपना हाथ उठाया। उसके हाथ में पिस्तौल थी और उसने कर्जन के मुख का निशाना साधकर बड़ी तेजी से एक के बाद एक, अत्यंत निकट से कोई चार-पाँच बार गोली चलाई। एक गोली कॉर्जन की दाईं आँख में लगी, दूसरी उसका चेहरा भेद गई, तीसरी उसकी बाईं आँख के नीचे लगी और वह धड़ाम से नीचे गिर गया। एक या दो गोलियाँ उस व्यक्ति को मारी गईं, जिसको ढींगरा ने समझा कि वह उसको पकड़ने के लिए आ रहा है। यह शंघाई से आए डॉक्टर लालकाका थे, जो उन दिनों इंग्लैंड में अपनी छुट्टियाँ मनाने आए हुए थे। वे भी दरवाजे के पास ही ढेर होकर गिर पड़े।

उसका इरादा कर्जन के सिवा किसी और को मारने का नहीं था। लेकिन शायद उस क्षण भर में उससे गोली चल गई। मदनलाल ढींगरा ने अपना उद्देश्य पूरा कर लिया था। उसने छह गोलियाँ इस्तेमाल कर ली थीं। कोल्ट पिस्तौल में अभी भी दो गोलियाँ बाकी थीं। अगर वह चाहता तो इसे वह किसी और पर या अपने ऊपर, गोली चला सकता था, लेकिन वह अपनी उपलब्धि से संतुष्ट था उसकी किसी और को मारने की इच्छा नहीं थी। उसने अपनी पिस्तौल नीचे झुका दी। पास खड़े लोगों ने झपटकर उससे पिस्तौल छीन ली।

लेडी वायली जल्दी से सीढ़ियों की तरफ बढ़ी। गोली की आवाज ने उसका ध्यान ऊपर की तरफ खींचा था। उसने महसूस किया कि किसी को मार दिया गया है, लेकिन कुछ देर बाद उसको पता चला कि गोली से मरनेवाला कोई और नहीं, उसका अपना पति कर्जन वायली ही था। उसने इस विपदा की घड़ी में बड़े धैर्य और हिम्मत का परिचय दिया। उसने कर्जन की कमीज के बटन खोले और यह जाँचने की कोशिश की कि क्या वह साँस ले रहा है या नहीं! उसे कहते हुए सुना गया, "क्या तुम मेरे लिए एक शब्द भी नहीं बोल सकते?" पास खड़े सभी लोग समझ गए थे कि वह अब इस दुनिया में नहीं रहा। लेडी वायली अपने पति की बगल में तब तक बैठी रही, जब तक उसकी लाश को वहाँ से उठा नहीं लिया गया। किसी ने चिल्लाकर पूछा, "क्या यहाँ कोई डॉक्टर है?" तभी डॉक्टर बुचनन और डॉक्टर सैयद हसन बिलग्रामी मदद के लिए आगे आए। कर्जन वायली का खेल तो खत्म हो चुका था। अब सिर्फ लालकाका ही बचा था, ज़िसको डॉक्टरी सहायता

की जरूरत थी। वह बुरी तरह घायल था और अभी भी साँस ले रहा था। किसी ने भारतीय स्क्रीन के कपड़े से, जो हॉल की सजावट के लिए इस्तेमाल किया गया था, मृतक शरीर को ढक दिया। मेहमानों को चले जाने के लिए कहा गया। इस सारी अफरातफरी में अगर कोई शांत और चुपचाप बैठा हुआ था तो वह सिर्फ मदनलाल ढींगरा ही था। कांस्टेबल निकोलस (476 बी) को, जो जहाँगीर हॉल के बाहर ड्यूटी पर तैनात था, बुलाया गया। उसने कुछ लोगों को ढींगरा को पकड़े हुए देखा। उसने सर कर्जन वायली के मृतक शरीर को भी देखा। डॉक्टर लालकाका की साँस अभी चल रही थी। कर्जन वायली के मृतक शरीर को गाड़ी में डालकर उसके घर 10 आनसलो स्क्वायर में भेज दिया गया, जो घटनास्थल से कुछ दूरी पर स्थित था।[96] एक टैक्सी को बुलाया गया और डॉक्टर लालकाका को अस्पताल भेज दिया गया और मदनलाल ढींगरा को हिरासत में ले लिया गया।

पुलिस कोर्ट प्रोसिडिंग

मदनलाल ढींगरा को दूसरे दिन वेस्ट मिनिस्टर पुलिस कोर्ट में पेश किया गया।

मदनलाल ढींगरा, उम्र 25 साल, पंजाब का रहनेवाला, इंजीनियरिंग का विद्यार्थी, जो लैडबरी रोड पर बेजवाटर में रहता था, को मिस्टर होरेस स्मिथ की अदालत में पेश किया गया। मदनलाल ढींगरा पर इंपीरियल इंस्टीट्यूट के जहाँगीर हॉल में सर विलियम हट कर्जन वायली, के.सी.आई.ई. रिटायर्ड इंडियन ऑफिसर और डॉक्टर क्वासजी लालकाका, पारसी चिकित्सक की हत्या का दोष था।

'द टाइम्स' अखबार ने लिखा था कि कैदी ने अपनी उम्र 25 साल बताई। वह देखने में हलके पतले शरीरवाला, गहरे भूरे रंग का व्यक्ति था, जिसके सिर पर घने घुँघराले काले बाल थे, जो उसके माथे पर गिर रहे थे। उसने गहरे काले रंग का साधारण सा विलायती सूट पहन रखा था और आँखों पर सुनहरे फ्रेमवाला चश्मा चढ़ा रखा था। वह कटघरे में अपनी पैंट की जेब में हाथ डाले निश्चिंत खड़ा था, जैसे उसका इस सारी कारवाई से कुछ लेना-देना न हो।[97]

सर बोडकिन, डायरेक्टर पब्लिक प्रॉसिक्यूशन की अगुवाई कर रहे थे

और सर चार्ल्स मैथ्यू, कमिश्नर पुलिस पॉलिटिकल डिपार्टमेंट ऑफ स्कॉटलैंड यार्ड की अगुवाई कर रहे थे।

कांस्टेबल निकोलस, 476 बी ने अपना बयान लिखवाया। उसने बताया कि कल रात 11 बजे के बाद उसे इंपीरियल इंस्टीट्यूट में भारतीय शाखा में बुलाया गया था। उसने वहाँ कैदी को कुछ लोगों द्वारा पकड़े हुए देखा। उसने सर विलियम हट कर्जन वायली के मृत शरीर को देखा और फिर कैदी को हिरासत में ले लिया। डॉक्टर क्वासजी लालकाका को भी गोली लगी थी और वह उस समय तक जिंदा था। जब उसने कैदी को हिरासत में लिया तो वह मुसकराया, पर बोला कुछ नहीं।

सुपरिंटेंडेंट एलबर्ट आइसैक (बी डिविजन से) ने पुलिस अदालत को बताया कि सुबह 12 बजकर 30 मिनट पर वह कैदी से मिला। उसे वालटन स्ट्रीट के चैलसी पुलिस स्टेशन में हत्या के जुर्म में कैद किया हुआ था। उसने जब कैदी से पूछा कि हत्या उसी ने की है तो वह कुछ बोला, लेकिन वह ठीक से सुन-समझ न सका। जबकि कैदी उससे सिर्फ एक गज की दूरी पर ही था।

'द टाइम्स' अखबार में आगे लिखा था कि कैदी, जो कि अच्छी इंग्लिश बोल रहा था, उसने तेजी से बोलते हुए अदालत को बताया कि उसकी डॉक्टर क्वासजी लालकाका को मारने की कोई योजना नहीं थी। ''मैं तो उसे जानता तक नहीं था। जब मैंने उसे अपनी तरफ बढ़ते हुए देखा तो मैंने अपने बचाव में गोली चला दी।''

मिस्टर होरेस स्मिथ ने मदनलाल ढींगरा को आठ दिन के 'पुलिस रिमांड' में ब्रिक्स्टन जेल भेज दिया।

इस सारी प्रक्रिया के दौरान ढींगरा को उसका कोई रिश्तेदार या मित्र मिलने या देखने नहीं आया। मदनलाल ढींगरा 'पुलिस रिमांड' मिल जाने के बाद सिपाहियों से हँसकर बातें कर रहा था, जैसे कुछ हुआ ही न हो। उसके चेहरे पर 'पुलिस रिमांड' दिए जाने का कोई खौफ दिखाई नहीं दिया। कुछ देर बाद सिपाही उसे गाड़ी में बैठाकर ब्रिक्स्टन जेल की तरफ ले गए।

सुरेन्द्रनाथ बेनर्जी ने इंग्लैंड की जनता की 1 जुलाई की घटना की प्रतिक्रिया के बारे में लिखा था कि लंदन में हालात नाजुक हो गए थे।[98] एक भारतीय विद्यार्थी ने एक अंग्रेजी ऑफिसर तथा भारतीय डॉक्टर को मार दिया

था। हत्या की वजह का अभी पता नहीं चल पाया था। इस घटना ने लोगों के दिलों में रोष पैदा कर दिया था। चिंता का विषय यह था कि अगर स्थिति को अभी सँभाला न गया और घटना की कड़े शब्दों में भर्त्सना न की गई तो लोगों का बढ़ता हुआ रोष किसी मासूम के जी का जंजाल बन सकता था। ऐसी परिस्थितियों में अकसर ऐसा ही होता है कि एक के गुनाह की सजा दूसरे बेकसूरों को मिल जाती है। ऐसे में बिना समय गँवाए स्थिति को नियंत्रण में करना जरूरी था। इस घटना ने इंग्लैंड में पढ़ रहे भारतीय विद्यार्थियों के भविष्य को अधर में लटका दिया था।

अखबारों ने इस हत्या की वजह के कारण खोजने शुरू कर दिए थे। ढींगरा का वेस्ट मिनिस्टर की पुलिस अदालत में दिया गया बयान कि उसने कर्जन वायली को संकल्प के साथ मारा था, आम लोगों की समझ से बाहर था। हर कोई यही जानने की कोशिश में था कि कत्ल की असली वजह क्या थी? इस हत्या के पीछे कारण कुछ और ही होना चाहिए था और यह राज तभी खुल सकता था, अगर अदालत ढींगरा की जेब से मिलने वाली स्टेटमेंट को जग-जाहिर करती, लेकिन सरकार ने तो उसके बयान को गुप्त रखने का निर्देश दे दिया था।

आगे बढ़ने से पहले कर्जन वायली के जीवन पर एक नजर डालें, जिसके बारे में 'द टाइम्स' अखबार में 'द ट्रिब्यूट टू सर कर्जन वायली' के शीर्षक से प्रकाशित किया गया था।

कर्जन वायली का जन्म 1848 में जनरल सर विलियम वायली के घर हुआ था। 1866 में उसने ब्रिटिश फौज से कमीशन हासिल किया था। 1869 में वह 'इंडियन स्टाफ कॉर्प' (जो अब 'इंडियन आर्मी' कहलाती थी) का सदस्य बन गया था। अपनी नौकरी के प्रारंभिक वर्षों में 'प्रिंस ऑफ वेल्स' की रेजिमेंट में काम करते हुए उसका चयन 1870 में अवध कमीशन में कर लिया गया और वह भारत के राजनीति विभाग में शामिल हो गया। 1879 के अफगान-युद्ध में भी उसने हिस्सा लिया और कंधार में उसके काम के लिए उसे मेडल भी मिला। 1891 में उसे मद्रास के गवर्नर एडम का सेक्रेटरी नियुक्त किया गया। एडम की मृत्यु के पश्चात् उसे एक्टिंग का सेक्रेटरी नियुक्त किया गया।

1898 में वह नेपाल का रेजिडेंट नियुक्त हुआ। इसी वर्ष वह सेंट्रल

इंडिया के गवर्नर जनरल का एजेंट भी रहा। फिर 1899 में राजपूताना के गवर्नर का एजेंट और बाद में अजमेर तथा मारवाड़ का चीफ कमिशनर। 1901 में उसे 'सेक्रेटरी ऑफ द स्टेट इन इंग्लैंड' का पॉलिटिकल ऐड-डी-कैंप नियुक्त किया गया।

सर कर्जन की भारत में सेवाएँ अपने आप में मिसाल थीं। 1899 से 1900 में राजपूताना में पड़े अकाल के दौरान कर्जन वायली द्वारा किया गया सहायता कार्य कोई भी भूला नहीं। पॉलिटिकल ऐड-डी-कैंप के तौर पर भी वह बड़ा सफल सिद्ध हुआ। इसमें उसके द्वारा भारत में बिताया समय, उसकी भारतीय राज्यों की जानकारी और उनके पदाधिकारियों से अच्छे संबंध उसके इंग्लैंड के कार्यकाल में बड़े मददगार सिद्ध हुए। भारत से आनेवाले महत्त्वपूर्ण लोगों से उसकी जान-पहचान और अच्छे संबंध बनाने की उसकी खासियत ने बहुत से भारतीयों का दिल जीत रखा था। पहली जुलाई की रात को भी वह भारत से आए कुछ खास मेहमानों की मेहमान नवाजी कर रहा था। इंग्लैंड में आनेवाले भारतीयों की जरूरतों का खयाल रखना और उनको हर प्रकार का सुझाव देना उसके कार्य का एक अहम हिस्सा था। इसके अलावा उसका कार्य इंग्लैंड में आनेवाले भारतीय विद्यार्थियों को हरसंभव सहायता प्रदान करना था, जिसका 'इंडिया हाउस' में बड़ा विरोध किया जाता था। उनके अनुसार 'नेशनल इंडियन एसोसिएशन' भारतीय विद्यार्थियों को सहायता प्रदान नहीं करती थी बल्कि गुमराह करती थी।

'टाइम्स' में छपे एक और लेख 'ए पॉलिटिकल क्राइम' में एक बार फिर यह प्रश्न दोहराया गया था कि ऐसा क्या कारण था कि मदनलाल ने कर्जन वायली को मारा था? क्योंकि कर्जन का कोई भी ऐसा कार्य नहीं था, जो मदनलाल ढींगरा को इस हद तक निराश करता कि वह उसको मारने पर उतारू हो जाता।[99] अखबार ने आगे लिखा था कि कर्जन भारतीय विद्यार्थियों में अपने मैत्रीपूर्ण व्यवहार के कारण उनमें बड़ा लोकप्रिय था।[100] इसलिए यह मान लेना कि घटना बिना किसी राजनीतिक उपेक्षा के हुई थी, ठीक नहीं लगता। अखबार ने आगे लिखा था कि पुलिस का उन तीन या चार पन्नों के बयान के बारे में मौन रहना शक और संदेह पैदा करता है। लेख में ढींगरा के राजनीतिक झुकाव और अंग्रेजी सरकार के प्रति नफरत के बारे में भी इशारा किया गया था और लिखा गया था कि शायद यही कारण रहा होगा,

जिसको सरकार गुप्त रखना चाहती है। इसमें आगे लिखा था कि ढींगरा जिस 'इंडिया हाउस' का सदस्य था, वे तो भारत को आजाद कराने के लिए किसी भी प्रकार के उपाय को अपनाना उचित ठहराते थे। अखबार ने यह भी दावा किया था कि ढींगरा पार्टी में किसी एक यूरोपियन को मारने के निश्चित इरादे से गया था।

मदनलाल ढींगरा के बारे में यह जानकारी 'द टाइम्स' अखबार के जुलाई 4 के अंक में छपी थी। इसमें लिखा था कि मदनलाल ढींगरा इंग्लैंड में पिछले कुछ सालों से रह रहा था। उससे पहले इसके दो बढ़े भाई भी यहीं से पढ़कर गए थे। उसके एक भाई ने फिजियोलॉजी पर एक पुस्तक भी लिखी थी। कुंदनलाल ढींगरा ने कर्जन वायली को एक पत्र लिखकर मदनलाल के पढ़ाई कि बजाय 'इंडिया हाउस' की गतिविधियों में झुकाव के बारे में लिखा था जिसके कारण ढींगरा परिवार उससे खुश नहीं था और उसके क्रांतिकारियों से बढ़ते मेल-जोल से चिंतित था। कुंदनलाल ने कर्जन से गुजारिश की थी कि वह इस संदर्भ में मदनलाल ढींगरा से बात करे और उसे इस बुरी संगत से पीछे हटने के लिए प्रेरित करे। उसकी इस सेवा के लिए ढींगरा परिवार उसका बड़ा आभारी रहेगा।

अखबार में आगे लिखा था कि पत्र मिलते ही कर्जन वायली ने कुंदनलाल ढींगरा की इच्छा का अनुसरण करते हुए मदनलाल का पता हासिल किया और फिर उसे एक पत्र लिखकर उससे मिलने की इच्छा जाहिर की। उसे अपने ऑफिस में आने और मिलने के लिए लिखा। लेकिन मदनलाल कभी भी कर्जन वायली से मिलने उसके ऑफिस नहीं गया। उसने कर्जन वायली के पत्र का भी उत्तर नहीं दिया था।

इंग्लैंड में सुरेंद्रनाथ बनर्जी ने लोगों को संबोधित करते हुए कहा था की ढींगरा को उकसाने वाला और कोई नहीं, श्यामजी कृष्णवर्मा ही था। लंदन की सरकार फ्रांस की सरकार से श्यामजी कृष्णवर्मा को फ्रांस से निष्कासित करने के लिए दबाव डाल रही थी, क्योंकि उसी को वह भारतीयों को भड़काने और गुमराह करने का कसूरवार मानती थी।[101] इंग्लैंड में उच्च अधिकारियों को हत्या की साजिश के बारे में भी गुप्त सूचनाएँ प्राप्त हुई थीं। यह भी पता चला था कि लॉर्ड मार्ले भी क्रांतिकारियों के निशाने पर था पुलिस तथा जासूस चौबीस घंटे उसके विंबलडन स्थित घर की निगरानी कर रहे थे।

दो सौ के करीब भारतीय विद्यार्थियों को निगरानी में लिया गया था। 'स्टैंडर्ड' अखबार ने लिखा था कि 'हाउस ऑफ कॉमन्स' के कुछ सदस्यों का भारतीयों के प्रति उदारवादी रवैया और उनके प्रति सहानुभूति भरे भाषण इस स्थिति के लिए जिम्मेदार हैं।

'स्टैट्समैन' के सवांददाता के अनुसार, पुलिस ने 'इंडिया हाउस' को, जो हाईगेट पर स्थित था, अपने कब्जे में ले लिया था। वहाँ से बहुत सारा आपत्तिजनक साहित्य प्राप्त हुआ था। उन्होंने 'इंडियन सोशियोलॉजिस्ट' प्रेस को भी जब्त कर लिया था। अखबार ने आगे लिखा था कि इसमें कोई शक नहीं रह जाता कि श्यामजी कृष्णवर्मा जैसे नेताओं की शिक्षाओं ने ढींगरा जैसे विद्यार्थी की मानसिकता पर गहरा प्रभाव छोड़ा था। कर्जन वायली की हत्या भारत से बाहर विदेश की धरती पर की जाने वाली पहली बड़ी राजनैतिक घटना थी।[102]

राजनैतिक हत्या की घटनाएँ भारत में बहुत प्रचलित थीं, लेकिन जुर्म की प्रतिक्रिया लंदन के विद्यार्थियों में इस कदर हावी होगी, बड़ी हैरत की बात थी। प्रेस तथा लोग यह जानने के लिए उतावले थे कि हत्या के पीछे कौन व्यक्ति या संस्था सम्मिलित थी और हत्या का मुख्य कारण क्या था! कुछ लोग इसके लिए ब्रिटिश व्यवस्था को दोषी ठहराते थे। उनका मानना था कि सरकार ने भारतीय विद्यार्थियों को जरूरत से ज्यादा आजादी दे रखी थी। यही कारण था कि क्रांतिकारियों के हौसले इतने बढ़ चुके थे। 'द टाइम्स' अखबार लिखता है कि लंदन ब्रिटिश राज्य की राजधानी होने के कारण बड़ा संवेदनशील शहर था, जहाँ पर सरकार को कोई भी अगला कदम सोच-समझकर उठाना होगा। गुप्त सूत्रों से यह पता चला है कि भारतीयों को मिलनेवाली सहूलियतें अब जल्द ही खत्म होनेवाली हैं। एक साल पहले ही ब्रिटेन में महत्त्वपूर्ण व्यक्तियों को यह चेतावनी दे दी गई थी कि वे भारतीय अराजकतावादियों के निशाने पर थे और उन्हें सतर्क रहने की हिदायत दी गई थी। हैरानगी की बात यह थी कि अंग्रेजी सरकार, मदनलाल ढींगरा की नाराजगी, जो उसने सरकार की नीतियों के प्रति जताई थी, न कि एक व्यक्ति के खिलाफ, उसे समझने और अपनी गलतियों को सुधारने के लिए कुछ नहीं कर रही थी।

उसने अदालत में जो बयान दिया और उसकी जेब में से जो लिखित बयान मिला, उससे साफ पता चलता था कि मदनलाल ढींगरा ने अंग्रेजी

सरकार की भारत और भारतीयों के प्रति नीतियों के खिलाफ और अपने देश को आजाद करवाने के लिए इस घटना को अंजाम दिया था, न कि किसी व्यक्ति विशेष से दुश्मनी की वजह से। उसका 'नेशनल इंडियन एसोसिएशन' जैसी जगह को वारदात के लिए चुनना भी उसकी योजना का हिस्सा रहा होगा। यह वह संस्था थी, जिसे अंग्रेजी सरकार द्वारा भारतीयों को गुमराह करने के लिए इस्तेमाल किया जाता था। कर्जन वायली को मारकर वह अपना और अपने देशवासियों का सरकार के प्रति गुस्सा जाहिर करना चाहता था।

सुरेंद्रनाथ बनर्जी उन दिनों लंदन में श्यामजी कृष्णवर्मा के न्योते पर आए हुए थे, जिनका जिक्र हम पहले भी कर चुके हैं। उन्होंने इस घटना के होनेवाले प्रभाव और इसकी राजनैतिक प्रतिक्रियाएँ क्या होंगी, इसके बारे में बड़े विस्तार से लिखा है।

एक बात हमें ध्यान में रखनी चाहिए कि सुरेंद्रनाथ बनर्जी को चाहे श्यामजी कृष्णवर्मा ने बुलाया था, लेकिन कुछ दिनों पश्चात् ही दोनों में मतभेद पैदा हो गया था। इसका कारण यह था कि 'इंडिया हाउस' के निवासी बनर्जी से भारत वाले क्रांतिकारी तेज-तर्रार भाषण की उम्मीद लगाए बैठे थे, लेकिन उनके बदले हुए स्वभाव और वाणी को सुनकर वे दंग रह गए थे। श्यामजी उनमें वही पुराना जोश और भड़काऊ भाषण की आस लगाए बैठे थे, जिसे बनर्जी शायद पीछे भारत में ही छोड़ आए थे। इन दोनों नेताओं तथा उनके सहयोगियों में इंग्लैंड में राजनीतिक गतिविधियों को किस प्रकार संचालित करना है, इस विषय पर भी विवाद पैदा हो गया था। बनर्जी श्यामजी को क्रांतिकारी नीति और अतिवादी योजना से सहमत नहीं थे और इस बात को उन्होंने स्पष्ट शब्दों में 'इंडिया हाउस' के कार्यकर्ताओं को समझा दिया था।

जुलाई 1 एक की घटना के बारे में वे लिखते हैं, "जब यह घटना घटी तो उस वक्त हम इंपीरियल प्रेस कॉन्फ्रेंस में लॉर्ड स्ट्रैथकोन के साथ रात्रि का भोजन कर रहे थे। मुझे भी "नेशनल इंडियन ऐसोशिएशन" की वर्षगाँठ पर बुलाया गया था और वहाँ जाने का मेरा मन भी था, लेकिन अब बहुत समय हो गया था। मैंने अपना इरादा बदल लिया और क्लीमैंट सराय में अपने कमरे में चला गया।" 2 जुलाई को जब उन्होंने अपना नाश्ता कर लिया तभी कुछ पत्रकार उनसे मिलने को आए। उन्हीं से बनर्जी को बीती रात की घटना

के बारे में पता चला। एक पत्रकार ने उनसे कर्जन वायली के कातिल के बारे में कुछ बताने को कहा, "नाम से तो मैंने बताया कि वह बंगाली नहीं लगता है। बंगाल उस समय अतिवादी घटनाओं को अंजाम देने में सबसे आगे था। कहीं भी कोई घटना घटती तो सबसे पहला नाम बंगाल का ही ध्यान में आता था। मैं ढींगरा के बारे कुछ नहीं जानता था।"[103] मैं उन्हें सिर्फ अपनी राय प्रकट करने के सिवा कोई अन्य जानकारी प्रदान नहीं कर सका था, लेकिन मैंने इस घटना की कड़े शब्दों में निंदा की।

आसिफअली भी उन दिनों लंदन में थे। इसकी चर्चा हम पहले भी कर चुके हैं। वे लिखते हैं, "मुझे भी 'नेशनल इंडिया ऐसोशिएशन' में आने का निमंत्रण मिला था, लेकिन मेरी शाम की पोशाक तैयार नहीं थी, इसलिए मैंने अपना इरादा बदल लिया।[104] सुबह मैं अपनी सिंक्लेयर रोड पर स्थित आरामगाह में नाश्ता कर रहा था कि अखबार वाला लड़का 'वेस्ट एंड में हत्या…हत्या' चिल्लाता हुआ आया। मेरे साथ रह रहे मेरे डच (हॉलैंड) साथी ने मुझे बताया कि मेरे किसी देशवासी ने किसी अंग्रेज की हत्या कर दी है। वह कोई बड़ा अफसर था। यह जानकर आश्चर्यचकित रह गया कि यह कोई और नहीं, यह तो अपना ढींगरा था, जिसने इंपीरियल इंस्टीट्यूट में इस घटना को अंजाम दिया था। उसको वहीं पर गिरफ्तार कर लिया गया। उसकी जेब में से उसके हस्तलिखित बयान की तीन पन्नों की कॉपी भी मिली, जिसे पुलिस ने कब्जे में ले लिया था।"

आसिफ अली ढींगरा के साथ हुई अचानक मुलाकात की बड़ी रोचक कहानी बतलाते हैं। वे लिखते हैं कि घटना के कुछ दिन पहले ही उनकी मुलाकात ढींगरा से हुई थी। हम पहले भी चर्चा कर चुके हैं कि आसिफ अली, रोज तथा रजा के साथ लंदन में पढ़ने के लिए आए थे और सबसे पहले वे 'इंडिया हाउस' में ही ठहरे थे, लेकिन कुछ दिनों बाद वे कहीं और रहने चले गए थे। आसिफ अली हर रविवार को 'इंडिया हाउस' के सभा-समारोह में शामिल होने जरूर आया करते थे। आसिफ अली लिखते हैं, "वहाँ जाने का सबसे बड़ा फायदा यह था कि हमें कई लोगों से मिलने का और उनके विचार सुनने का अवसर मिलता, इसके अलावा एक कप गरमागरम चाय भी पीने को मिल जाती थी। यह जून के महीने के अंतिम दिनों की बात है, जब मैं 'इंडिया हाउस' गया। इस बार मुझे सभा का अध्यक्ष बनने का सौभाग्य

प्राप्त हुआ। वैसे मैं वहाँ पर हो रही गोष्ठी में बहुत कम भाग लिया करता था। मुझे अध्यक्ष बनना कुछ अटपटा सा लग रहा था, लेकिन मन-ही-मन मुझे गर्व भी महसूस हो रहा था। मैंने यह कभी सपने में भी नहीं सोचा था कि 'इंडिया हाउस' में यह मेरी आखिरी शाम होगी।'' वे बताते हैं, ''पहले की तरह निरंजन पाल ने 'मेरा देश' बंगाली देशभक्ति के गीत से सभा की काररवाई की शुरुआत की। यह गीत 'वंदेमातरम्' से कहीं अधिक लोकप्रिय था। इसके बाद सभा की काररवाई शुरू हुई। मुझे इसके बारे में आज ठीक से याद नहीं है। सभा के समाप्त हो जाने के बाद सभी चाय के लिए बाहर बाग में एकत्रित हुए। मैंने देखा कि मदनलाल ढींगरा बैठक में ही खड़ा रह गया था। वह बाहर चाय पीने नहीं आया था। वह तो नानू (बिपिनचंद्र पाल का बेटा) को एक और गाना सुनाने के लिए आग्रह कर रहा था। ढींगरा वहाँ का दुर्लभ परिंदा था, जो अकसर विचारमग्न रहता था और बहुत कम बोलता था। उसे देखकर ऐसा लगता था, जैसे कि वह जिंदगी से कटा हुआ निराश व्यक्ति हो। वह हर सभा में उपस्थित होता था, लेकिन उसे कभी बोलते हुए नहीं सुना था और न ही कभी किसी ने उसकी उपस्थिति पर ध्यान दिया था। उस दिन वह एक अजीब मनोदशा में था। ऐसा लगता था, जैसे वह किसी वस्तु विशेष के लिए तरस रहा था। मुझे लगा कि वह बड़ा भावुक हो रहा था। मैं वाद्य के पास गया और मैंने उर्दू में एक गजल, फिर एक ठुमरी गाकर सुनाई। वह खुशी से झूम उठा था, जो मुझे जरूरत से कुछ ज्यादा ही लगा। मैं उसे बैठक में छोड़ बाहर चला आया। वह खिड़की से बाहर दूर कहीं अंतरमग्न हुआ झाँक रहा था। वह एक अलग अवस्था में खोया हुआ था और मैं उसे जगाना नहीं चाहता था।''

आसिफ अली के इस बयान से हम यह अनुमान लगा सकते हैं कि घटना के अंजाम से पहले ढींगरा की मनोस्थिति क्या रही होगी। ढींगरा चाहे उस गोष्ठी में शारीरिक तौर पर उपस्थित था, लेकिन उसका मन गहरी सोच में डूबा हुआ था। वह शायद अपने जीवन की अंतिम घड़ियों की परीक्षा कर रहा था और घटना को अंजाम देने की मन-ही-मन तैयारी कर रहा था। वह एक अंतर्मुखी व्यक्ति था, जो अपने दिल की बात किसी से नहीं कहता था। इसलिए उसके मन में उस समय क्या चल रहा था, यह तो कुछ ठीक से नहीं कहा जा सकता, पर इतना अनुमान जरूर लगाया जा सकता है कि वह एक

दृढ़ निश्चयवाला व्यक्ति था, जो अपनी भारत माँ से बेहद प्यार करता था और उसे गुलामी की जंजीरों से आजाद करवाने का सपना देखा करता था। इसके लिए वह अपनी जान न्योछावर करने को तैयार हो गया था। वह जानता था कि उसके जीवन की घड़ियाँ हर क्षण कम हो रही थीं। वह इन लम्हों को समेटना चाहता था, सँजोना चाहता था, इनको जीना चाहता था। संगीत उसे बहुत प्यारा था। वह अकसर ग्रामोफोन सुनता था और गुनगुनाता रहता था। आज भी इस घड़ी को वह यादगार बनाना चाहता था, इसीलिए जब सभी चाय पीने में व्यस्त थे तो वह अपनी दूसरी दुनिया में खोया हुआ था। सभा में उपस्थित सभी लोग आजादी कैसे प्राप्त की जा सकती है, इसकी गुहार लगा रहे थे, लेकिन ढींगरा इसके लिए एक नया विकल्प खोज लाया था। लोग बातें करते और मंसूबे बाँधते ही रह गए और कभी न बोलनेवाला ढींगरा अपनी पिस्तौल की गोली से 'इनकलाब-जिंदाबाद' का नारा लगा, आजादी का पैगाम दे गया।

ढींगरा की वारदात ने मिंटो और मार्ले (वायसराय तथा 'सेक्रेटरी ऑफ स्टेट फॉर इंडिया') द्वारा भारत के लिए बनाई गई सुधार योजना पर प्रश्नचिह्न लगा दिया था। लॉर्ड मार्ले ने हाउस ऑफ लॉर्ड्स में दिसंबर 1908 में इन सुधारों की घोषणा की थी, जो मिंटो-मार्ले सुधार के नाम से मशहूर हुए थे। इनके ऊपर लॉर्ड्स के दोनों सदनों में बहस हुई थी और मई, 1909 में ये अंततः पास कर दिए गए थे। भारत में कांग्रेस ने इन सुधारों का यह कहकर विरोध किया कि सरकार हिंदू-मुसलिम को लड़ाना चाहती है और इन सुधार योजनाओं के द्वारा उनमें आपसी बँटवारे के बीज बो रही है। यह सुधार-योजना मुसलिम समुदाय को भी पूर्ण रूप से संतुष्ट न कर सकी थी। उनकी माँग सांप्रदायिकता के आधार पर सीधे चुनाव अधिकार की थी, जिससे उनकी पहचान बनी रह सके; कर्जन वायली की हत्या ने सरकार को यह सोचने पर मजबूर कर दिया कि उनके सुधार भारतीयों को संतुष्ट करने में सफल नहीं हुए हैं।

अगर ढींगरा द्वारा अंजाम दी गई वारदात का हर महत्त्वपूर्ण व्यक्ति तथा संस्था निंदा कर रही थी तो विदेश में क्रांतिकारियों का एक दल ऐसा भी था, जो उसके कार्य की प्रशंसा कर रहा था और उसके पीछे चट्टान की तरह खड़ा था। श्यामजी कृष्णवर्मा, जिन्हें अधिकांश ब्रिटिशवासी आतंकवादियों

का सरगना समझते थे, उन्होंने जुलाई के अंक में लिखा था, "राजनीति से प्रेरित होकर की गई हत्या कोई हत्या नहीं होती। हर निरपेक्ष व्यक्ति राजनैतिक हत्या को अपराध नहीं मानता, बल्कि वह तो इसे अपने समुदाय के हित के लिए की गई सेवा समझता है।" श्यामजी ने इस घटना को ढींगरा की बहादुरी का कारनामा कहकर सराहा था। गांधी, बनर्जी, गोखले, लाला लाजपतराय इत्यादि सभी नेताओं ने ढींगरा के कार्य की निंदा की थी। श्यामजी ने अपनी पत्रिका के अगस्त अंक के एक लेख में ढींगरा द्वारा अंजाम दी गई घटना को एक नया शीर्षक देकर प्रकाशित किया था—

एक भारतीय की इंग्लैंड में शहादत

उसके बुलंद हौसले और देशभक्ति की मिसाल को प्यार भरी विनम्र भेंट[105]

इस लेख में उन्होंने ढींगरा को एक देशभक्त तथा विदेश की धरती पर होनेवाले शहीद की पदवी दी। अभी तक जिसके कार्य को कोसा जा रहा था, श्यामजी कृष्णवर्मा ने उसकी सराहना की। ढींगरा से पहले भी कई लोग अपने देश के लिए जान न्योछावर कर चुके थे। उनके बारे में किसी ने कभी न कुछ कहा और न कुछ लिखा। इसका नतीजा यह हुआ कि वे गुमनामी के अँधेरे में कहीं खो गए, लेकिन श्यामजी और सावरकर ने यह निश्चय कर रखा था कि वे ढींगरा के बलिदान को व्यर्थ नहीं जाने देंगे और उसको समाज में जो आदर-सम्मान मिलना चाहिए, उसे दिलाकर रहेंगे। दूसरी तरफ अंग्रेजी सरकार इस कोशिश में थी कि 1 जुलाई को हुई घटना को कहीं अधिक तूल न दिया जाए और इसे एक हादसा कहकर टाल दिया जाए। इसीलिए वे इस घटना को एक पागल व्यक्ति की नादानी करार देकर पल्ला झाड़ना चाहते थे। वह इस हादसे को किसी प्रकार का राजनैतिक रंग देकर आनेवाली युवा पीढ़ी के लिए उदहारण नहीं बनने देना चाहते थे।

लॉर्ड कर्जन का यह अटूट विश्वास था कि भारत हमेशा अंग्रेजों का गुलाम बना रहेगा, लेकिन उसके भारत से मुँह मोड़ते ही बगावतों का दौर शुरू हो गया था। मिंटो-मार्ले अपने सुधारों के बल पर भारतीयों में फैली असंतोष की लहर को संतुष्ट करना चाहते थे, लेकिन उनका यह प्रयास भी हिंदू-मुसलिम समुदाय को खुश करने में असफल रहा। इस घटना ने अगर एक

तरफ अंग्रेजी सरकार की कमजोरी को जग-जाहिर किया था तो दूसरी तरफ क्रांतिकारियों के लिए एक नए पथ को प्रशस्त किया था। एक संपन्न परित्रार से होकर भी ढींगरा ने देश की आजादी की खातिर अपनी जान की बाजी लगाकर आनेवाली पीढ़ी के लिए एक उदाहरण उपस्थित कर दिया था। बेखौफ होकर, सहर्ष मौत को गले लगाने की उसकी चाहत ने उसे भगत सिंह जैसे नौजवानों के दिलों का नायक बना दिया था। वह मरकर भी अमर हो गया था और भारत का पहला ऐसा व्यक्ति बन गया था, जिसने विदेश में क्रांति की लहर की चिनगारी रौशन की और भारत की आजादी की लड़ाई में शहीद का दर्जा हासिल किया।

□

6

विस्तृत जाँच और गवाहों के बयान

1 जुलाई, 1909 को रात 11 बजे के करीब मदनलाल ढींगरा ने इंपीरियल इंस्टीट्यूट में कर्जन वायली को गोलियों से मार गिराया था। उसके बचाव में आए डॉक्टर लालकाका भी उसकी गोली का निशाना बन गए और अस्पताल पहुँचने से पहले ही उनकी भी मृत्यु हो गई। ढींगरा ने घटना को अंजाम देने के पश्चात् पिस्तौल झुका दी, जैसे कि उसने आत्मसमर्पण कर दिया हो! इसके बाद मदन मोहन सिन्हा, लैसले प्रॉबिन, विलियम थॉरबर्न और चार्ल्स रौलस्टोन ने उसे घेर लिया तथा उसके हाथ से पिस्तौल छीन ली। यह सब इतना भयानक में हुआ कि ढींगरा नीचे गिर गया और उसका चश्मा भी छिटककर इधर-उधर जा गिरा, जो उसे बाद में लौटा दिया गया। सिपाही निकोलस को बुलाया गया। उसके आने से पहले ही मदनलाल की जेबों की तलाशी ले ली गई। उसके पास से एक अन्य पिस्तौल और एक चाकू बरामद किया गया। इसके अलावा कुछ कागज तथा विजिटिंग कार्ड्स मिले।

जब निकोलस वहाँ पहुँचा तो ढींगरा से बरामद किया गया सामान उसको थमा दिया गया। थोड़ी देर के बाद फ्रैंक एवले भी वहाँ आ पहुँचा। दोनों पुलिसवाले ढींगरा को पुलिस स्टेशन ले आए। वालटन सेंट पुलिस स्टेशन में ढींगरा को चार्ल्स क्लास (बी डिवीजन) की सुपुर्ददारी में सौंप दिया गया। उसने ढींगरा के खिलाफ कर्जन वायली तथा डॉक्टर लालकाका की हत्या के जुर्म का अभियोग-पत्र दाखिल किया और उसे जेल में बंद कर दिया गया।

2 जुलाई, 1909 को ढींगरा को वेस्टमिनिस्टर पुलिस कोर्ट में होरेस

स्मिथ की अदालत में पेश किया गया। पुलिस ने अदालत को सबसे पहले ढींगरा का व्यक्तिगत विवरण बतलाया, फिर उस पर लगाए गए अपराधों की सूची पढ़ी गई। ढींगरा इस सारी प्रक्रिया के दौरान अपनी जेब में हाथ डाले निडर और लापरवाह खड़ा था, जैसे उसे इस सबसे कोई सरोकार न हो। अदालत को यह भी बताया गया कि वह बिना एंट्री टिकट के पार्टी में गया था। अंदर जाने के लिए उसे रजिस्टर में हस्ताक्षर करने पड़े थे।[106]

पुलिस ने अदालत को बतलाया कि ढींगरा 1 जुलाई, 1909 को अपने घर से रात 8 बजकर 30 मिनट के करीब निकला था। इस बात की पुष्टि उसकी मकान मालकिन मिस मैरी हैरिस ने की थी। वहाँ से वह टैक्सी पर सवार हो 9 बजे के करीब इंपीरियल इंस्टीट्यूट पहुँच गया था।

ढींगरा के कमरे से दो पोस्टकार्ड मिले थे। एक तो न्यूयॉर्क के 'फ्री हिंदुस्तान ऑफ तारकनाथ' में छप चुका था। इसमें भारतीय विद्रोहियों को तोप में गोले के स्थान पर डालकर उड़ाते हुए दिखाया गया था। दूसरे पोस्टकार्ड में लॉर्ड कर्जन की तसवीर के नीचे लिखा हुआ था—'हीथन डॉग'।

ढींगरा पर लगाए गए दोषों को सुनने के पश्चात् होरेस स्मिथ ने उससे

मदनलाल ढींगरा की नई प्रतिमा टाउन हॉल अमृतसर के निकट स्थापित

पूछा "क्या तुम्हें इसकी सफाई में कुछ कहना है?"

ढींगरा ने कहा, "मैं सिर्फ इतना कहना चाहता हूँ कि मैंने डॉक्टर लालकाका को जान-बूझकर नहीं मारा। मैं तो उसे जानता भी नहीं। जब मैंने उसे अपनी ओर बढ़ते हुए देखा तो आत्मरक्षा में गोली चला दी।"

होरेस स्मिथ ने उसका बयान सुनने के पश्चात् उसे आठ दिन का पुलिस रिमांड दे दिया और पुलिस उसे ब्रिक्स्टन जेल लेकर चली गई।

इंग्लैंड के प्रधानमंत्री एसक्विथ, जो पेशे से वकील थे, उन्होंने उस समय कहा था, "यह हत्या राजनीति से प्रेरित थी। जिस प्रकार इस घटना को अंजाम दिया गया और जिस तरह यह सजिश रची गई, यह सब किसी गहरे षड्यंत्र की ओर इशारा करती है। इस वारदात को अंजाम देनेवालों की गिनती चाहे थोड़ी हो, लेकिन वे सुव्यवस्थित पद्धति अपनाने में माहिर थे और इरादे के बड़े पक्के लगते हैं।"[107]

'द टाइम्स' ने लिखा था कि ढींगरा की जेब में से मिलने वाले कागजों में यह बात साफ तौर पर लिखी हुई थी कि भारत पर अंग्रेजी शासन गैर-कानूनी है और ऐसे राज्य को उखाड़ फेंकना कोई गुनाह नहीं है। यह कागज अदालत में पेश किया जाए या न किया जाए, लेकिन यह अपने आप में इस घटना के पीछे छिपी हुई राजनीतिक कहानी को स्पष्ट तौर से बयान करता है।

5 जुलाई, 1909 को कर्जन वायली तथा डॉक्टर लालकाका, जिन्हें इंपीरियल इंस्टीट्यूट में वीरवार की अर्धरात्रि को मार गिराया गया था, उनकी विस्तृत जाँच दो अलग-अलग अदालतों में होनी निश्चित हुई। कर्जन वायली से जुड़ी विस्तृत जाँच कैनसिंगटन टाउन हॉल में वेस्ट लंदन की कॉरोनर की अदालत में निश्चित हुई और डॉक्टर लालकाका की विस्तृत जाँच वेस्टमिंस्टर में मिस्टर ट्राउटबैक की अदालत में निश्चित की गई।

कर्जन वायली से जुड़ी विस्तृत जाँच कॉरोनर की अदालत में सुबह 5 जुलाई, 1909 को शुरू हुई। अदालत लोगों से खचाखच भरी हुई थी। स्कॉटलैंड विभाग के मुखिया सुपरिंटेंडेंट, पुलिस विभाग की क्विन नुमाइंदगी कर रहे थे तो बैंजामिन फ्रैंकलिन लेडी वायली की तरफ से पेश हुए थे। सर विलियम स्कॉट, जोकि इंडिया ऑफिस में एकाउंटेंट की हैसियत से कार्य करते थे और कर्जन वायली के बड़े करीबी माने जाते थे, वे भी वहाँ उपस्थित थे। लॉर्ड

मार्ले की गैर-हाजिरी में मिस्टर हर्टजल, उनका प्राइवेट सेक्रेटरी, उनका प्रतिनिधित्व कर रहा था।

कॉरोनर ने अदालत की काररवाई की शुरुआत करते हुए कहा कि जहाँ तक इस मुकदमे का सवाल है तो केस अपने आपमें सुलझा हुआ है। इसमें उलझाने वाली कोई बात दिखाई नहीं पड़ती, इसलिए इसमें ज्यादा समय भी खर्च नहीं होगा। अपराधी को आज की कारगुजारी के बारे में बतला दिया गया था, लेकिन उसने आने से इनकार कर दिया। वकील हैरी जॉर्ज, जो कर्जन वायली का रिश्ते में साला लगता था, उसने अदालत को कर्जन की वास्तविक पहचान करवाई और उसके द्वारा किए गए कारनामों का ब्योरा दिया तथा जिन भिन्न-भिन्न पदों पर वह कार्यरत रहा था, उन सबके बारे में अदालत को विस्तृत जानकारी दी।

इस अदालत में करीब दस गवाहों ने अपनी गवाही दी। इनमें मनमोहन सिन्हा (मिडलटन का विद्यार्थी), विलियम थौरबर्न (एक पत्रकार), चार्ल्स (ब्रिटिश फौज से सेवामुक्त अधिकारी), जॉन बुचनन हट (एम.आर.सी.एस. डॉक्टर), रॉबर्ट सैलिसबरी ट्रैवर (एक सर्जन), ऐमा ज़ोसेफिन बैक (ऑनरेरी सेक्रेटरी, नेशनल इंडियन एसोसिएशन) थे। ये सभी घटना के वक्त घटनास्थल पर उपस्थित थे। सभी गवाह के रूप में कॉरोनर की अदालत में 5 जुलाई को उपस्थित हुए थे। इनके द्वारा दी गई गवाही बाकायदा अदालत में दर्ज की गई और इसकी वास्तविक कॉपी मुझे प्रोफेसर मलविंदर जीत सिंह वरैचजी के सौजन्य से प्राप्त हुई, जिसे यहाँ पर अनुवाद कर प्रस्तुत किया जा रहा है। इसके साथ ही पुलिस अधिकारियों द्वारा फ्रैडरिक निकोलस, कांस्टेबल (आर.सी. 476 बी डिविजन), जो सबसे पहले इंपीरियल इंस्टीट्यूट में दाखिल हुआ था और जिसने ढींगरा को हिरासत में लिया था, चार्ल्स ग्लास फ्रैंक ऐवले (बी डिवीजन सार्जेंट) जिसने निकोलस की सहायता की थी, चार्ल्स ग्लास (सिगनल इंस्पेक्टर) और एलबर्ट ड्रेपर (इंस्पेक्टर बी डिवीजन) द्वारा अदालत को दिए गए बयानों की वास्तविक नकल भी इसी भाग में अनुवादित रूप में प्रस्तुत की जा रही है :

1. मनमोहन सिन्हा : मैं मैदा हिल वेस्ट में रहता हूँ। मैं मिडिल टैंपल का विद्यार्थी हूँ और मैं आरोपी को नहीं जानता। मैं उस दिन इंपीरियल इंस्टीट्यूट में मनाई जा रही 'ऐट होम' पार्टी, जो 1 जुलाई, 1909 को सुनिश्चित

हुई थी, में उपस्थित था। मैं 'नेशनल इंडियन एसोसिएशन' का सदस्य हूँ, इसलिए मुझे भी निमंत्रण-पत्र दिया गया था। वहाँ पर लोग अच्छी संख्या में उपस्थित थे। हमें 9 बजे के करीब आने को कहा गया था। मैं कोई 9 बजकर 20 मिनट पर वहाँ पहुँचा था, तब तक वहाँ कोई अनहोनी घटित नहीं हुई थी।

रात के 11 बजकर 10 मिनट पर मैं हॉल में था, जब मैंने साथ के कमरे से गोली के चलने की आवाज सुनी। मैंने बाहर प्रवेश-कक्ष में झाँककर देखा, कर्जन वायली मदनलाल ढींगरा के सामने खड़ा था। दोनों एक-दूसरे से एक गज की दूरी पर थे। कर्जन वायली का चेहरा उस आदमी की तरफ था और वह दाहिनी ओर खड़ा था। वह आदमी बिलकुल उसके सामने खड़ा था। मैंने उसे रिवॉल्वर निकालकर गोली चलाते हुए एवं रोशनी को निकलते हुए देखा। यह निशाना कर्जन वायली के चेहरे की बाईं ओर लगा। मैं उस आदमी की ओर भागा। जब मैं उसकी ओर बढ़ रहा था तो मैंने कर्जन वायली को गिरते हुए देखा। मुझे पूरा यकीन है कि चार गोलियों से अधिक गोलियाँ चली थीं। गोलियाँ बड़ी तेजी से चली थीं। मैंने लालकाका को नहीं देखा। न ही उसे गिरते हुए देखा। मैंने ढींगरा को कुछ कहते हुए नहीं सुना।

गोलियों के चलने से पहले और उसके बाद में भी कोई झगड़ा या गड़बड़ नहीं हुई थी। मैंने उसे पकड़ रखा था। रिवॉल्वर अभी भी उसी के हाथ में था। पहले तो उसने रिवॉल्वर मेरी तरफ उठाया, लेकिन बाद में उसने रिवॉल्वर अपनी दाईं कनपटी पर रख लिया। मैंने खाली रिवॉल्वर के घोड़े के चलने की आवाज सुनी, लेकिन कोई धमाका नहीं हुआ था। मैंने उसे धक्का मारकर नीचे गिरा दिया।

मैंने उसकी जेब में से एक अन्य रिवॉल्वर तथा शिकारी चाकू बरामद होते हुए देखा। मैंने उसे बस इतना कहते हुए सुना कि मुझे मेरा चश्मा लौटा दो। उसका व्यवहार बड़ा शांत था। वही एक ऐसा व्यक्ति था, जो जरा भी विचलित या बौखलाहट में नहीं था। मैंने डॉक्टर लालकाका को कर्जन वायली से 2 या 3 गज की दूरी पर दर्द में कराहते हुए देखा। डॉक्टर लालकाका कर्जन के दूसरी तरफ था। मैंने उसे कर्जन की तरफ बढ़ते हुए नहीं देखा था।

2. विलियम थॉरबर्न : (शपथ उठा लेने के पश्चात्) मैं 'नेशनल लिबरल

क्लब' के समीप रहता हूँ। मैं 1 जुलाई को 'ऐट होम' पार्टी, जो इंपीरियल इंस्टीट्यूट में मनाई जा रही थी, उसमें उपस्थित था। मैं हॉल के फोल्डिंग दरवाजे के चार फीट अंदर खड़ा था। मैं इधर-उधर देख रहा था कि अचानक मेरी नजर बगलवाले प्रवेश कक्ष में पड़ी। मैंने कर्जन वायली को, जिसे मैं तब तक नहीं जानता था, एक भारतीय नौजवान के साथ खड़े देखा। कर्जन वायली का चेहरा एक तरफ से मेरी तरफ था। मुझको नहीं लगता कि उसने उस समय अपने पदक पहने हुए थे। वह भारतीय उसके सामने खड़ा था, तभी एक पल में उस भारतीय ने अपना दायाँ हाथ ऊपर उठाया और रिवॉल्वर से कर्जन के चेहरे पर गोलियाँ दाग दीं। वह इतना करीब था कि रिवॉल्वर की नाल उसके चेहरे को छूती नजर आ रही थी।

मुझे पूरा विश्वास है कि शुरू में चार गोलियाँ चलीं। ये चारों गोलियाँ एक के बाद एक, ठीक उसके चेहरे की सीध में इतनी तेजी से चलाई गई थीं कि उसके गिरने से पहले ही वह उसके चेहरे को भेद गई थीं, फिर कुछ देर रुककर दो और गोलियों के चलने की आवाज आई। मैं यह नहीं कह सकता कि ये किस तरफ चलाई गई थीं। जैसे-तैसे मैंने अपने आपको सँभाला और आगे बढ़ा, तभी मुझे किसी और के गिरने का अहसास हुआ। मैंने अपना ध्यान उस भारतीय को रोकने की तरफ केंद्रित कर दिया। उसने कुछ नहीं कहा। मैं जब उसे पकड़े हुआ था, तब मैंने उससे पूछा, 'यह तुमने क्यों किया या यह तुमने क्या कर दिया है?' कुछ ऐसा ही मैंने पूछा था। उसने बड़े धैर्य से मेरी तरफ देखा, लेकिन बोला कुछ नहीं।

3. चार्ल्स रौलस्टोन : (शपथ उठा लेने के पश्चात्) मैं हैंपस्टैंड में ब्राडर्हस्ट गार्डंस में रहता हूँ। मैं अंग्रेजी सेना का एक सेवानिवृत्त सैनिक हूँ। आजकल मैं साहित्य में व्यस्त हूँ। मैं उस दिन 'ऐट होम' पार्टी में मौजूद था। मैं हॉल में बनी एक ऊँची स्टेज पर एक तरफ खड़ा था।

तभी अकस्मात् मैंने कुछ शोर सुना। पहले तो मैं समझा कि शायद यह आतिशबाजी की आवाज थी। कुल पाँच धमाके हुए थे। मैंने दरवाजे में से बगल के कमरे में झाँककर देखा कि एक जवान व्यक्ति, जिसने इंग्लिश वेशभूषा और सिर पर हलके नीले रंग की पगड़ी पहन रखी थी, उसने जान-बूझकर एक इंडियन भद्र पुरुष पर निशाना साध दिया, जो अपनी शाम की पोशाक में था। दोनों एक-दूसरे से चार गज के फासले पर खड़े थे।

जब मैंने उनको देखा, उस समय वह भारतीय भद्र पुरुष हाथ नीचे लटकाए बिना कुछ किए खड़ा था। ढींगरा ने गोली चला दी और वह आगे की तरफ गिर पड़ा। मैं करीब सोलह गज की दूरी पर था। मैंने लालकाका पर सिर्फ एक गोली चलते हुए देखा था। उस समय वह भारतीय के सामने सीधा खड़ा था।

हो सकता है कि इससे पहले भी लालकाका पर गोली चलाई गई हो, लेकिन मेरे सामने जो गोली चली, वह उसके शरीर के मध्य भाग में लगी थी। मैंने देखा कि यह तो हत्या का केस है। मैं दरवाजे की तरफ गया और मैंने दरवाजे के समीप लालकाका को गिरा हुआ पाया। उसकी बाईं तरफ बहुत सा खून फैला हुआ था। उससे एक गज की दूरी पर कर्जन जमीन पर गिरा पड़ा था। मैंने दो-तीन लोगों को उस भारतीय को पकड़े हुए देखा। मैं उसको पकड़ने में उनकी मदद करने के लिए बढ़ा। मैंने सुझाव दिया कि इसकी तलाशी ली जाए। एक व्यक्ति ने उसकी हाथवाली बाईं जेब में से एक रिवॉल्वर और एक खंजर बरामद किया। मैंने उसकी छाती की जेबों की तलाशी ली। उस जेब में से कागजों का एक रोल मिला। एक तो पूर्ण लंबाईवाले चार-पाँच पन्नों का, सलीके से चार तहों में मुड़ा हुआ था और इसके अलावा कुछ छोटे-छोटे कागज थे। मैंने ये सब अपने पास रख लिये। इसके अलावा मुझे एक चाकू, पैन, कुछ पैसे, करीब 6 या 7 शिलिंग रहे होंगे, एक चश्मा, जो केस में बंद था, बहुत सी चाबियाँ, एक रुमाल तथा दस्ताने का एक जोड़ा मिला था। यह सारा सामान मैंने पुलिस के हवाले कर दिया था। मैंने जब उससे नाम पूछा तो उसने ढींगरा बताया था। मैंने उससे पूछा कि उसके इस अपराध के पीछे क्या कारण है? तो उसने बड़े इत्मीनान से कहा, 'इसका जवाब मैं पुलिस को दूँगा।' मैंने फिर उससे हिंदुस्तानी भाषा में सवाल किया, लेकिन उसने कोई जवाब नहीं दिया। वह बिलकुल शांत दिखाई दे रहा था। उसकी पलकें आधी खुली हुई थीं। ऐसे लगता था जैसे वह नशे में हो और मुझे शक हुआ कि उसने भाँग पी रखी थी। मैंने उस भारतीय के पाँव के पास एक कारतूस पड़ा देखा, जिसे मैंने पुलिसवाले को सौंप दिया। मुझे लगता है कि पाँच गोलियाँ इकट्ठी चलाई गईं और एक गोली बाद में, कुल मिलाकर छह गोलियाँ चलाई गई थीं।

4. बुचनन : (शपथ उठा लेने के पश्चात्) मैं 259 वाक्सहॉल, ब्रिज

रोड पर रहता हूँ। मैंने ग्लासगो से एम.डी. किया है और एम.आर.सी.एस. इंग्लैंड से। मैं 'ऐट होम' पार्टी में बतौर मेहमान की हैसियत से गया था। उस समय मैं रिसेप्शन हॉल के एक तरफ दूर खड़ा था। वहाँ पर मैंने छह धमाकों की आवाज सुनी। एक, दो, फिर कुछ विश्राम और फिर तीन, चार, फिर एक बड़ा अंतराल, फिर पाँच और छह धमाकों की आवाज रुक-रुककर आई थी। मेरा अनुमान था कि यह पटाखों की आवाज थी।

तभी जोर से चिल्लाने की आवाज आई, 'कोई जख्मी हो गया है! क्या कोई डॉक्टर है?' मैंने कहा, 'मैं डॉक्टर हूँ' और मैं दरवाजे की तरफ साथवाले कमरे में जाने को बढ़ा। मुझे उस भीड़ में से वहाँ तक पहुँचने में तीन मिनट लग गए होंगे।

मैंने कर्जन वायली को प्रवेश-कक्ष में पाया। मैंने उसको देखा और उसे मृत पाया। सामने कुरसी पर कैदी को चार-पाँच लोग पकड़े हुए बैठे थे। उसी कुरसी के नीचे एक और भारतीय शाम की पोशाक में पीठ के बल लेटा हुआ था और उसके पाँव उसी कुरसी के नीचे थे। मैं जानता था कि वह बेहोश था और दर्द में था। वह कुछ नहीं बोला। मैंने उसे कंधे से खींचा और उसे 2 गज की दूरी से देखा। मैंने उसे उठाने की कोशिश की, लेकिन वह कुछ भी निगल नहीं रहा था। मैंने उसे कई बार बोलने को प्रेरित किया। सवाल किए, लेकिन वह इतना कमजोर हो चुका था कि उसने कोई जवाब नहीं दिया। मैंने उसकी कमीज की दाईं तरफ गोली का निशान देखा, जो उसके जिगर के काफी करीब लग रहा था। कमीज को उतार लेने के बाद मुझे स्पष्ट गोली का निशान दिखाई दिया। वह लगता था कि मर रहा है। कुछ ही देर में उसे एंबुलेंस में डालकर ले गए। उस समय वह अपनी आखिरी साँसें ले रहा था। उसकी मौत शायद इंपीरियल इंस्टीट्यूट में ही हो गई थी।

5. रॉबर्ट सैलिसबरी ट्रैवर : (शपथ उठा लेने के पश्चात्) मैं एक रोग वैज्ञानिक हूँ और आजकल मैं सेंट जॉर्ज हस्पताल के अजायबघर में कार्य कर रहा हूँ। 2 जुलाई को 1 बजकर 45 मिनट पर मैंने एक छोटे कद के गठीले शरीरवाले भारतीय का पोस्टमार्टम किया था। उसके शरीर के दाहिने हिस्से में छाती के ठीक तीन-चार इंच नीचे एक गोली का निशान था।

जख्म खून से सना हुआ था और निरीक्षण के समय इसका मुँह दिखाई नहीं दे रहा था। खोलने पर पता चला कि गोली की दिशा ऊपर से नीचे की

ओर झुकी हुई थी। अंदर निरीक्षण करनेवाला औजार आसानी से इसके अंदर आधा इंच जा सकता था। पीठ पर छह इंच कंधे के नीचे के भाग में गोली का एक और सुराख बना हुआ था।

मुझे शरीर के अन्य और किसी भाग में कोई निशान या सुराख नहीं मिला। शरीर को खोलने पर और जाँच करने पर दाईं छाती की चार पसलियों के पीछे गोली ने छेद किया हुआ था। इसी की सीध में एक गोली दाहिने फेफड़े को चीरती हुई निकल गई थी। इसने आँत की अंतड़ियों को भी नुकसान पहुँचाया था। मैंने बड़ी अंतड़ी को भी कटा हुआ पाया। गोली ने पेट के अंदर की आँतों को चीर दिया था, जिससे सारे शरीर में खून और गैस फैल गई थी। दूसरी गोली ने छाती के ऊपर के भाग को छलनी कर दिया था। बड़ी खोज के बाद भी गोली का सुराग नहीं मिल पाया। मौत का कारण खून का अधिक रिसाव और सदमा रहा होगा। मुझे लगता है कि इसको दो गोलियाँ लगी थीं। दूसरी गोली ने कोई ज्यादा नुकसान नहीं किया। मरनेवाला जरूर आगे की तरफ झुका हुआ होगा, तभी गोली ऊपर से नीचे की तरफ चली गई थी।

मैंने मृतक के कपड़े देखे थे। छाती के स्थान पर गोली का निशान था। कोट में भी एक छेद था, जहाँ से गोली निकली थी।

6. ऐमा जोसिफिन बैक : मैं अविवाहित हूँ और 160 किंगस्टन पार्क रोड पर रहती हूँ। मैं ढींगरा को जानती हूँ। मैं उससे मार्च के महीने में मिली थी। मेरे अनुमान के अनुसार वह 26 वर्ष की उम्र का रहा होगा। वह इंग्लैंड 1906 में आया था और पिछले कुछ महीनों से वह 108, लैडबरी रोड में रह रहा था। वह यूनिवर्सिटी कॉलेज में इंजीनियरिंग की पढ़ाई कर रहा था। मैं उससे चार या पाँच बार मिली थी। उसने कभी भी कर्जन वायली का नाम या जिक्र नहीं किया। उसने कभी कोई ऐसी बात नहीं की, जिससे शक होता कि वह कोई अपराध करनेवाला है। मैं उससे अप्रैल में भी मिली थी। मैं 'ऐट होम' पार्टी में भी उससे मिली थी। मैंने उसे 9 बजे के करीब आते हुए देखा था। उसके बाद भी उससे मेरी बात हुई। मेरी उससे कोई आधा घंटा बातचीत हुई। मैंने उसके व्यवहार में कोई बदलाव नहीं देखा। वह पहले की तरह शांत और सामान्य था। मेरे पूछने पर उसने बताया कि वह यूनिवर्सिटी कॉलेज में पढ़ाई खत्म कर लेने के उपरांत ए.एम.आई.सी.ई. की परीक्षा में बैठेगा और

फिर अक्तूबर में वापस भारत जाएगा। मैंने उससे पूछा कि क्या 'ऐट होम' में उसका कोई मित्र है? तो उसने कहा कि बहुत से हैं। मुझे वह सामान्य और शांत दिखाई दिया। वह संस्था का सदस्य था, इसलिए उसे 'ऐट होम' का निमंत्रण-पत्र भेजा गया था।

7. फ्रैडरिक निकोलस : मैं आर.सी. 476 बी। 11 बजे कल की रात को इंस्टीट्यूट की सड़क पर ड्यूटी पर तैनात था। मैंने कई लोगों के चिल्लाने की आवाज सुनी—'पुलिस-पुलिस'। मैंने इंस्टीट्यूट के इंडियन विभाग की पहली मंजिल पर सीढ़ियाँ उतरते ही दो शव जमीन पर पड़े देखे। मैंने पूछा कि क्या यहाँ कोई डॉक्टर है? यह सब किसने किया है? सिन्हा नामक आदमी बोला, 'इस व्यक्ति ने', अर्थात् ढींगरा ने, जिसे उस समय दो-तीन व्यक्तियों ने पकड़ रखा था। सिन्हा भी उन्हीं में से एक था।

मैंने ढींगरा से कहा कि मैं उसे हिरासत में ले रहा हूँ। उस समय वह रिवॉल्वर पकड़े हुए था और घुटनों के बल बैठा हुआ था। सज्जन पुरुष उससे पिस्तौल छीनने का प्रयास कर रहे थे। मैंने ढींगरा की जेबों को टटोला और कोट के अंदरवाली दाहिने हाथ की जेब में से एक अन्य पिस्तौल बरामद की। कोट की बाईं जेब में से एक चाकू भी मिला। मैंने ढींगरा को हिरासत में ले लिया और फिर डिटेक्टिव सार्जेंट की सहायता से इसे पुलिस स्टेशन ले आया। उस पर दोष लगाया गया, लेकिन वह कुछ नहीं बोला। वह बहुत शांत था।

8. फ्रैंक ऐवले : मैं डिटेक्टिव सार्जेंट बी डिवीजन से हूँ। मुझे 1 जुलाई को 11 बजकर 20 मिनट पर इंस्टीट्यूट में बुलाया गया था। मैंने इंस्टीट्यूट में जमीन पर लेटे दो व्यक्ति देखे। अपराधी ढींगरा को सिपाही और सिन्हा पकड़े हुए थे। सर लेसले प्रॉबिन ने मुझे एक कॉल्ट पिस्तौल पकड़ाई और कैप्टन ने बेल्जियन पिस्तौल मुझे दी। मैंने उसी वक्त उनका निरीक्षण किया। बेल्जियन पिस्तौल में छह गोलियाँ थीं। कॉल्ट की बैरल में एक जिंदा गोली बची हुई थी। पिस्तौल को देखकर लगता था कि कुछ देर पहले ही इसे इस्तेमाल किया गया है। ट्रैवर ने मुझे जो कारतूस दिया था, वह कोल्ट पिस्तौल से ही चलाया गया होगा। मैं ढींगरा को लेकर पुलिस स्टेशन आ गया।

9. चार्ल्ज लॉस : (शपथ लेने के पश्चात्) मैं सिगनल इंस्पेक्टर हूँ।

3 बजे सुबह मैं वालटन स्टेशन पर उपस्थित था, जहाँ ढींगरा को सर विलियम हट कर्जन वायली और डॉक्टर क्वास लालकाका की हत्या के इलजाम में लाया गया था। मैंने उस पर लगाए गए आरोप उसको पढ़कर सुनाए और उसने 'हाँ' में सिर हिला दिया। मैंने उससे पूछा कि क्या तुम अपने किसी साथी से संपर्क करना चाहते हो? वह बोला, 'मैं नहीं समझता कि इतनी रात को उन्हें बताना जरूरी होगा। सुबह वह सब जान जाएँगे।'

10. एल्बर्ट ड्रेपर : (शपथ लेने के पश्चात्) मैं डिटेक्टिव इंस्पेक्टर बी1 डिविजन में तैनात हूँ। सुबह के 3 बजे मैं तीन ऑफिसर्स के साथ 108, लैडबरी रोड गया। वहाँ मैं मिसेज हैरिस से मिला। उसने मुझे ढींगरा का कमरा दिखाया। मुझे वहाँ 63 खुले कारतूस और एक मैगजीन, जिसमें 7 कारतूस पड़े थे, मिली। यह मैगजीन बेल्जियन पिस्तौल में लगाई जा सकती थी। मुझे ढींगरा के नाम से बंदूक का लाइसेंस भी मिला, जो उसे जनवरी में जारी किया गया था। वहाँ से एक डायरी भी मिली, जिसमें उसने अपनी गोलियों के चलाने की प्रैक्टिस का हिसाब लिख रखा था। इससे पता चलता है कि ढींगरा मई के महीने से ही गोलियाँ चलाने का अभ्यास कर रहा था। उसकी डायरी में अभ्यास का दिन और नतीजा, दोनों का ब्योरा लिखा हुआ था। जब ढींगरा के खिलाफ वेस्टमिंस्टर ट्रायल में चार्ज लगाया गया तो मैं वहाँ उपस्थित था। जब उससे पूछा गया कि वह इसके बारे में कुछ कहना चाहता है तो उसने कहा, ''मैं एक ही बात कहना चाहता हूँ कि मैंने डॉक्टर लालकाका को स्वेच्छा से नहीं मारा। मैं तो उसे जानता भी नहीं था।[108] लेकिन जब मैंने उसे अपनी तरफ बढ़ते हुए देखा तो मैंने आत्मरक्षा के लिए गोली चला दी।''

मैं डिटेक्टिव इंस्पेक्टर इस केस का प्रभारी (इंचार्ज)हूँ। मेरे अनुमान के अनुसार इस केस में ढींगरा के सिवा कोई और व्यक्ति इस अपराध में शामिल नहीं है। यह इसकी अपनी ही सोची-समझी योजना थी।

5 जुलाई, 1905 को एक दूसरी विस्तृत काररवाई में, जो डॉक्टर लालकाका से संबंधित थी, वेस्टमिंस्टर की अदालत में शुरू हुई। सर क्वासजी जहाँगीर गवाही के लिए हाजिर हुए। उन्होंने अदालत को बताया, ''मैं बंबई का रहनेवाला हूँ। मैं लंदन में होटल सीसिल में ठहरा हुआ हूँ। मुझे मृतक के शरीर की शिनाख्त करने को कहा गया था। मैंने देखकर बताया कि वह

शव डॉक्टर लालकाका का ही है। मैं उन्हें पिछले 23 सालों से जानता हूँ, जब वे बंबई में रहा करते थे। बाद में वे शंघाई जाकर बस गए थे। वे चिकित्सक विशेषज्ञ थे और इसी में कार्यरत थे। वे 8 जून से इंग्लैंड में नॉर्थ एंबरलैंड एवेन्यू के ग्रैंड होटल में रह रहे थे। मैं 1 जुलाई की शाम को इंपीरियल इंस्टीट्यूट की 'ऐट होम' पार्टी में सम्मिलित था। मैंने डॉक्टर लालकाका को 'ऐट होम' में देखा था। 11 बजे के करीब मुझे गोलियों की आवाज सुनाई दी। मैं मुख्य हॉल में था और दरवाजे के समीप ही खड़ा था। पाँच मिनट के बाद मैंने मृतक को देखा। वह बुरी तरह से जख्मी था। वह बोल नहीं सकता था। उसे एंबुलेंस में सेंट जॉर्ज हस्पताल ले जाया गया। मुझे पूरा विश्वास है कि मृतक कातिल के बारे में कुछ नहीं जानता होगा।

इसके पश्चात् मनमोहन सिन्हा ने अपने बयान को दोहराया, 'मैंने डॉक्टर लालकाका को कर्जन वायली से 2 या 3 गज की दूरी पर दर्द में कराहते हुए देखा।' मिस्टर विलियम थॉरबर्न ने भी 'यह तुमने क्यों किया या यह तुमने क्या कर दिया है' कुछ ऐसा ही पूछा था। उसने बड़े धैर्य से मेरी तरफ देखा, लेकिन बोला कुछ नहीं। चार्ल्स रौलस्टन ने कहा कि उसके अनुसार कुल पाँच गोलियाँ चलाई गई थीं। मैंने एक नौजवान व्यक्ति को, जिसने इंग्लिश वेशभूषा पहन रखी थी और सिर पर हलके नीले रंग की पगड़ी, उसे जान-

बूझकर एक भारतीय पर, जो अपनी शाम की पोशाक में था, गोली चलाते देखा। मैंने उससे पूछा कि उसका इस अपराध करने के पीछे क्या कारण था, तो उसने बड़े संयम से कहा, 'इसका जवाब मैं पुलिस को दूँगा।' मैंने फिर उससे हिंदुस्तानी भाषा में सवाल किया, लेकिन उसने कोई जवाब नहीं दिया। वह बिलकुल शांत दिखाई दे रहा था। उसकी पलकें आधी खुली हुई थीं। ऐसा लगता था जैसे उसने कोई दवा ले रखी हो, शायद भाँग! ऐसा निशाना तो कोई योग्य व्यक्ति ही लगा सकता था, जिसने रिवॉल्वर चलाने का काफी अभ्यास कर रखा हो। वही इतनी तेजी से गोलियाँ चला सकता था।

डॉक्टर बुचनन ने अपना पहला बयान ही दोहराया। उसने कहा कि डॉक्टर लालकाका की मौत इंपीरियल इंस्टीट्यूट में एंबुलेंस में डालने के दो-तीन मिनट में ही हो गई थी। रॉबर्ट सैलसबरी ट्रैवर ने बताया कि उसने बॉडी का पोस्टमार्टम किया था। मुझे लगता है कि उसको दो गोलियाँ लगी थीं। पहली गोली शरीर के दाहिने स्तन के ठीक तीन-चार इंच नीचे लगी थी और आधे इंच का घेरा बना गई थी। शरीर को खोलने पर और जाँच करने पर मैंने पाया कि गोली दाईं छाती की चार पसलियों के पीछे छेद कर गई थी और इसी की सीध में दाहिने फेफड़े को चीरती हुई निकल गई थी। इसने पेट की बड़ी और छोटी दोनों अंतड़ियों को नुकसान पहुँचाया था, जिसके कारण सारे शरीर में खून और गैस फैल गई थी। दूसरी गोली कंधे से होती हुई अंदर घुस गई थी। बड़ी खोज के बाद भी दूसरी गोली का सुराग नहीं मिल पाया। दूसरी गोली ने कोई ज्यादा नुकसान नहीं किया। मौत का कारण खून का अधिक रिसाव और आघात रहा होगा।

मिस ऐमा जोसिफिन बैक ने कहा कि उसके पूछने पर ढींगरा ने बताया कि वह यूनिवर्सिटी कॉलेज में अपनी पढ़ाई खत्म कर लेने के उपरांत ए.एम.आई.सी.ई. की परीक्षा में बैठेगा और फिर अक्तूबर में वापस भारत चला जाएगा। मैंने उससे पूछा कि क्या 'ऐट होम' में उसका कोई मित्र है, तो उसने कहा कि बहुत से हैं।

मैरी हैरिस ने अदालत को बताया कि ढींगरा उसी के साथ लैडबरी रोड पर रहता था। वह बड़े शांत स्वभाव का और अपना रोजमर्रा का जीवन व्यतीत करने वाला व्यक्ति था, जो शाम को बहुत कम बाहर निकलता था। वीरवार को उसने दोपहर का भोजन किया था, रात का नहीं। उसके अनुसार,

वह कोई नशा नहीं करता था। उस दिन उसने उसे एक बजकर तीस मिनट पर घर से जाते देखा था। उसने उससे कभी कुछ नहीं बताया था, जो उसे यह सोचने को मजबूर करता कि शायद वह इस प्रकार की घटना को अंजाम देने की योजना की तैयारी कर रहा था।

ज्यूरी ने मदनलाल ढींगरा को 'स्वेच्छा से हत्या' (इरादतन हत्या) का दोषी करार दिया।

5 जुलाई को हुई दो विस्तृत जाँच के प्रति 'द टाइम्स' अखबार ने अपनी प्रतिक्रिया 6 जुलाई, 1909 के अंक में विस्तार से प्रस्तुत की। यह बात ध्यान देने योग्य है, अखबार में दी गई खबर किस प्रकार अदालत में दिए गए लिखित बयान से भिन्न थी। यहाँ पर सिर्फ उन्हीं पहलुओं को प्रस्तुत किया जा रहा है, जो अदालत में दिए गए गवाहों के बयान से मेल नहीं खाते थे।

मनमोहन सिन्हा ने अदालत को बताया कि वह घटना के समय सीढ़ियों के पास खड़ा था और उसने ढींगरा को कर्जन पर गोली चलाते हुए देखा था। उसने अदालत को बताया कि उसने मदनलाल ढींगरा को धक्का मारा था, जिसके कारण वह कुरसियों पर जा गिरा था। उसने ढींगरा को अपने घुटनों के नीचे 7 या 8 मिनट तक दबोचे रखा, जब तक कि वहाँ पुलिस नहीं आ गई। सिन्हा ने डॉक्टर लालकाका को गोली लगते हुए नहीं देखा, लेकिन पिस्तौल से निकलता हुआ धुआँ जरूर देखा था।

डगलस विलियम थॉरबर्न ने बताया कि मदनलाल ढींगरा को पकड़ने के लिए कई व्यक्ति उसकी तरफ लपके और उन्होंने उसे दबोच लिया था। जब थॉरबर्न ने ढींगरा को पकड़ा हुआ था तो लैसले प्रॉबिन ने उससे रिवॉल्वर छीन ली थी। उसने ढींगरा को अपनी कनपटी पर गोली मारने की नाकामयाब कोशिश करते देखा था।

मिस ऐमा जोसिफिन बैक ने बतलाया कि वह मदनलाल ढींगरा को पिछले 12 महीनों से जानती थी। पार्टी में वह उससे तीन बार मिली थी। ज्यूरी के एक सदस्य के पूछने पर उसने बताया कि कर्जन वायली ने उसे बताया था कि ढींगरा के भाई ने उसे पत्र लिखा था और उससे बात करने को कहा है। उन्हें डर था कि ढींगरा किसी बुरी संगत में फँस गया है। ज्यूरी के एक सदस्य ने मिस बैक से उसके ढींगरा के साथ संबंध के बारे में पूछा।

जिसके उत्तर में उसने अदालत को बताया कि ढींगरा उसका कोई व्यक्तिगत मित्र नहीं था।

फ्रैडरिक निकोलस ने कहा कि मैंने इंस्टीट्यूट के इंडियन विभाग की पहली मंजिल पर सीढ़ियाँ उतरते ही दो शव जमीन पर पड़े देखे। एक व्यक्ति ने बताया कि सर कर्जन वायली मर चुका था और डॉक्टर लालकाका अभी जीवित था। जब वह हाल में दाखिल हुआ तो उस समय मदनलाल ढींगरा पिस्तौल पकड़े हुए घुटनों के बल बैठा हुआ था और कुछ सज्जन पुरुष उससे पिस्तौल छीनने का प्रयास कर रहे थे।

फ्रैंक ऐवले ने बताया कि सर लैसले प्रॉबिन ने मुझे एक कोल्ट पिस्तौल पकड़ाई। बेल्जियन पिस्तौल में छह गोलियाँ थीं। मुझे इस्तेमाल किए गए दो कारतूस दिए गए। मुझे एक बडा सा खंजर भी दिया गया, जिस पर लिखा था 'रौजर एंड संस ऑफ शैफील्ड'। बेल्जियन पिस्तौल से गोलियाँ चलाई गई थीं। उसने अदालत को बताया कि मदनलाल ढींगरा की जेब में से कुछ लिखित कागज भी मिले थे। इस पर ज्यूरी के एक सदस्य ने पूछा, 'क्या तुमने उस कागज को पढ़ा था?' तो इसके जवाब में उसने कहा, 'नहीं।'

सार्जेंट टी. ओलिवर ने अदालत को बताया कि ढींगरा ने कोल्ट पिस्तौल 23 जनवरी को मैसर्ज गैमेज से अपनी पहचान दर्ज करवाने के पश्चात् प्राप्त की थी। उसके पास लाइसेंस था और उस पर उसके यूनिवर्सिटी कॉलेज का पता दिया गया था। दूसरी पिस्तौल 32 बोर की आटोमैटिक ब्राउनिंग थी। यह इंग्लैंड में नहीं मिलती, लेकिन कहीं बाहर से हासिल की जा सकती थी।

कॉरोनर ने सार्जेंट से पूछा कि यह कैसे संभव था कि ढींगरा ने आत्महत्या का प्रयास किया हो और रिवॉल्वर में एक गोली भी बची हो और वह न चले?

इसके जवाब में सार्जेंट टी. ओलिवर ने समझाया कि गोली को चलाने के लिए पिस्तौल की सही पकड़ और एक खास किस्म का दबाव ट्रिगर को दबाने के लिए बनाना जरूरी होता है, लेकिन जब हम हथियार को अंदर की तरफ सिर की ओर घुमा देते हैं, तब अनजाने में हमारी पकड़ ढीली पड़ जाती है और ट्रिगर पर उँगली का दबाव कम हो जाता है। ऐसा हमारी तनावपूर्ण स्थिति के कारण होता है। इसके कारण मैगजीन में से कारतूस ऊपर नहीं उठ पाता, चैंबर तक नहीं पहुँचता और खाली ट्रिगर ही सुनाई देता है।

कर्जन द्वारा ढींगरा को लिखा गया पत्र अदालत में पेश किया गया।

कॉरोनर ने अपने निर्णय में कहा कि हर किसी की सहानुभूति लेडी वायली के साथ है। ढींगरा से कुछ कागज भी बरामद हुए थे, जो अब मुकदमा चलानेवाले अधिकारी की निगरानी में दे दिए गए हैं। अगर जरूरत पड़ी तो उनको दिखा दिया जाएगा।

ज्यूरी इस नतीजे पर पहुँची थी कि इस केस में इससे अधिक प्रमाण की जरूरत नहीं थी। ज्यूरी इसे 'स्वेच्छा से किया गया कत्ल' मानती है और मदनलाल को दोषी घोषित करती है। दोनों अदालतों ने ढींगरा को दोषी करार दे दिया।

□

7

गवाहों के बयानों की समीक्षा

2 जुलाई को मदनलाल ढींगरा को वेस्टमिंस्टर की पुलिस अदालत में पेश किया गया। होरेस स्मिथ ने उसे आठ दिन के 'पुलिस रिमांड' पर ब्रिक्स्टन जेल भेज दिया। यह न्याय प्रसंगति से उचित काररवाई नहीं थी। उसने अपना अपराध स्वीकार कर लिया था, ऐसे में उसे न्यायिक हिरासत में भेजना उचित होता, लेकिन सरकार को इस घटना के पीछे किसी बड़ी साजिश का अंदेशा था, इसलिए सच्चाई की तह तक जाने के लिए दो या तीन दिन का पुलिस रिमांड बहुत होता, क्योंकि ढींगरा कोई इश्तिहारी मुजरिम नहीं था। आठ दिन का पुलिस रिमांड जरूरत से ज्यादा ही था। इसके पीछे वहाँ की सरकार की मानसिकता भी जिम्मेदार थी। इंग्लैंड के प्रधानमंत्री एसक्विथ ने हत्या को राजनीति से प्रेरित बताया था और किसी गहरे षड्यंत्र की संभावना का शक जताया था। ऐसे में सरकार और सरकार द्वारा नियमित न्यायपालिका से इसी प्रकार के रिमांड की उम्मीद की जा सकती थी।

5 जुलाई को दो अलग-अलग अदालतों में कर्जन वायली तथा लालकाका से संबंधित विस्तृत जाँच, एक कैनसिंगटन टाउन हॉल, वेस्ट लंदन में कॉरोनर की अदालत में और दूसरी वेस्टमिंस्टर में मिस्टर ट्राउटबैक की अदालत में निश्चित की गई थी। ढींगरा इस जाँच में उपस्थित नहीं था।

अदालत में मजिस्ट्रेट का इतना कह देना कि अपराधी को इस न्यायिक काररवाई के लिए सूचित कर दिया गया था, लेकिन उसने आने से इनकार

कर दिया था, कोई उचित दलील नहीं थी। क्या कोई कैदी, जिसे पुलिस रिमांड में रखा गया हो, अदालत के आदेश को ठुकरा सकता है? एक कैदी का इनकार करना कितना महत्त्व रखता है, यह बात किसी से छिपी नहीं है।

अदालत का यह कहना कि 'ढींगरा ने अदालत में आने से मना कर दिया था' गले नहीं उतरती। ऐसा करने से वह इंकार क्यो करता? वह पुलिस के चंगुल से छूट जाता और कुछ राहत पाता, चाहे चंद घड़ियों के लिए ही सही। वह कभी भी ऐसा सुअवसर खाली नहीं जाने देता, बशर्ते उससे उसकी सहमति ली गई होती। शायद पुलिस की मेहमाननवाजी कुछ ज्यादा ही हो गई होगी और वह अदालत में उपस्थित होने की हालत में नहीं होगा, इसीलिए यह बहाना बनाकर कि 'ढींगरा ने अदालत में आने से इनकार कर दिया' अदालत ने अपना पल्ला झाड़ लिया और सारा दोष ढींगरा के सिर मढ़ दिया।

दस गवाहों ने अदालत में अपने बयान कलमबद्ध करवाए। ढींगरा की अनुपस्थिति में अदालती काररवाई को चलाना और गवाहों के बयानों को कलमबद्ध करना कहाँ तक सही है, यह सब जानते हैं। इससे भी अधिक शर्मनाक और चौंका देनेवाली बात यह थी कि अपराधी की गैर-हाजिरी में, उसे सफाई पेश करने का अवसर दिए बिना, अदालत में फैसला सुनाना कि 'ज्यूरी इस नतीजे पर पहुँची है कि इस केस में इससे अधिक प्रमाण की जरूरत नहीं। ज्यूरी इसे 'स्वेच्छा से की गई हत्या' मानती है और मदनलाल ढींगरा को दोषी घोषित करती है।' यह न्याय था या न्याय के नाम पर किया गया व्यंग्य? बेहतर यही होता कि मौत का फरमान भी साथ ही सुना दिया जाता।

अदालत को यह केस देखने में जितना आसान लगता था, उतना था नहीं। ढींगरा द्वारा अंजाम दी गई घटना ने सरकार की साख को दाँव पर लगा दिया था। इस घटना ने उसकी नींद हराम कर दी थी। दुनिया पर हुकूमत करनेवाले साम्राज्य के घर में किसी ने सेंध लगा दी थी और राजधानी के बीचो बीच, एक उच्च्य अधिकारी कर्जन वायली, सेक्रेटरी ऑफ स्टेट के पॉलिटिकल ए.डी. कैंप को कत्ल कर दिया गया था। इस घटना ने महान् ब्रिटिश साम्राज्य की कमजोर परिस्थितियों को जगजाहिर किया था और राज्य की कमजोर सुरक्षा व्यवस्था, गुप्तचर विभाग और पुलिस की कार्य-कुशलता पर भी प्रश्नचिह्न लगा दिया था, दूसरी तरफ भारतीय क्रांतिकारियों के बुलंद

हौसले को जाहिर किया था। यह पहली बार हुआ था कि भारत की राजनीति में किसी पंजाबी क्रांतिकारी ने हत्या जैसी संगीन घटना को अंजाम दिया। यह घटना जहाँ पंजाब के लोगों की सरकार की नीतियों के प्रति नाराजगी का इजहार थी, वहीं स्वतंत्रता संग्राम में पंजाब के नौजवानों के शामिल होने की दस्तक भी थी। इससे पहले यह श्रेय सिर्फ बंगाल तक सीमित था और पंजाब के नौजवानों का इसमें शामिल होना सरकार के लिए चिंता का विषय बन गया।

सरकार हरसंभव प्रयत्न से यह साबित करने में लगी थी कि यह घटना एक सिरफिरे व्यक्ति की व्यक्तिगत सोच की उपज थी, जिसकी दिमागी हालत ठीक नहीं थी। इस घटना ने सरकार के गुप्तचर विभाग, पुलिस विभाग और प्राइवेट डिटेक्टिव एजेंसियों की कार्यकुशलता—सबको कठघरे में लाकर खड़ा कर दिया था। जो होना था, वह तो हो चुका था, लेकिन अब सरकार के लिए जरूरी था कि जल्दी-से-जल्दी अदालती काररवाई को पूरा किया जाए और अपराधी को सजा दे दी जाए, ताकि इस मामले को लोगों की सहानुभूति न मिल सके। केस जितना लटकेगा, लोगों का ध्यान उतना ही इसमें उलझा रहेगा और ब्रिटिश साम्राज्य की खामियों का ढोल पिटेगा। सरकार अच्छी तरह समझती थी कि अगर ढींगरा के कार्य को हवा दे दी गई तो यह लाखों नौजवानों के दिलों में देशभक्ति का जज्बा पैदा कर देगा और अंततः ब्रिटिश साम्राज्य की भारत में नींव को उखाड़कर रख देगा। भारत की सरजमीं पर हजारों ब्रिटिश ऑफिसर कार्य कर रहे थे और मदनलाल ढींगरा का कार्य उनके लिए कहीं अनुसरणीय न बन जाए, इसे भी रोकना सरकार के लिए एक बहुत बड़ी चुनौती थी। इसीलिए सरकार केस को जल्दी-से-जल्दी निबटाना चाहती थी। इसलिए सरकार ने अदालती काररवाई की धज्जियाँ उड़ाकर रख दीं और न्याय प्रसंगति को दाँव पर लगाकर केस का जल्दी-से-जल्दी निबटारा करने की कोशिश की। इसी कशमकश में गवाहों ने या तो सरकार के कहने पर या खुद को नायक दिखलाने की होड़ में बयानों को तोड़-मरोड़कर पेश किया।

सरकार का कार्य ढींगरा को सजा दिलाने तक ही सीमित नहीं था बल्कि उसके किए कार्य को नीचा भी दिखलाना जरूरी था। आंतरिक तौर पर सरकार चाहे इसे राजनीति से प्रेरित घटना मानती थी, लेकिन बाहरी तौर पर

वह इसे हादसे से अधिक कुछ नहीं दरशाती थी। सरकार की सारी ऊर्जा इसी सोच को सफल बनाने में लगी हुई थी। यहाँ तक कि मदनलाल ढींगरा के परिवार को भी इसमें शामिल कर लिया गया था। साहिब दित्तामल तथा उनका परिवार हर प्रकार से सरकार के सुर-में-सुर मिलाते दिखाई दिए। हो सकता है, ऐसा उन्होंने मदनलाल की मौत की सजा को कम करवाने के लिए किया हो, लेकिन चाहे या अनचाहे तौर पर वे सरकार का मनोबल बढ़ा रहे थे और अपने बेटे को हरसंभव आघात पहुँचा रहे थे। इस सारी प्रतिक्रिया के पीछे एक ही उद्‌देश्य दिखाई देता था कि ढींगरा कहीं आनेवाले नौजवानों की सहानुभूति हासिल न कर पाए। यही कारण है कि गवाहों के बयानों में हमें कमियाँ मिलती हैं, क्योंकि इस विस्तृत जाँच में गवाहों के बयान पर कोई 'किंतु-परंतु' करनेवाला नहीं था, इसलिए हर कोई अपनी मरजी से बेखौफ हो अपने आपको हीरो और ढींगरा को जीरो साबित करने में लग गया था।

इन गवाहों के बयानों ने ढींगरा के चरित्र पर तीन गंभीर आरोप जड़ दिए; पहला, उसने घटना को अंजाम देने के पश्चात् आत्महत्या का प्रयास किया था। दूसरा, उसने घटना से पहले भाँग का सेवन किया था। तीसरा, वह क्रांतिकारियों के हाथ की कठपुतली था। इस घटना के पीछे उसका अपना कोई विशेष योगदान नहीं था।

मनमोहन सिन्हा अकेला भारतीय विद्यार्थी था, जिसने मदनलाल ढींगरा पर 5 जुलाई, 1909 को अदालत में अपने बयान में आत्महत्या करने का आरोप लगाया था। उसके अतिरिक्त और किसी गवाह ने सिन्हा के इस कथन को नहीं दोहराया।

मनमोहन सिन्हा ने अदालत को बताया था, "गोलियों के चलने से पहले और उसके बाद में भी कोई झगड़ा या गड़बड़ नहीं हुई थी। मैंने ढींगरा को पकड़ रखा था। पिस्तौल अभी भी उसी के हाथ में थी। पहले तो उसने रिवॉल्वर को मेरी तरफ उठाया, लेकिन बाद में उसने रिवॉल्वर अपनी दाईं कनपटी पर रख ली। मैंने खाली रिवॉल्वर के घोड़े के चलने की आवाज सुनी, लेकिन कोई धमाका नहीं हुआ था। मैंने उसे धक्का मारकर नीचे गिरा दिया।"

बड़ी आश्चर्यचकित कर देने की बात थी कि सिन्हा ने ढींगरा को पकड़ने का दुस्साहस दिखाया था। वो भी तब, जब वह दो व्यक्तियों को

गोली का निशाना बना चुका था और पिस्तौल अभी भी उसके हाथों में ही थी। बहादुरी के ऐसे कारनामे हकीकत में कम, लेकिन फिल्मों में अकसर देखने को मिलते हैं। कोई भी तर्कशील व्यक्ति इस कहानी को बिना जाँचे स्वीकार नहीं करेगा। ऐसी कहानी पर विश्वास करना बड़ा मुश्किल सा लगता है।

सिन्हा के बयान को पढ़कर सबसे पहला प्रश्न जो दिमाग में आता है, वो यह है कि सिन्हा घटना के वक्त ढींगरा के काफी नजदीक रहा होगा और उसने घटना को अपनी आँखों के सामने घटित होते हुए देखा होगा, वह उसके भावावेश में बह गया होगा और ऐसा जोखिम भरा कदम उठा सका होगा, अन्यथा कौन किसी हथियारलैस व्यक्ति पर झपटने की मूर्खता कर सकता था! क्या सिन्हा घटना के समय घटनास्थल के नजदीक खड़ा था?

सिन्हा ने अदालत को बताया, ''रात के 11 बजकर 10 मिनट पर मैं हॉल में था, जब मैंने बगल के कमरे से गोली के चलने की आवाज सुनी। मैंने बाहर प्रवेश-कक्ष में झाँककर देखा, कर्जन वायली मदनलाल ढींगरा के सामने खड़ा था।''

सिन्हा घटना के समय हॉल ही में था, यह उसके तथाकथित बयान से साबित हो जाता है। उसने हॉल में गोलियों के चलने की आवाज सुनी थी। यह आवाज हॉल के साथवाले कमरे से आई थी, जहाँ पर घटना घटित हुई थी। जब तक सिन्हा गोलियों की आवाज को सुन, समझ और परख पाता, तब तक कर्जन वायली ढींगरा की गोलियों का शिकार बन गिर चुका होगा। यह सारा घटनाक्रम क्षण भर में घटित हो गया था। जब तक सिन्हा ने आँख उठा साथवाले कमरे में झाँका होगा तब तक कर्जन वायली की जीवनलीला समाप्त हो चुकी थी। लेकिन सिन्हा जिस प्रकार घटना का वर्णन करता है, वह उसके बयान से मेल नहीं खाता। वह घटना से पहले की चर्चा करता है, जिसका पाठ शायद उसे पहले से तैयार कर पढ़ा दिया गया था— ''दोनों एक-दूसरे से एक गज की दूरी पर खड़े थे। कर्जन वायली का चेहरा उस आदमी की तरफ था और वह दाहिनी ओर खड़ा था। वह आदमी बिलकुल उसके सामने खड़ा था। मैंने उसे रिवॉल्वर निकालते हुए और गोली चलाते हुए एवं रोशनी को निकलते हुए देखा। यह निशाना सर कर्जन वायली के चेहरे के बाईं ओर लगा। मैं उस आदमी की ओर भागा। जब मैं उसकी

ओर बढ़ रहा था, मैंने कर्जन वायली को गिरते हुए देखा। मुझे पूरा यकीन है कि चार गोलियों से अधिक गोलियाँ चली थीं। गोलियाँ बड़ी तेजी से चली थीं। मैंने लालकाका को नहीं देखा। न ही उसे गिरते हुए देखा। मैंने ढींगग्रा को कुछ कहते हुए नहीं सुना।''

ऐसा बयान केवल विलियम थॉरबर्न ने दिया था। उसने अदालत को बताया था—''घटना के समय मैं हाल के फोल्डिंग दरवाजे के चार फ ीट अंदर खड़ा था। मैं इधर-उधर देख रहा था कि अचानक मेरी नजर बगलवाले प्रवेश-कक्ष में पड़ी। मैंने कर्जन वायली को, जिसे मैं तब तक नहीं जानता था, एक भारतीय नौजवान के साथ खड़े देखा। कर्जन वायली की पीठ मेरी तरफ थी। मैं उसके चेहरे का कुछ हिस्सा ही देख सकता था। मदनलाल ढींगरा उसके सामने खड़ा था, तभी एक पल में ढींगरा ने अपना दायाँ हाथ ऊपर उठाया और रिवॉल्वर से कर्जन के चेहरे पर गोलियाँ दाग दीं। वह इतना करीब था कि पिस्तौल की नाल उसके चेहरे को छूती नजर आ रही थी।''

थॉरबर्न ऐसा बयान तभी दे सका, क्योंकि उसने गोली चलने से पहले उन दोनों को देख लिया था, अन्यथा बहुत सारे लोगों ने तो गोलियों की आवाज को पटाखों के चलने की आवाज समझ लिया था। चार्ल्स रौलेस्टन ने अदालत को बताया, ''मैं हॉल में बनी एक ऊँची स्टेज पर एक तरफ खड़ा था, तभी अकस्मात् मैंने कुछ शोर सुना। पहले तो मैं समझा कि शायद यह आतिशबाजी की आवाज थी।'' इसी प्रकार बुचनन ने अपने बयान में कहा, ''उस समय मैं रिसेप्शन हॉल के एक तरफ दूर खड़ा था। वहाँ पर मैंने छह धमाकों की आवाज सुनी। एक, दो, फिर कुछ अंतराल, और फिर तीन, चार, फिर एक बड़ा अंतराल, फिर पाँच और छह धमाकों की आवाज रुक-रुककर आई थी। मेरा अनुमान था कि यह पटाखों की आवाज थी।''

इससे भी अधिक चौंका देनेवाली बात सिन्हा के बयान में यह थी कि उसने पिस्तौल में से चिनगारियों को निकलते हुए देखा था। सिन्हा का यह बयान भी गले के नीचे नहीं उतरता। तीन अन्य गवाह, जो सिन्हा की तरह हॉल में उपस्थित थे, जैसेकि रौलेस्टन, थॉरबर्न तथा बुचनन, उन्होंने तो पिस्तौल से उठती चिनगारी नहीं देखी थी। शायद वह सिन्हा की तरह इतने भाग्यशाली नहीं थे और न ही उनके पास सिन्हा की तरह दिव्यदृष्टि थी!

यदि इस बात को एक पल के लिए सच मान भी लिया जाए कि सिन्हा

के पास ध्वनियों को सुनने और पहचानने की कुछ विशेष शक्ति उपलब्ध थी और उसने जैसे ही धमाका होने की आवाज सुनी, उसने झट से पहचान लिया कि यह गोली चलने की ही आवाज थी। लेकिन इसके बावजूद वह अधिक-से-अधिक कर्जन वायली को गिरते हुए देख सकता था, इसके सिवाय कुछ नहीं; क्योंकि सारा खेल चंद क्षणों में ही समाप्त हो गया था। सिन्हा ने खुद यह कबूल किया था कि जब उसने धमाके की आवाज सुनी तो उसने पलटकर साथवाले कमरे की ओर देखा, जिधर से आवाज आई थी। जब तक उसने देखा होगा, तब तक कर्जन वायली का काम तमाम हो चुका होगा। हाँ, अगर वह अपने बयान में यह कहता कि उसने डॉक्टर लालकाका का कत्ल होते हुए देखा था तो यह बात समझी जा सकती थी। और ऐसा तभी होता, अगर वह हॉल में खड़ा रहता और साथवाले कमरे में हो रही घटना को देखता रहता। लेकिन सिन्हा के बयान के अनुसार—''मैं आदमी की ओर भागा। मैं जब उसकी ओर बढ़ रहा था तो मैंने कर्जन वायली को गिरते हुए देखा। मुझे पूरा यकीन है कि चार गोलियों से अधिक गोलियाँ चली थीं। गोलियाँ बड़ी तेजी से चली थीं। मैंने लालकाका को नहीं देखा। न ही उसे गिरते हुए देखा।'' उसने लालकाका को भी गोली लगते हुए नहीं देखा। इसका मतलब तो यही हुआ कि वह वहाँ पर रुकने के बजाय बाहर की तरफ भाग गया और इस प्रकार वह पूरा घटनाक्रम नहीं देख पाया।

उसे हॉल में से निकलकर बाहर के कमरे तक पहुँचने में दो या तीन मिनट तो लग ही गए होंगे, क्योंकि हॉल में उस समय अफरा-तफरी मच गई होगी। जब तक वह बाहर पहुँचा होगा, तब तक ढींगरा अपना खेल खत्म कर चुका होगा। बाहर पहुँचने पर उसे घटना को समझने में कुछ क्षण तो जरूर लगे होंगे। ऐसी परिस्थिति में वह हथियारलैस ढींगरा पर झपट पड़े, यह बात संभव नहीं लगती। यह तभी संभव हो सका, जब ढींगरा ने आत्मसमर्पण करते हुए अपनी पिस्तौल नीचे फेंक दी होगी। अन्यथा अगर ढींगरा लालकामा को मार सकता था तो उसको क्यों नहीं?

सिन्हा ने अदालत को बताया ''मैंने उसे पकड़ रखा था। रिवॉल्वर अभी भी उसी के हाथ में था। पहले तो उसने रिवॉल्वर को मेरी तरफ उठाया, लेकिन बाद में उसने रिवॉल्वर अपनी दाईं कनपटी पर रख लिया। मैंने खाली ट्रिगर के चलने की आवाज सुनी, लेकिन कोई धमाका नहीं हुआ था। मैंने उसे

धक्का मारकर नीचे गिरा दिया।" इस प्रकार आत्महत्या के प्रयास की कहानी बुन दी गई।

चलो, यह भी मान लो कि सिन्हा एक अद्‌भुत व्यक्तित्व का स्वामी था, जिसने दुस्साहस दिखाते हुए मदनलाल ढींगरा को पकड़ने की हिम्मत दिखाई और उसे पकड़ लिया। लेकिन यह भी स्वाभाविक ही था कि वह पकड़ते समय ढींगरा के उसी हाथ और बाजू को पकड़ने का यत्न करेगा, जिसमें उसने पिस्तौल उठा रखी थी, अन्यथा एक हथियारलैस व्यक्ति पर झपट पड़ना मूर्खता ही होती। सिन्हा ने जब ढींगरा को लपका तो ढींगरा ने उस पर गोली क्यों नहीं चलाई? लालकाका तो अभी दूर ही था कि उसने उस पर निशाना साध दिया था। यह तभी संभव था, क्योंकि ढींगरा पिस्तौल फेंक चुका था। सिन्हा के सिवाय और किसी अन्य गवाह ने 5 जुलाई को अदालत में इस बात की पुष्टि नहीं की थी।

10 जुलाई को अदालत में सिन्हा की झूठी कहानी को लैसले प्रॉबिन की सहानुभूति प्राप्त हुई। प्रॉबिन 5 जुलाई को अदालत में चोट की वजह से पेश नहीं हुआ था। उसने अदालत को बताया—"वह सर कर्जन वायली को पिछले कई वर्षों से जानता था और उस रात उसने उसे और लेडी वायली दोनों को इंपीरियल इंस्टीट्यूट की पार्टी में देखा था। जब वह वापस जाने की तैयारी में था तो उसने गोलियों के चलने की आवाज सुनी। पहले तीन या चार और फिर दो और गोलियों के चलने की आवाज सुनाई दी। उसने ढींगरा को तीन या चार गोलियों के चल जाने के बाद देखा। उसके हाथ में पिस्तौल थी, लेकिन यह किसी दिशा की ओर केंद्रित नहीं थी। एक बार फिर उसने गोलियाँ चलाईं और फिर उसने पिस्तौल अपनी कनपटी पर रख ली। वह तेजी से उसकी ओर भागा और उसके दोनों हाथों को पकड़ लिया तथा पिस्तौल पर काबू पा लेने में सफल हुआ, और तब तक उसका हाथ नहीं छोड़ा जब तक कि वह गिर न गया।"

प्रॉबिन के बयान सारी परिस्थिति को बदलकर रख देते हैं। सिन्हा कहता है कि उसने ढींगरा को पकड़ा था और यहाँ प्रॉबिन कहता है कि उसने पकड़ा था। सिन्हा कहता है कि उसने उसकी बाजू पकड़ी और प्रॉबिन कहता है कि उसने दोनों हाथों को पकड़ लिया था और तब तक नहीं छोड़ा जब तक कि उस पर काबू नहीं पा लिया गया।

यह भी सच मान लें कि दोनों गवाह प्रॉबिन और सिन्हा सच बोल रहे थे। प्रॉबिन ने फिर खाली ट्रिगर की आवाज क्यों नहीं सुनी? ढींगरा को पिस्तौल अपनी कनपटी पर रखते देखा और उसके चलाने से पहले ही उसे दबोच लिया था। वाह! क्या सीन था! ऐसा अकसर फिल्मों में देखने को मिलता है।

विलियम थॉरबर्न ने अदालत को बताया कि वह हॉल के फोल्डिंग दरवाजे के चार फीट अंदर खड़ा था। अचानक उसकी नजर प्रवेश-कक्ष पर पड़ी। उसने कर्जन वायली को एक भारतीय नौजवान के साथ खड़े देखा। कर्जन वायली का चेहरा उसकी तरफ था। उसने कर्जन वायली को गोली लगते और गिरते हुऐ देखा, लेकिन उसने ढींगरा को पिस्तौल अपनी कनपटी पर लगाकर खुदकुशी की कोशिश करते हुए नहीं देखा।

चार्ल्स रौलेस्टोन ने अदालत को बताया कि गोली चलने के वक्त वह हॉल में बने स्टेज पर खड़ा था, तभी अकस्मात् उसने किसी धमाके की आवाज सुनी। कुल पाँच धमाके हुए थे। उसने मदनलाल ढींगरा को लालकाका पर गोली चलाते हुए देखा। वह बताता है—"एक जवान व्यक्ति ने इंग्लिश वेशभूषा और सिर पर हलके नीले रंग की पगड़ी पहन रखी थी। उसने शाम की पोशाक पहने एक इंडियन भद्र पुरुष पर गोली चला दी। दोनों एक-दूसरे से चार गज के फासले पर खड़े थे।" रौलेस्टन ने लालकाका को गोली लगते देखा था, लेकिन उसने ढींगरा को पिस्तौल कनपटी पर लगाकर आत्महत्या का प्रयास करते हुए नहीं देखा, क्योंकि उसने ऐसा कुछ किया ही नहीं था। इसी प्रकार बुचनन ने छह गोलियों के चलने की आवाज तो सुनी, लेकिन उसने न तो कर्जन वायली या लालकाका को गोली लगते हुए और न ही ढींगरा को आत्महत्या की कोशिश करते हुए देखा था।

फ्रैडरिक निकोलस का कहना था कि जब वह इंपीरियल इंस्टीट्यूट में दाखिल हुआ तो उसने ढींगरा को रिवॉल्वर पकडे घुटनों के बल बैठे हुए देखा था और कुछ सज्जन पुरुष उससे रिवॉल्वर छीनने का प्रयास कर रहे थे। निकोलस का यह बयान किन्हीं दो गवाहों को तो झुठलाता है—सिन्हा कहता है कि उसने ढींगरा को धक्का देकर गिराया और लैसले प्रॉबिन कहता है कि उसने! शायद ऐसा हुआ होगा कि पहले सिन्हा ने ढींगरा को धक्का देकर गिराया होगा और रिवॉल्वर छीन ली होगी और फिर लैसले प्रॉबिन ने उसे

दोबारा रिवॉल्वर पकड़ाकर खड़ा कर दिया होगा और दोबारा से उसी प्रक्रिया को दोहराया होगा! जब निकोलस आया होगा तो एक बार फिर उसे पिस्तौल थमा दी गई होगी, क्योंकि उसको भी तो नायक के रूप में उभरकर आना था। वाह री ब्रिटिश न्यायपालिका और उनकी न्यायप्रणाली! गवाह एक के बाद एक झूठे बयान दिए जा रहे थे और जज साहब इन्हें सच मानते हुए कलमबद्ध किए जा रहे थे। अदालत के इंसाफ का ऐसा मंजाक इससे पहले शायद कभी नहीं हुआ होगा।

इस सारी प्रक्रिया के दौरान ढींगरा वहाँ मौजूद नहीं था, जो इसके सच-झूठ का फैसला कर सकता, लेकिन जब 10 जुलाई की अदालत में उसके सामने सिन्हा ने अपना यह बयान दोहराया तो ढींगरा उस समय भड़क उठा। उसने जज को संबोधित करते हुए सिन्हा के लिए कहा, ''यह व्यक्ति मेरे देश का गद्दार है।'' ढींगरा के अदालत में बोले गए ये शब्द सिन्हा के बयान की सच्चाई को झुठलाते हैं। इसी प्रकार उसने प्रॉबिन द्वारा उसे कातिल कहे जाने पर भी एतराज जताया था।

आत्महत्या करना ढींगरा की योजना में शामिल नहीं था। अगर वह आत्महत्या कर लेता तो उसका बलिदान व्यर्थ हो जाता, क्योंकि उसकी योजना के बारे में उसके सिवा किसी और को पता नहीं था। वह कत्ल क्यों करने गया था? इसके पीछे उसका उद्देश्य क्या था? यह सब उसके सिवा कोई नहीं जानता था। अगर वह घटनास्थल पर मर जाता तो यह राज उसके साथ ही दफन हो जाता। और अगर वह आत्महत्या करना चाहता तो उसे ऐसा करने से कोई रोक नहीं सकता था। यहाँ सारी कहानी उसकी प्रतिष्ठा को ठेस लगाने के लिए गढ़ी गई थी।

ऊपर दिए गए बयानों की समीक्षा करें तो यह प्रतीत होता है कि मदनलाल ढींगरा ने कर्जन वायली की हत्या करने के पश्चात् गलती से या आत्मरक्षा के लिए डॉक्टर लालकाका को भी गोली का निशाना बना दिया, जो उसकी योजना में शामिल नहीं था। वह कोई पेशेवर कातिल नहीं था। वह तो आजादी का एक परवाना था, जो अपनी मातृभूमि को आजाद करवाने के लिए मैदाने-जंग में उतरा था। वह अपने आपको भारत माँ का एक सिपाही समझता था, जो अपने गुलाम देश को जालिम हाकिमों से आजाद कराने के लिए ऐसा कर रहा था। वह खून की नदियाँ बहाने नहीं आया था।

वह तो अपने भारतीय नौजवान भाइयों को एक संदेश देने निकला था कि अगर भारत की युवा पीढ़ी एक-एक करके इन गिनती के ब्रिटिश अफसरों को गोली से उड़ा दे तो भारत की आजादी दूर नहीं। इसीलिए जब उससे लालकाका की हत्या हो जाती है तो वह अपनी पिस्तौल को नीचे झुका देता है।

इस बात की पुष्टि धर्मवीर 'लाला हरदयाल' (पृष्ठ 120) में भी करते हैं। वे लिखते हैं, 'ढींगरा ने हत्या के पश्चात् रिवॉल्वर को दूर फेंक दिया था' और यही ठीक भी लगता है, वरना किसी की क्या मजाल थी कि उसके हाथ में पिस्तौल रहते, उस पर कोई हाथ डाल जाता! रही बात आत्महत्या की, तो उसकी दाईं जेब में दूसरी रिवॉल्वर भरी पड़ी थी। उसका अगर कुछ ऐसा करने का कोई इरादा होता तो उसे अपने आपको गोली मारने से कोई रोक नहीं सकता था। धर्मवीर आगे लिखते हैं, 'जब उसने पिस्तौल को गिरा दिया तब लोगों ने उसे घेर लिया। उसे कुरसी पर बैठा दिया। उसने उन्हें उसका चश्मा देने को कहा, जो शायद उसे पकड़ने के वक्त गिर गया था। उन्होंने उसे लौटा दिया। अगर उसने थोड़ा सा भी विरोध किया होता तो शायद उससे ऐसा व्यवहार नहीं किया जाता।'

ढींगरा को 10 जुलाई को अदालत में पहली बार पुलिस रिमांड खत्म होने पर पेश किया गया था। अदालत की सारी काररवाई के दौरान उसने सिर्फ दो ही व्यक्तियों के बयान पर आपत्ति जताई थी और वे थे सिन्हा और प्रॉबिन। प्रॉबिन ने जब उसे 'मर्डरर' कहा तो ढींगरा ने इस पर ऐतराज जताया और सिन्हा को ढींगरा बड़े गुस्से में कहता है, 'यह व्यक्ति मेरे देश का गद्दार है।'

अब जरा तथाकथित आत्महत्या के दौरान गोली के न चलने की बात का भी अध्ययन कर लें। कोल्ट पिस्तौल में आठ गोलियाँ थीं। छह तो चल गईं, एक पिस्तौल में बची हुई थी तो एक गोली कहाँ गई? इसके बारे में अदालत में कोई सवाल नहीं किया गया, लेकिन जज साहब सार्जेंट ऑलिवर से आत्महत्या के समय गोली न चलने की वजह जानना चाहते हैं। अब जरा 5 जुलाई को अदालत में ढींगरा की आत्महत्या के असफल प्रयास के बारे में टी. ऑलिवर के दिए गए बयान की समीक्षा कर लें। ऑलिवर ने अदालत को गोली न चलने की वजह समझाते हुए बताया, ''पिस्तौल को चलाने के लिए

सही पकड़ और ट्रिगर पर एक खास किस्म का दबाव बनाना जरूरी होता है, लेकिन जब पिस्तौल का रुख सिर की तरफ घुमा दिया जाए तो ढीली पकड़ के कारण उँगली का ट्रिगर पर दबाव कम हो जाता है और मैग्जीन में से कारतूस ऊपर नहीं उठ पाता और चैंबर तक नहीं पहुँचता। तब खाली ट्रिगर की आवाज ही सुनाई देती है।''

कौन किसको समझा रहा था? ढींगरा उस दिन अदालत में उपस्थित ही नहीं था, वरना शायद वह इस बेतुके उदाहरण का मुँहतोड़ जवाब देता। ढींगरा कोई बच्चा नहीं था, जो ट्रिगर पर पूरा दबाव बनाना नहीं जानता हो। उसने जितना अभ्यास पिछले तीन महीनों में कर लिया था, उतना शायद एक फौजी युद्ध के मैदान में ही करता होगा। यह सारी प्रतिक्रिया ढींगरा को बुजदिल साबित करने की थी और कुछ नहीं।

ढींगरा प्रैक्टिस में कोल्ट पिस्तौल का इस्तेमाल किया करता था। इसकी विशेषता यह थी कि गोली के चलने के बाद खाली कारतूस बाहर निकल आता था और दूसरा भरा हुआ कारतूस चलने के लिए अपने आप (ऑटोमैटिकली) मैग्जीन से ऊपर उठकर आगे आ जाता था। यह बयान सार्जेंट टी. ऑलिवर के बयान को गलत साबित करता है। टी. ऑलिवर शायद ऑटोमैटिक पिस्तौल की गुणवत्ता को भूल गए थे।

ढींगरा एक सच्चा देशभक्त था, जिसमें देश को आजाद करवाने का जुनून इस हद तक सवार हो चुका था कि इसके लिए उसने योजनाबद्ध ढंग से एक घटना को अंजाम देने का निश्चय कर लिया था और फिर उसे कर गुजरा। अगर वह आत्महत्या की बात सोचकर गया होता तो शायद जो गोली उसने लालकाका पर चलाई थी, वह अपने पर चला लेता। आत्महत्या का प्रयास करनेवाला व्यक्ति मानसिक तौर पर निडर और बेपरवाह नहीं हो सकता, जैसाकि ढींगरा था। वह तो शायद पुलिस रिमांड और टॉर्चर के बारे में सोच-सोचकर मर जाता। वह तो एक पल भी विचलित दिखाई नहीं दिया। उसने जो किया था, उसके लिए वह शर्मसार नहीं था और न ही उसको इसका कोई पछतावा था। लेकिन लालकाका की हत्या का उसे पश्चात्ताप जरूर था। जब उसे पुलिस रिमांड में भेजा गया तो अखबार 'टाइम्स' लिखता है कि वह हँसकर सिपाहियों से बातें कर रहा था, जैसे कुछ हुआ ही न हो। ऐसे देशभक्त पर आत्महत्या के प्रयास का इलजाम लगाना, उसकी देशभक्ति

के साथ खिलवाड़ करना है।

जिस धारणा को सही मानकर ढींगरा इस घटना को कर गुजरा था, उसके बारे में तब तक शायद किसी ने सोचा भी नहीं था। सावरकर और उसके साथी भारत में क्रांति लाने के बारे में विचार कर रहे थे, लेकिन ढींगरा तो लंदन में घटना को अंजाम देकर क्रांति का बिगुल बजा गया था। यह वह विचार था, जिसके प्रति भारत के लोग अभी पूर्ण रूप से तैयार नहीं थे। कांग्रेस के अधिकांश नेता अभी भी सीमित अधिकारों की माँग कर रहे थे और ऐसे वातावरण में ढींगरा का यह कार्य लोगों की समझ और समीक्षा के दायरे से बाहर था।

मदनलाल ढींगरा पर भाँग पीने का दूसरा दोष चार्ल्स रौलेस्टन ने जड़ दिया था। घटनास्थल पर उपस्थित रौलेस्टन ने अदालत को बताया, ''ढींगरा घटना के पश्चात् पूर्ण रूप से शांत दिखाई दे रहा था। उसकी आँखें नींद में डूबी आधी खुली हुई थीं, जिसे देखकर मुझे लगा कि उसने शायद भाँग पी हुई थी।'' रौलेस्टन नें 'भाँग' शब्द इंडिया में कहीं सुन रखा होगा, जो उसने ढींगरा के लिए इस्तेमाल कर दिया, क्योंकि अगर वह भाँग की खासियत को जानता होता तो शायद ऐसा न कहता।

भाँग का नशा बड़ा डरावना समझा जाता है। इसको लेने के बाद व्यक्ति अपनी हिम्मत खो देता है और एक तरफ दुबककर, अपने आप में गुमसुम होकर बैठ जाता है। अगर हम मान भी लें कि उसने भाँग का सेवन किया था, तब हमें यह भी जानना होगा कि घटना को अंजाम देने से कितने समय पहले! सूत्रों के अनुसार, ढींगरा 9 बजे के करीब इंपीरियल इंस्टीट्यूट पहुँचा था। इसका मतलब उसने भाँग का सेवन 8 बजे के करीब किया होगा और वह घटना को अंजाम 11 बजे देता है। जबकि तीन घंटे में भाँग का नशा उसे अस्पताल पहुँचा देता, न कि इंपीरियल इंस्टीट्यूट। मिसेज हैरिस ने भी अदालत को यही बताया था कि वह नशा नहीं करता था। ऐसे व्यक्ति को भाँग लाभ कम, नुकसान ज्यादा करती है।

इस दौरान वह मिस ऐमा बैक ('नेशनल इंडियन एसोसिएशन' में कर्जन वायली की सेक्रेटरी) से तीन बार मिला। एक बार तो दोनों में तीस मिनट से भी ऊपर बातचीत हुई। ऐमा बैक ने अदालत को यही बताया कि उसने उसकी बातचीत और हाव-भाव में कोई बदलाव महसूस नहीं किया। यहाँ

तक कि उसने ऐमा के साथ गपशप के दौरान एक बार भी कर्जन का जिक्र नहीं किया। वह बड़े शांत स्वभाव से बातचीत कर रहा था, जबकि कर्जन के आने के बारे में सबसे अधिक खबर ऐमा के पास ही हो सकती थी। समय बीतता जा रहा था और ढींगरा का 'लक्ष्य' दूर तक कहीं दिखाई नहीं दे रहा था। ऐसे में हर पाठक यही सोचता है कि वह ऐमा बैक से शायद कर्जन के बारे में पता लगाने के लिए गया होगा, लेकिन यह सच नहीं था। सभी अखबारों ने लिखा था कि अदालत की काररवाई के दौरान वह शांत रहा और उसका यह स्वभाव अंत तक बना रहा। शायद पुलिस उसे भाँग देकर अदालत लाती रही होगी!

हमें यह नहीं भूलना चाहिए कि गवाहों से लेकर पत्रकारों तक ने ढींगरा के शात और संयम स्वभाव की तारीफ की थी। उन्होंने उसके स्वभाव में शुरू से अंत तक ठहराव और शांत भाव का ही वर्णन किया। अगर चार्ल्स से इसके बारे में पूछा जाता तो इसका जवाब भी वह भाँग ही देते, जो शायद अब ब्रिटिश पुलिस ने उसको दे रखी थी।

चार्ल्स रौलेस्टन ने तो शायद अपना व्यक्तिगत विचार प्रकट किया हो, लेकिन हमारे इतिहासकारों ने बिना सोचे-समझे और परखे इसे सच मान लिया और उन्होंने भाँग के सेवन के फायदे और नुकसान के आधार पर यह साबित करने का प्रयास किया कि ढींगरा ने भाँग का सेवन योजना को सफल बनाने के लिए किया था। वी.एन. दत्ता भाँग के सेवन के फायदों की तारीफ करते हुए लिखते हैं कि भाँग के सेवन से मनुष्य के दिमाग में चल रहा तनाव और विचारों का द्वंद्व खत्म हो जाता है। उसकी तर्कशक्ति खत्म हो जाती है और कुछ देर के लिए वह मानसिक तनाव से राहत पा जाता है। उसमें अच्छे-बुरे में फर्क करने की पहचान नहीं रह पाती और वह एक ऐसी मानसिक अवस्था में चला जाता है, जहाँ पर मनुष्य की तर्कशक्ति पर भावनाएँ हावी हो जाती हैं। वह सोचने-समझने और परखने की शक्ति खो देता है और ऐसी मनोस्थिति में खो जाता है, जहाँ पर तर्क करने का प्रश्न ही नहीं रहता और तर्क को भूलकर मर-मिटने को तैयार हो जाता है।[109] भाँग के ऐसे गुणों के बारे में कि इसका सेवन कराकर किसी का भी कत्ल किया जा सकता था, शायद ही कोई और बतला पाता! अगर भाँग के सेवन के ऐसे नतीजे निकलते हैं तो भाँग से भगवान् ही बचाए! भाँग की इस विशेषता के बारे में हमाारे

माननीय इतिहासकार को जानकारी कहाँ से प्राप्त हुई, यह तो उन्होंने नहीं बताया, लेकिन उनकी इस लीला को भाँग के जानकारों ने मानने से साफ इनकार कर दिया। भाँग का सेवन करनेवालों और नारकोटिक विभाग से जुड़े कर्मचारियों का कहना था कि भाँग के सेवन के पश्चात् व्यक्ति अटपटी सी बातें तथा अजीब सी हरकतें करने लग जाता है। कई बार तो वह एक ही क्रिया को दोहराता हुआ नजर आता है। अकसर लोगों को उल्लू बनाने के लिए भाँग का मजाक भी किया जाता है। भाँग का सेवन व्यक्ति के मानसिक बल को कमजोर कर देता है और उसे बुजदिल तथा डरपोक बना देता है। इसीलिए भाँग के स्वभाव को 'ड्राकल नशा' कहा जाता है। एक भंगेड़ी ने तो यहाँ तक कह दिया कि भाँग का सेवन कर कत्ल करना तो दूर, आदमी अपनी परछाई से भी डरता है। इसमें कोई शक नहीं कि इसके सेवन से मनुष्य की तर्कशक्ति खो जाती है और वह अच्छे-बुरे में फर्क करने और सोचने-समझने की शक्ति खो देता है, लेकिन वह ऐसे में भी किसी का कत्ल नहीं कर सकता।

वी.एन. दत्ता लिखते हैं कि भाँग का सेवन मनुष्य के दिमाग में चल रहे द्वंद्व को खत्म करने के लिए किया जाता है। क्या ढींगरा के दिमाग में किसी प्रकार का द्वंद्व चल रहा था? क्या मदनलाल ढींगरा को इस घटना को अंजाम देने के लिए मजबूर किया जा रहा था? क्या वह इसके लिए तैयार नहीं था? यह सच नहीं है। तथ्य कुछ और ही तसवीर बयान करते हैं, लेकिन जिसे शायद हमारे इतिहासकार देख न सके और एक विदेशी ऑफिसर की बातों में बह गए। वी.एन. दत्ता को चार्ल्स रौलेस्टन की बात पर शायद इसलिए यकीन हो गया था, क्योंकि ब्रिटिश इंटेलीजेंस ने भी कुछ इसी प्रकार की रिपोर्ट पेश कर दी थी कि 'ढींगरा ने भाँग का सेवन योजना को सफल बनाने के लिए किया था, क्योंकि आयोजक किसी प्रकार की संभावना, जो उसकी मानसिक स्थिति को कमजोर करे और वह अपने कृत्य को बीच में छोड़ भाग जाए, नहीं छोड़ना चाहते थे। इसीलिए उन्होंने ढींगरा को भाँग का सेवन करवाया था।

इसी प्रकार का तर्क धनंजय कीर ने अपनी पुस्तक 'वीर सावरकर' में दिया था। कीर के अनुसार, ढींगरा को इससे पहले भी एक बार यह कार्य सौंपा गया था, लेकिन वह चूक गया था, इसलिए इस बार सावरकर ने उसे

चेतावनी देकर भेजा था। इसी तरह से स्कॉटलैंड यार्ड पुलिस का कहना था कि कोरेगाँवकर भी पार्टी में उपस्थित था। उसकी उपस्थिति को ढींगरा की वारदात से जोड़कर देखा जाता है। कुछ इतिहासकारों का मानना है कि कोरेगाँवकर को ढींगरा पर नजर रखने के लिए भेजा गया था कि कहा वह अपने लक्ष्य से चूक न जाए। लेकिन डायरेक्टर ऑफ क्रिमिनल इंटेलीजेंस की वीकली रिपोर्ट, जो 7 अगस्त, 1909 को शिमला से छापी गई, बताती है कि कोरेगाँवकर का ढींगरा से मिलना और बात करना कत्ल से किसी प्रकार मेल नहीं खाता। कोरेगाँवकर और अय्यर की ढींगरा से जान-पहचान को साजिश मान लेना ठीक नहीं।[110] रिपोर्ट पूरी तरह से किसी प्रकार का षड्यंत्र होने की संभावना को नकारती है। इसमें कोई शक नहीं रह जाता कि ढींगरा ने इस घटना को अपनी इच्छा से अंजाम दिया था।

'द डेली क्रोनिकल' अखबार ने अपने सूत्रों के हवाले से मदनलाल ढींगरा की 1 जुलाई की गतिविधियों की रिपोर्ट उसके एक मित्र से प्राप्त कर प्रस्तुत की थी। इस रिपोर्ट के अनुसार, ढींगरा ने वेस्टबोर्न ग्रूव में आतंकवादियों के साथ दो घंटे बातचीत में बिताए। इस दौरान उन्होंने उसकी जेब में एक पिस्तौल और भाँग डाल दी। ढींगरा का 'इंडिया हाउस' को छोड़कर लंदन के दूसरे छोर में जाकर रहना यह भी प्लान का एक हिस्सा था। उसके तथाकथित मित्र ने 'क्रोनिकल' अखबार को यह भी बताया कि ढींगरा ने हत्या करने से पहले कर्जन वायली से 10 मिंनट बात की थी। पत्रकार ने इस लेख के अंत में पुलिस को सुझाव दिया कि वह अन्य अपराधियों को पकड़ने के लिए भारतीय डिटेक्टिव्स की मदद ले।

ऊपर दिए गए विवरण पर यह प्रश्न उठता है कि तथाकथित मित्र को अगर इतना सबकुछ मालूम था तो उसने यह सब सीधे-सीधे पुलिस को क्यों नहीं बताया? क्या कारण था कि अखबार में इतनी बड़ी खबर छप जाने के बाद भी पुलिस ने कोई काररवाई नहीं की और अगर की भी होगी तो उनके हाथ सफेद झूठ ही लगा। न तो तह यह साबित कर सका कि ढींगरा का 'इंडिया हाउस' छोड़कर जाना योजनाबद्ध था और न ही ढींगरा ने कर्जन वायली से 10 मिनट बात की थी। वह किस इंडियन डिटेक्टिव को जाँच सौंपने की बात कर रहा था? कहीं उसका इशारा 'इंडिया हाउस' की तरफ तो नहीं था? इंडियन डिटेक्टिव गलती से छप गया होगा, वरना ब्रिटिश धरती

पर इंडियन डिटेक्टिव की बात कुछ समझ में नहीं आती।

वी.एन. दत्ता का कहना था कि ढींगरा कहीं मकसद से गुमराह न हो जाए और उसके मानसिक तनाव को कम करने के लिए उसे भाँग का सेवन करवाया गया था। ढींगरा कहीं घटनास्थल से डरकर भाग न जाए—ऐसी सोच एक कमजोर मानसिक्ता की उपज थी और सच्चाई से कोसों दूर। ढींगरा क्यों भागता? उसने तो खुद टारगेट का चयन किया था। उसके दिमाग में उस समय क्या चल रहा था, इसे उसके सिवा कोई नहीं जानता था। क्षण भर के लिए भी कोई उसकी मनोस्थिति को भाँप नहीं पाया था, क्योंकि वह बुलंद हौसले और निश्चय कर अपने लक्ष्य की प्राप्ति के लिए इंपीरियल इंस्टीट्यूट में दाखिल हुआ था। उसके मन में अपने लक्ष्य के प्रति किसी प्रकार का द्वंद्व नहीं था, क्योंकि वह अपने कार्य के लिए किसी बाहरी व्यक्ति के दबाव या किसी क्रांतिकारी संगठन के हुक्म का गुलाम नहीं था, जैसाकि इतिहासकार उसे दरशाते हैं। अगर ऐसा होता तो शायद वह एक अन्य प्रकार के मानसिक दबाव में दिखाई देता और कुछ बेतुकी हरकत कर जाता। वह अपने कार्य के लिए किसी के प्रति उत्तरदायी नहीं था, इसीलिए वह निडर और बेखौफ घूम रहा था। उसके मन में क्या चल रहा था, यह तो वही जानता था, लेकिन इतना जरूर है कि वह किसी डर या दबाव में बिलकुल नहीं था। अगर उसने भाँग का सेवन कर रखा होता तो शायद वह पार्टी के स्थान पर अस्पताल में होता। हाँ, उसने नशा जरूर कर रखा था, लेकिन यह नशा भारत को आजादी दिलाने के ख्वाब का था, और उसकी अपनी मानसिक विचारधारा का था। वह आजादी के जुनून में इस कदर खोया था कि उसे तो अपनी भी सुध-बुध नहीं रही थी। वह अपने खयालों की दूसरी दुनिया में चला गया था, जहाँ जीवन और मौत में कोई अंतर नहीं रह जाता। ढींगरा एक असाधारण शख्सियत का मालिक था, जिसने अपनी जवानी और उज्ज्वल भविष्य को अपने देश की आजादी के लिए न्योछावर कर दिया। उसके नशे को समझनेवालों की जरूरत थी।

कर्जन वायली एक ऐसा ऑफिसर था, जो भारतीय विद्यार्थियों को गुमराह करता था। 'इंडिया हाउस' में उसके खिलाफ बड़ा रोष था। इसी कारण श्यामजी कृष्णवर्मा को भारत छोड़ना पड़ा था। वह ढींगरा के निजी मामले में भी दखलंदाजी कर रहा था। यही नहीं, वह ढींगरा के परिवार का

घनिष्ठ मित्र था, जो अंग्रेजों के चापलूस थे। शायद कर्जन वायली की हत्या के पीछे यही कारण रहे होंगे, लेकिन यह कहना कि ढींगरा का कार्य किसी सुनियोजित राजनीतिक योजना का हिस्सा था, यह एक इल्जाम के अलावा कुछ नहीं है।

कहना बड़ा आसान है, कर गुजरना बड़ा कठिन। जरा सोचकर देखें कि ढींगरा किस तरह के पारिवारिक वातावरण में पैदा और बड़ा हुआ था। उसका सारा परिवार अंग्रेजों का चापलूस और निष्ठावान उपासक था। जब कभी भी घर में किसी विषय पर वार्त्तालाप होता होगा तो अंग्रेजों की सराहना ही की जाती होगी। ऐसे माहौल में मदनलाल का तो हर पल दम घुटता होगा। न चाहते हुए भी वह हर दिन आत्मग्लानि का घूँट भरता होगा। लंदन आकर उसके दबे हुए जज्बातों को 'इंडिया हाउस' में एक नई दिशा मिली। सावरकर की रहनुमाई में उसे एक नई रोशनी दिखाई दी और उसने उसका अनुसरण करते हुए मंजिल को हासिल करने का विकल्प खोज निकाला। 1 जुलाई की घटना इसका उदाहरण थी।

धनंजय कीर भी मदनलाल ढींगरा को अस्थिर और चंचल स्वभाववाला व्यक्ति दरशाते हैं। उनके अनुसार 'ढींगरा को इससे पहले भी एक बार यह कार्य सौंपा गया था, लेकिन वह चूक गया था, इसलिए इस बार सावरकर ने उसे चेतावनी देकर भेजा था।' कीर का यह कथन किसी भी हिसाब से ठीक नहीं बैठता। उसने शायद वीर सावरकर के चरित्र को उभारने के उपलक्ष्य में ढींगरा के चरित्र का चीर-हरण कर दिया था। सरकारी दस्तावेज बताते हैं कि कोरेगाँवकर और अय्यर की ढींगरा से जान-पहचान थी। इन दोनों ने ढींगरा से जेल में मुलाकात करने की इच्छा भी जाहिर की थी। ये दोनों उसके अच्छे जानकार थे और कुछ नहीं। इसमें कोई शक नहीं रह जाता कि ढींगरा ने इस घटना को अपनी मरजी से अंजाम दिया था। वह किसी साजिश या क्रांतिकारी संगठन का नुमाइंदा नहीं था और न ही किसी के हाथ की कठपुतली। हम इस नतीजे पर पहुँचते हैं कि ढींगरा की योजना उसकी अपनी थी और इसमें कोई और शामिल नहीं था। इसके बारे में उसने किसी और को नहीं बताया था। अगर सावरकर और उनके साथियों की मदनलाल ढींगरा के साथ इस कार्य में रत्ती भर भी साँठ-गाँठ होती तो शायद उनका भी वही हाल होता, जो अकसर साजिश में शामिल लोगों का हुआ करता था।

सावरकर बड़े सुलझे हुए और निडर नेता थे, जो हर पल अपने साथियों के लिए जान न्योछावर करने को तत्पर रहते थे। वे ढींगरा की गिनती अपने सबसे करीबी साथियों में करते थे। मदनलाल का आज इतिहास में जो कुछ नाम जिंदा बचा है, इसमें सावरकर का बहुत बड़ा हाथ है। वही एक ऐसे व्यक्ति थे, जिन्होंने 5 जुलाई की भरी सभा में मदनलाल ढींगरा को दोषी कहने पर बवाल खड़ा कर दिया था। उन्हीं की बदौलत ढींगरा की आखिरी स्टेटमेंट 'द चैलेंज' जग-जाहिर हो सका।

इस सिलसिले में सुरेंद्रनाथ बनर्जी लिखते हैं कि 4 जुलाई को 'रिफॉर्म क्लब' में भारतीयों द्वारा एक मीटिंग बुलाई गई थी, जिसमें बहुत से भारतीय विद्यार्थी शामिल हुए थे, उनमें सावरकर भी थे। यह वही सावरकर थे, जिन्होंने दूसरे दिन की मीटिंग में बड़ा हंगामा खड़ा कर दिया था। उसने ब्रिटिश प्रधानमंत्री ऐसक्विथ के इस कथन कि 'भारत में एक बड़ी साजिश पनप रही थी' पुरजोर शब्दों में अलोचना की, क्योंकि इस बयान का सीधा मंतव्य यह ठहरता था कि ढींगरा भी उसी गैंग का एक सदस्य था। उन्होंने प्रधानमंत्री के इस बयान को चुनौती दे डाली थी। 'द टाइम्स' ने भी उस समय प्रधानमंत्री को सही ठहराया था, लेकिन यह सब ढींगरा से गहन पूछताछ के बाद गलत साबित हो गया था।

इसी प्रकार बिपिनचंद्र पाल, जो क्रांतिकारी गतिविधियों को बढ़ावा देनेवालों में समझे जाते थे और बहुत से विदेशी क्रांतिकारी उन्हें अपना आदर्श मानते थे, लेकिन वे भी ढींगरा के द्वारा किए गए कार्य की निंदा करते दिखाई दिए। उन्होंने लंदन में भरी सभा में ढींगरा के कार्य की आलोचना की। उन्होंने इसे नादान, नासमझ और गैर-जिम्मेदाराना हरकत कहा, लेकिन कहीं भी उन्होंने इसे एक संगठित योजना कहकर संबोधित नहीं किया। बिपिनचंद्र पाल और सावरकर लंदन में कुछ दिनों इकट्ठे रहे थे।

धर्मवीर लिखते हैं कि 'इंडिया हाउस' के बारह सदस्य 4 जुलाई को इकट्ठे हुए और उन्होंने सावरकर के कार्य की सराहना की। इसमें अय्यर, सावरकर, जी.एस. वर्मा, हैदर रजा, एस.एम. मास्टर इत्यादि उपस्थित थे। उस समय ऐसी मीटिंग का होना, जब चारों तरफ ब्रिटेन में पुलिस हर वांछित व्यक्ति को खोज रही हो, संभव नहीं है। हो सकता है कि यह सब गुप्त रूप से इकट्ठे हुए हों और ऐसे विचार प्रकट किए हों। सावरकर और उनके साथियों

के लिए इस घटना के बाद इंग्लैंड में रहना और काम करना मुश्किल ही नहीं, असंभव हो गया। ढींगरा का यह अकस्मात् कारनामा 'इंडिया हाउस' के सदस्यों के लिए एक बहुत बड़ा झटका था। इसने एक तो ब्रिटेन में आ रहे भारतवासियों का आशियाना छीन लिया और 'इंडिया हाउस' के सदस्यों के जमघट को सदा के लिए तितर-बितर कर दिया था। 'इंडिया हाउस' 'नेशनल इंडियन एसोसिएशन' के बराबर खड़ी होनेवाली इकलौती संस्था थी, जिसने उसकी प्रतिष्ठा को कड़ी प्रतिस्पर्धा दे रखी थी। 'इंडिया हाउस' किसी तरह की वीभत्सता उत्पन्न किए बिना इंग्लैंड में अपनी पैठ जमाने, भारत में अपने क्रांतिकारी सहयोगियों को आर्थिक, साहित्यिक, और यहाँ तक कि गुप्त तरीके से हथियारों तक की सहायता प्रदान करने में सफल हो रहा था। ऐसे में ढींगरा ने अकस्मात् इस घटना को अंजाम देकर उनको बेखबर असमंजस में फँसा दिया।

इन सारी घटनाओं का विस्तार से विश्लेषण करने के पीछे एक ही उद्देश्य था—ढींगरा की धूमिल छवि को उजागर करना। समाज, इतिहासकार और यहाँ तक कि उसके परिवार ने भी उसके चरित्र को क्षति पहुँचाने में कोई कसर नहीं छोड़ी। किसी ने उसे भंगेड़ी बना दिया तो किसी ने अमीर बाप की बिगड़ी औलाद! किसी ने उसके द्वारा लिये गए निर्णय को गैर-जिम्मेदाराना हरकत कहा तो किसी ने घर आए मेहमान से किया गया विश्वासघात! किसी ने उसे क्रांतिकारियों के रंगमंच का एक मोहरा बना दिया, जो कठपुतली की तरह किसी और के इशारे पर नाचता रहा, तो किसी ने उसे बुजदिल करार दे दिया, जो आत्महत्या करके अपनी जान छुड़ाना चाहता था। वास्तव में ढींगरा पर लगाए गए ये सब दोष मनगढ़ंत, निराधार, कुंठित और काइयाँ व्यक्तियों की साजिश की उपज थे, जिनका शिकार एक नौजवान देशभक्त मदनलाल ढींगरा हुआ। जहाँ अंग्रेजी सरकार अपनी छवि सुधारने में लगी थी तो जीवनी लिखनेवाले अपने नायक के चरित्र को उभारने में। कोई सरकार को खुश करने में तो कोई अपनी परिस्थिति सँभालने में; कोई अपने नाम और शान को बरकरार रखने में जुटा था तो कोई सरकार बचाने में; किसी को अंग्रेजी समुदाय को खुश करना था तो किसी को कौम का दम भरना था। हर किसी को अपना-अपना रोना, रोना था। लेकिन अफसोस, हरेक को एक ही कंधा दिखाई दिया और सभी ने उसी पर बंदूक

रखकर अपने-अपने पाप धो डाले और एक बेकसूर को गुनहगार घोषित कर दिया। ये सब यह भूल गए कि वह तो महज एक देशभक्त था, जिसने अपनी मातृभूमि की आजादी का सपना देखा था और उसे साकार करने के लिए अपनी जान की बाजी लगा दी। उस वक्त तक न तो लोग इस प्रकार की क्रांति के लिए तैयार थे और न ही आतंकी घटना के प्रति उनकी सहानुभूति रही थी। यही कारण था कि उपद्रवियों और उग्रवादी विचारधारा को कभी भी अत्यधिक समर्थन प्राप्त नहीं हो सका और यह कभी भी बड़े पैमाने पर विशाल जनसमूह को अपनी ओर आकर्षित न कर सकी। शायद यही वजह थी कि ढींगरा द्वारा रचित आतंक का खेल आम जनता और उस समय के नेताओं की सहानूभूति हासिल न कर सका। इसमें कोई शक नहीं कि सावरकर का ढींगरा के जीवन पर गहरा प्रभाव था। उन्होंने ही ढींगरा को राजनीति में प्रवेश करवाया और साधारण एवं एक दिशाहीन युवक को एक राह दिखाई थी। ढींगरा एक ऐसा शिष्य निकला, जो राजनीति के युद्धक्षेत्र में अपने गुरु से भी आगे निकल गया और हँसते-हँसते अपने देश की खातिर शहीद हो गया। ढींगरा के बलिदान को किसी ने सराहा या नहीं, कोई समझा या नहीं, किसी ने उसे सम्मान दिया या नहीं—इन सब बातों से उसकी शहादत की महत्ता कम नहीं होती।

□

8

ढींगरा, अदालत और सजा-ए-मौत

5 जुलाई को दो अलग-अलग जाँच अदालतों में गवाहों की पेशी हुई। ढींगरा तब 8 दिन के पुलिस रिमांड के तहत पुलिस हिरासत में था, इसलिए उसे अदालत में लाना उचित नहीं समझा गया। 10 जुलाई को पुलिस रिमांड की समय-सीमा खत्म हो चुकी थी और इसी दिन उसे 'ट्रायल कोर्ट' काररवाई के लिए अदालत में पेश किया गया।

वेस्टमिंस्टर पुलिस की अदालत में शनिवार 10 जुलाई, 1909 के दिन मदनलाल ढींगरा को (इरादतन हत्या) स्वेच्छा से कर्जन वायली और डॉक्टर क्वासजी लालकाका की हत्या के सिलसिले में अदालत में पेश किया गया।

सर एडवर्ड ब्रैडफोर्ड, कमिश्नर पुलिस और सर चार्ल्स मैथ्यू, डायरेक्टर पब्लिक प्रॉसिक्यूशन मजिस्ट्रेट होरेस स्मिथ के साथ विराजमान थे।

मिस्टर ए.एच. बोडकिन ने अभियुक्त के जीवन से संबंधित संक्षिप्त जानकारी से अदालती काररवाई की शुरुआत की। उसने अदालत को बताया कि ढींगरा पिछले तीन साल से लंदन में रह रहा था और यूनिवर्सिटी कॉलेज, लंदन में इंजीनियरिंग की पढ़ाई कर रहा था। उसने इन तीन सालों में तीन इम्तिहान पास किए और उसके इसे सर्टिफिकेट भी मिले।

पिछले ईस्टर से वह मिसेज हैरिस के घर 108, लैडबरी रोड, बेजवाटर में रह रहा था। वकील ने अदालत को बताया कि ढींगरा इसी वर्ष की 23 जनवरी को हैटन गार्डन, पोस्ट ऑफिस में रिवॉल्वर का लाइसेंस प्राप्त करने

के लिए गया था। उसने कोल्ट रिवॉल्वर खरीदा था, जिसका उसने 1 जुलाई की रात को घटना को अंजाम देने के लिए उपयोग किया। उसने 'फनलैंड' में पिस्तौल चलाने का निरंतर प्रशिक्षण प्राप्त किया, जो टोटनहैम कोर्ट रोड में स्थित था। वहाँ इसने रिवॉल्वर चलाने में काफी दक्षता हासिल कर ली थी। 1 जुलाई की दोपहर को भी वह वहाँ अभ्यास करने गया था। इसने 12 गोलियाँ निशाने पर चलाईं और फिर पिस्तौल की गोली वाली नाल को साफ करवाया, ताकि उसे दोबारा आसानी से इस्तेमाल किया जा सके। उसके पास से एक और बेल्जियन पिस्तौल बरामद हुई थी, जिसकी कार्य क्षमता कोल्ट रिवॉल्वर से मिलती-जुलती थी। इसके इलावा इसके पास से एक चाकू मिला था। इन तीन खतरनाक हथियारों से लैस होकर यह उस रात 'नेशनल इंडियन एसोसिएशन' में पार्टी मनाने के लिए गया था। इसके पश्चात् बोडकिन ने वारदात के बारे में विस्तार से अदालत को बताया। उसने ढींगरा के कमरे से मिली वे दो तसवीरें भी प्रस्तुत कीं। एक—जिसमें भारतीय विद्रोहियों को तोप की नली में डालकर उड़ाते हुए दरशाया गया था और दूसरी वह तसवीर, जिसमें कर्जन के नीचे लिखा हुआ था—'हीथन डॉग'। वकील ने आगे बताया कि ढींगरा पिछले कई दिनों से इस घटना को अंजाम देने की योजना तैयार कर रहा था और इसके लिए उसने भारत और भारतीयों की परिस्थितियों को कारण बनाया था।

इसके बाद सर लैसले प्रॉबिन, जो आनसलो स्क्वायर में रहता था, पहली बार अपनी गवाही देने के लिए अदालत मे पेश हुआ। इससे पहले की अदालती काररवाई में वह हाजिर नहीं हुआ था। वह 1 जुलाई को घटित घटना के दिन इंपीरियल इंस्टीट्यूट में उपस्थित था। उसने अदालत को बताया कि वह कर्जन वायली को पिछले कई वर्षों से जानता था और उस रात उसने उसे और लेडी वायली दोनों को इंपीरियल इंस्टीट्यूट की पार्टी में देखा था। जब वह वापस जाने की तैयारी में था तो उसने गोलियाँ चलने की आवाज सुनी। पहले तीन या चार और फिर दो और गोलियाँ चलने की आवाज सुनाई दी। उसने ढींगरा को तीन या चार गोलियाँ चल जाने के बाद देखा। उसके हाथ में पिस्तौल थी, लेकिन यह किसी दिशा की ओर केंद्रित नहीं थी। एक बार फिर इसने गोलियाँ चलाईं और पिस्तौल अपनी कनपटी पर रख ली। वह तेजी से उसकी ओर भागा और उसके हाथों को पकड़ लिया और पिस्तौल पर काबू

पा लेने में सफल हुआ। उसने तब तक उसका हाथ न छोड़ा, जब तक वह गिर न गया। उसे याद है कि एक भारतीय सज्जन पुरुष मिस्टर सिन्हा ने उसकी इस कार्य में मदद की थी। गवाह ने आगे बताया कि ढींगरा ने काफी देर अपने आपको छुड़ाने का प्रयास किया था और इसी दौरान उसकी नाक और पसलियों में चोट आ गई थी। उसके बाद उसको जहाँ तक याद है, सिन्हा और ढींगरा में कुछ बातचीत हुई थी और पुलिस के आने पर उसे उनके सुपुर्द कर दिया था।

फिर ढींगरा से पूछा गया कि क्या वह गवाह से कोई सवाल पूछना चाहता है! इस पर ढींगरा ने गवाह द्वारा उसके लिए इस्तेमाल किए गए 'कातिल' (मर्डरर) शब्द पर ऐतराज जताया और पूछा कि अगर इसी घटना को किसी अंग्रेज ने अंजाम दिया होता तो क्या वह ऐसे शब्द का प्रयोग करता?

पर उसकी बात को नजरअंदाज कर दिया गया और अगले गवाह सिन्हा को गवाही देने के लिए बुलाया गया। उसने 5 जुलाई को अदालत में दिए गए बयान को दोहरा दिया। इस पर ऐतराज जताते हुए ढींगरा ने कहा, 'यह व्यक्ति मेरे देश के प्रति गद्‌दार है।' लेकिन इस बार भी उसकी बात को अनसुनी कर दिया गया। इसके पश्चात् सर थॉरबर्न ने गवाही दी और फिर मिस जोसिफिन ऐमा बैक ने। क्वासजी जहाँगीर ने भी अदालत में पहली बार दिए गए बयान को दोहराया। जान स्टैनटोन मोर्ले जो 'फनलैंड' का मालिक था, अदालत में इस केस से संबंधित गवाही देने के लिए आया। उसने अदालत को बताया कि टोटनहैम के 'फनलैंड' में राइफल तथा पिस्तौल का अभ्यास करने की पूरी व्यवस्था थी। वहाँ लोग अकसर निशाना साधने का अभ्यास करने के लिए आया करते थे। उसने ढींगरा को पहचानते हुए अदालत को बताया कि वह पिछले तीन महीने से वहाँ रिवॉल्वर के अभ्यास के लिए आया करता था। लगातार अभ्यास करने से वह पिस्तौल से अन्य लोगों की अपेक्षा अधिक सटीक तथा अधिक तेजी से गोलियाँ चला सकता था। 1 जुलाई के दिन भी वह वहाँ आया था और उसने 12 गोलियाँ चलाई थीं। लौटने से पहले उसने अपनी पिस्तौल को साफ करने के लिए कहा था।

इसके बाद अदालत में ढींगरा द्वारा 1 जुलाई को अभ्यास के दौरान इस्तेमाल किया गया 'टॉरगेट' दिखाया गया। 12 में से 11 गोलियाँ 'निशाने'

(टॉरगेट) पर लगी थीं। आठ गोलियाँ तो एक हाथ के दायरे के अंदर लगी हुई थीं।

इसके बाद आर.एस. ट्रैवर ने अपनी गवाही दी और पोस्टमार्टम रिपोर्ट के बारे में अदालत को बताया। इसी तरह डॉक्टर थॉमस नैविले ने बताया कि उसने सर कर्जन का पोस्टमार्टम किया था। उसकी मौत का कारण दिमाग में चोट थी, जो गोलियों के कारण आई थी।

मिसेज हैरिस ने अदालत को बताया कि उसने ढींगरा के कमरे में कभी हथियार नहीं देखे थे। एक बार उसने एक कारतूस पड़ा हुआ देखा था तो उसकी सूचना पुलिस को दे दी थी।

फ्रैंक ऐवले ने बताया कि 'सर लेसले प्रॉबिन ने मुझे एक कोल्ट पिस्तौल पकड़ाई और मैंने उसी वक्त उसका निरीक्षण किया। कोल्ट में एक जिंदा गोली बची हुई थी। इसकी मैगजीन में आठ गोलियाँ डाली जा सकती थीं। कैप्टन ने मुझे बेल्जियन पिस्तौल, एक चाकू और बहुत से कागज दिए थे। बेल्जियन पिस्तौल में छह गोलियाँ थीं। ढींगरा के वेस्ट कोट की जेब में से 5 कारतूस मिले थे।

इस पर ढींगरा बोला, ''उन कागजों में दो अखबारों की कतरन भी थी।''

फ्रैंक ऐवले ने 'हाँ' में उत्तर दिया।

इस पर मिस्टर बोडकिन ने कहा कि अखबारों की कतरन को प्रस्तुत किया जाए और अगर ढींगरा देखना चाहता है तो इसे दिखा दिया जाए।

ढींगरा ने 'नहीं' में सिर हिला दिया।

एलबर्ट ड्रेपर ने अदालत को बताया कि वह सुबह के 3 बजे अपने तीन ऑफिसर्स के साथ 108, लैडबरी रोड ढींगरा के कमरे की तलाशी लेने गया था। वहाँ पर उसे कुछ कारतूस और एक मैगजीन मिली, जिसमें 7 गोलियाँ भरी हुई थीं। वहाँ पर बंदूक का लाइसेंस भी मिला, जो उसे जनवरी में जारी किया गया था। उसे कर्जन वायली द्वारा ढींगरा को लिखा पत्र भी मिला। इसके अलावा उसके सर्टिफिकेट्स भी मिले, जिनमें यूनिवर्सिटी कॉलेज तथा पंजाब यूनिवर्सिटी का सर्टिफिकेट भी शामिल था। एक बक्से में से, जिसे ताला लगा हुआ था, ढींगरा द्वारा लिखी गई स्टेटमेंट मिली थी। यह उसके घटना के समय प्राप्त किए गए हस्तलिखित बयान से मेल खाती थी।

डिटेक्टिव मैक ब्रायन ने ढींगरा के कमरे से प्राप्त की गई तसवीरें अदालत को दिखाईं। (उनका मुख्य भाग नीचे की तरफ रखा गया था, ताकि कोई और देख न सके।)

मिस्टर होरेस स्मिथ ने ढींगरा से अपनी सफाई में कुछ कहने को कहा। उसने कहा कि वह जो कुछ कहना चाहता था, उसने अपनी स्टेटमेंट में लिख रखा है और वह अब अदालत के पास है।

ढींगरा की जेब से मिलनेवाली और उसके घर से बरामद की गई स्टेटमेंट्स की कॉपी, दोनों को अदालत के कहने पर 'सीलबंद' कर दिया गया और इनमें क्या लिखा गया था, कभी दिखाया नहीं गया।

जज ने एक बार फिर उससे पूछा कि क्या वह अदालत से कुछ कहना चाहता है?

ढींगरा ने एक बार फिर अनुरोध किया कि उसके कमरे से मिली बयान की कॉपी अदालत में पढ़ दी जाए। वह जो कहना चाहता था, उसमें सब लिखा है।

जज ने फिर कहा, "अगर तुम कुछ कहना चाहते हो तो कहो। उसमें क्या लिखा है, उसको छोड़ो।"

ढींगरा ने तपाक से जवाब दिया, "मेरे बयान का पेपर तो मेरी जेब में से लिया गया था।"

जज ने भी तल्खी से जवाब दिया "मैं नहीं जानता कि तुम्हारी जेब से क्या लिया गया था और क्या नहीं! अगर तुम्हें इसके सिवाय कुछ कहना है तो ज्यूरी से अभी कह लो। इससे पहले तुमने क्या लिखा था, वह सब इस केस में सबूत के तौर पर स्वीकार नहीं किया जा सकता।"

ढींगरा ने कहा, "मैं अपने बचाव में कुछ नहीं कहना चाहता, लेकिन मुझे अपने कार्य को न्यायोचित सिद्ध करने के लिए अवश्य कुछ कहना है। मेरा मानना है कि किसी भी बर्तानवी अदालत को मुझे कैद करने या मुझ पर मुकदमा चलाने और मुझे मौत की सजा का फैसला सुनाने का कोई अधिकार नहीं है। यही कारण है कि मैंने अपने बचाव पक्ष के लिए कोई वकील नहीं किया। मेरा यह कहना है कि अगर एक ब्रिटिशवासी का अपने देश की आजादी के लिए जर्मनी के खिलाफ लड़ना उचित है, जिसने उसकी मातृभूमि को कब्जे में कर रखा हो, तो मेरा अपने देश की आजादी के लिए उस अंग्रेज

से लड़ना अधिक देशभक्ति का प्रमाण है और न्यायसंगत है।

"मैं अंग्रेजों को पिछले 50 सालों में भारत के आठ करोड़ लोगों का कातिल मानता हूँ। वे भारत की धरती से प्रतिवर्ष 1,00,00,00,000 (एक अरब) रुपया अपने देश ले जाते हैं। मैं उन्हें भारत के देशभक्तों को यातनाएँ देने, फाँसी पर लटकाने और देश निकाले की सजा देने का दोषी ठहराता हूँ; एक सच्चा देशभक्त वही करता, जो ऐसे में एक अंग्रेज करता; जो अंग्रेज लोग अपने देश को छोड़कर 100 पाउंड प्रतिमाह की तनख्वाह के लिए भारत में नौकरी करने जाते हैं, वे यह नहीं जानते कि एक अंग्रेज 1,000 भारतीयों की जीविका छीन रहा है। जितना पैसा एक अंग्रेज अपने ऐशो-आराम पर एक महीने में खर्च करता है, उतने पैसे से 1000 भारतीयों का महीने भर का निर्वाह हो सकता है।

"जिस प्रकार जर्मनी को कोई हक नहीं बनता कि वह इंग्लैंड पर कब्जा कर ले, उसी प्रकार अंग्रेजों को भारत पर कब्जा करने का कोई हक नहीं बनता। इस लिए, हम लोगों के लिए अंग्रेजों को मार गिराने में, जो हमारी पवित्र धरती को अपवित्र कर रहे हैं, कोई अपराध नहीं है।

"मैं तो अंग्रेजों के पाखंडीपन, धोखाधड़ी और दोहरी नीति पर बड़ा हैरान हूँ। खास तौर पर तब, जब वे अपने आपको कांगो और रूस की मानवता पर हो रहे अत्याचार को खत्म करनेवाला नायक बतलाते हैं, जबकि भारत में मासूम, बेगुनाह लोगों पर बर्बर अत्याचार और जुल्म ढाए जा रहे हैं। उदहारण के लिए, भारत में प्रति वर्ष बीस लाख से भी ऊपर लोग मारे जाते हैं और हमारी औरतों को अपमानित किया जाता है।

"अगर इस धरती पर जर्मनी कब्जा कर ले और एक अंग्रेज किन्हीं एक या दो जर्मन को मार दे, जिन्होंने यहाँ की गलियों पर कब्जा कर रखा हो, तो वह अंग्रेज एक बहुत बड़ा देशभक्त समझा जाएगा। इसी प्रकार मैं भी एक देशभक्त हूँ और अपनी मातृभूमि को आजाद करवाने के लिए अपने प्राण उत्सर्ग कर रहा हूँ। इससे अधिक मुझे जो कुछ कहना है, वह सब मैंने अपने बयान में लिख दिया है, जो अब अदालत के पास है।

"मैंने यह बयान इसलिए नहीं दिया कि मैं जान की भीख माँगना चाहता हूँ या इस अदालत से किसी प्रकार की दया की अपेक्षा रखता हूँ। मेरी तो यही इच्छा है कि अंग्रेज लोग मुझे मौत की सजा दें, क्योंकि ऐसा करने

से मेरे देशवासियों में उनके खिलाफ विद्रोह की भावना और भी प्रबल हो उठेगी। मैं यह बयान अपने साथ हुए न्याय के संदर्भ में दे रहा हूँ और इसे अपने शुभचिंतकों तक पहुँचाना चाहता हूँ, जो जर्मनी और अमेरिका में रह रहे हैं। इससे अधिक मुझे और कुछ नहीं कहना।''

इसके बाद ढींगरा को वहाँ से जेल भेज दिया गया। अदालत की इस सारी काररवाई के दौरान ढींगरा ने अपना धैर्य और शांत स्वभाव बनाए रखा।

सजा-ए-मौत

23 जुलाई को मदनलाल ढींगरा को क्रिमिनल कोर्ट ऑफ ओल्ड बेले में इंग्लैंड के लॉर्ड चीफ जस्टिस लॉर्ड ऐवरस्टोन के समक्ष अंतिम बार पेश किया गया।

23 जुलाई, 1909 को इस अदालत में दो मुकदमे सुनवाई के लिए आए। पहला मुकदमा आर्थर फ्लैचर हौर्सले पर 'इंडियन सोशियोलॉजिस्ट' पत्रिका को छापने के आपराधिक जुर्म के संदर्भ में चलाया गया था। सरकार की नजर में यह पत्रिका गैर-कानूनी, विद्वेषपूर्ण और राजद्रोहात्मक थी, जिसने भारत सरकार और उसके शासन के खिलाफ जालसाजी की और षड्यंत्र रचा था।[111]

दूसरा मुकदमा मदनलाल ढींगरा का था, जिस पर एक ब्रिटिश अफसर कर्जन वायली और एक भारतीय डॉक्टर लालकाका की हत्या का आरोप था।

आर्थर फ्लैचर हौर्सले पर 'इंडियन सोशियोलॉजिस्ट' पत्रिका को छापने के आपराधिक जुर्म में चार महीने की कैद की सजा सुनाई गई।

इसके पश्चात् ढींगरा के केस की सुनवाई शुरू हुई। जब ढींगरा का मुकदमा शुरू हुआ, तब अदालत लोगों से भर चुकी थी।

एटॉर्नी जनरल ने अपने बयान में कहा कि अपराध पूर्व-नियोजित और विशेष लक्ष्य को हासिल करने के उपलक्ष्य में किया गया था।

काररवाई शुरू करने से पहले कॉरोनर की अदालत में मदनलाल ढींगरा के ऊपर लगाए गए आरोप पढ़े गए। अदालत को बताया गया कि जब उसे कर्जन वायली और लालकाका की हत्या के लिए अपराधी करार दिया गया तो उसके जवाब में ढींगरा ने अदालत को यह बयान दिया, ''पहले तो मैं यह बता दूँ कि मेरे खिलाफ यह फैसला करने का इंग्लैंड की अदालत को कोई

हक नहीं है। मैंने जो कुछ भी किया, देशभक्ति की भावना से प्रभावित होकर किया और यह न्याय की दृष्टि से न्यायसंगत भी है। मैं जो कुछ भी कहना चाहता हूँ, वह अदालत के पास पहले ही मौजूद है।'' उसका इशारा उसकी जेब से मिले दस्तावेज की तरफ था।

क्लर्क ऑफ आँरेन ने मदनलाल ढींगरा से कहा, ''अब प्रश्न यह है कि तुम अपना गुनाह कबूल करते हो कि नहीं?''

ढींगरा, ''मेरे विचार के अनुसार मैं गुनहगार नहीं हूँ। मैं जो कुछ भी कहना चाहता था, वह मैंने अपने बयान में लिख दिया है, लेकिन वह मुझसे छीन लिया गया।''

लॉर्ड चीफ जस्टिस ने क्लर्क को 'नॉट गिल्टी' नोट करने को कहा, क्योंकि उसने क्वासजी लालकाका की हत्या के लिए 'नॉट गिल्टी' कहा, फिर ढींगरा से पूछा कि उसने अपने बचाव पक्ष में कोई वकील क्यों नहीं किया?

उसने 'नहीं' में जवाब दिया।

इसके बाद अदालत की काररवाई को एटॉर्नी जनरल सर विलियम राब्सन, मिस्टर बोडकिन, मिस्टर रौलेट और मिस्टर लेसेस्टर ने आगे बढ़ाया और गवाहों से पूछताछ की।

मिसेज हैरिस ने फिर अपना बयान दोहराया कि ढींगरा उसके घर के ग्राउंड फ्लोर में रहता था। 1 जुलाई को वह दो बजे के करीब घर से गया और रात के आठ बजे के करीब लौटा। कुछ देर रुकने के बाद वह फिर तैयार होकर चला गया। उसने साधारण कपड़े पहने हुए थे। सिर पर पगड़ी रखी हुई थी और वह टैक्सी से गया था।

लॉर्ड चीफ जस्टिस ने ढींगरा से पूछा, ''तुम्हें इस संबंध में कुछ पूछना है?''

उसने कहा, ''मैं कुछ पूछना नहीं चाहता, लेकिन मैं कुछ कहना चाहता हूँ।''

''तुम जो चाहो, आखिर में कह सकते हो। अभी यह बताओ कि तुम्हें इससे कुछ पूछना है।''

''नहीं, मुझे कुछ नहीं पूछना।''

इसके बाद विलियम बर्रो ने, जो गैमेज कंपनी में असिस्टेंट था, अदालत

को बताया कि 26 जनवरी को ढींगरा ने उनकी कंपनी से ऑटोमैटिक कोल्ट पिस्तौल तीन पाउंड और पाँच शिलिंग में खरीदी थी। उसने अदालत को ढींगरा के नाम पर जारी किए गए बंदूक के लाइसेंस का रजिस्टर भी पेश किया।

हैनरी स्टेशन मौर्ले ने अदालत को बताया कि ढींगरा ने पिछले तीन महीने से उनकी चाँदमारी के क्षेत्र में रिवॉल्वर से अभ्यास करना शुरू किया था। वह हफ्ते में दो या तीन बार अभ्यास के लिए आया करता था। वह अपनी पिस्तौल से ही अभ्यास करता था। हर बार वह 12 गोलियाँ ही चलाया करता था। उसने निशाना लगाने में काफी दक्षता हासिल कर ली थी। 1 जुलाई को वह साढ़े पाँच बजे के करीब आया और वही 12 गोलियाँ चलाईं।

पुलिस कांस्टेबल ने जहाँगीर हॉल का पूरा नक्शा अदालत को पेश किया।

इसके बाद मिस बैक ने अदालत को अपना बयान दिया। उसने वही किस्सा दोबारा दोहराया। उसने बताया, ''मैं 'नेशनल इंडियन एसोसिएशन' में सेक्रेटरी के पद पर कार्यरत हूँ। इंग्लैंड की महारानी इस संस्था की संरक्षिका हैं। लेफ्टिनेंट कर्नल सर विलियम कर्जन वायली इस संस्था की परिषद् के माननीय सदस्य और खजांची हैं। इस संस्था का मुख्य उद्देश्य इंग्लैंडवासियों के भारत से आए लोगों से आपसी संबंध को बढ़ाना था और इस संदर्भ में संस्था सदस्यों में आपसी वार्त्तालाप और मनोरंजन का आयोजन करती थी। मैं ढींगरा को पिछले मार्च से जानती हूँ। मई के महीने में मैंने उसे मिलने को कहा था, लेकिन वह नहीं आया। मैंने उसे इंपीरियल इंस्टीट्यूट के जहाँगीर हॉल में 1 जुलाई को आयोजित होने वाले मनोरंजन समारोह में आने का निमंत्रण-पत्र भेजा था। मैंने उसे 9 बजे के करीब आते देखा। उसके बाद कोई साढ़े दस बजे उससे मेरी बात हुई। मेरी उससे कोई आधा घंटा बातचीत हुई। मैंने उसके व्यवहार में कोई बदलाव नहीं देखा। वह पहले की तरह शांत था। मैंने उससे पूछा कि फिलहाल वह क्या कर रहा है। उसने बताया कि वह अपने यूनिवर्सिटी कॉलेज में पढ़ाई खत्म कर चुका है और अब अक्तूबर में ए.एम.आई.सी.ई. की परीक्षा में बैठेगा और फिर वापस घर चला जाएगा। मैंने उससे कहा, फिर तो वह यहाँ पर उपस्थित कई लोगों को जानता होगा, लेकिन उसने कहा वह बहुत कम लोगों को जानता है।''

विलियम थॉरबर्न ने कहा, ''मैं 1 जुलाई को 'ऐट होम' पार्टी, जो इंपीरियल इंस्टीट्यूट में मनाई जा रही थी, उसमें उपस्थित था। 11 बजे मैं हॉल में खड़ा था। मैंने कर्जन वायली को इसके साथ बात करते देखा। इस भारतीय ने अपना दायाँ हाथ ऊपर उठाया और रिवॉल्वर से कर्जन के चेहरे पर चार गोलियाँ दाग दीं। चौथी गोली के लगते ही वे गिर गए, फिर कुछ देर के बाद दो और गोलियाँ चलने की आवाज आई। मैं यह नहीं कह सकता कि ये किस तरफ चलाई गई थीं। मैं उस भारतीय को रोकने के लिए उसकी ओर लपका। मेरे साथ अन्य लोग भी उसकी ओर बढ़े। उसका दायाँ हाथ आजाद था और हाथ में पिस्तौल थी। उसने पिस्तौल अपनी कनपटी पर रखकर गोली चलाई, लेकिन खाली पिस्तौल के चलने की आवाज ही आई। मैंने लोगों की मदद से उसे काबू में लिया और उससे पूछा, 'यह तुमने क्यों किया? यह तुमने क्या किया?' उसने बड़े धैर्य से मेरी तरफ देखा, लेकिन बोला कुछ नहीं। फिर कुछ देर पश्चात् उसने कहा, 'मुझे मेरा चश्मा पहन लेने दो'।''

इसके बाद सर लैसले प्रॉबिन ने अदालत को बताया कि वह 1 जुलाई को घटित घटना के दौरान इंपीरियल इंस्टीट्यूट में उपस्थित था। 11 बजे के करीब मैं घर जाने के लिए दरवाजे के पास पहुँचा, जब मैंने तीन या चार गोलियों के चलने की आवाज सुनी। तभी मैंने ढींगरा को दो और गोलियाँ चलाते हुए देखा, फिर उसने पिस्तौल को अपनी कनपटी पर रख दिया। मैं उसकी तरफ लपका और उसके हाथ से पिस्तौल छीन ली। कुछ देर उसने विरोध किया, जिसके कारण मैं गिर गया और मुझे नाक और पसली में चोट भी आई। पुलिस के आने पर मैंने उसको उनके सुपुर्द कर दिया और साथ में पिस्तौल भी।''

चार्ल्स रौलेस्टोन ने कहा कि मैंने गोलियों की आवाज सुनी। उसने एक गोली जान-बूझकर एक इंडियन सज्जन पुरुष पर चलाई थी। मैंने उससे परिचय माँगा। उसने कहा, 'ढींगरा, लैडबरी रोड।' मैंने उससे हिंदी में पूछा कि उसका यह अपराध करने के पीछे क्या कारण था? तो उसने बड़े धैर्य से कहा, 'इसका जवाब मैं पुलिस को दूँगा।'

फ्रैंडरिक निकोलस—''बुलाने पर मैं 11 बजे इंपीरियल इंस्टीट्यूट के जहाँगीर हॉल में पहुँचा। कई लोगों ने ढींगरा को पकड़ रखा था। मैंने उसे हिरासत में ले लिया। मैंने ढींगरा की जेबों को टटोला और कोट के अंदरवाली

दाहिने हाथ की जेब में से एक अन्य रिवॉल्वर तथा एक खंजर बरामद किया।''

फ्रैंक ऐवले ने बताया कि सर लैसले प्रॉबिन ने मुझे एक कॉल्ट पिस्तौल पकड़ाई और कैप्टन ने बेल्जियन पिस्तौल दी। बेल्जियन पिस्तौल, जिसमें छह गोलियाँ थीं।

चार्ल्स लॉस ने बताया कि ढींगरा को जान-बूझकर सर विलियम हट कर्जन वायली और डॉक्टर क्वासजी लालकाका की हत्या के इलजाम में गिरफ्त में लिया जाता है, तो उसने 'हाँ' में सिर हिलाया। मैंने उससे पूछा, क्या तुम अपने किसी साथी से संपर्क करना चाहते हो? वह बोला, ''मैं नहीं समझता कि इतनी रात को उन्हें बताना जरूरी होगा। सुबह वे यह सब जान जाएँगे।''

10 ऐलबर्ट ड्रेपर ने अदालत को बताया, ''2 जुलाई की वेस्टमिंस्टर पुलिस अदालत में वह उपस्थित था और पुलिस रिमांड के मिलने से कुछ देर पहले उसने मजिस्ट्रेट से कहा, 'मैं एक ही बात यहाँ कहना चाहता हूँ कि मैंने डॉक्टर लालकाका को स्वेछा से नहीं मारा। मैं तो उसे जानता भी नहीं था। लेकिन जब मैंने उसे अपनी तरफ बढ़ते हुए देखा तो आत्मरक्षा के लिए गोली चलाई थी'।''

डॉक्टर थॉमस नेविल ने कहा, ''मैं 1 जुलाई को इंपीरियल इंस्टीट्यूट गया और वहाँ पर मैंने सर कर्जन वायली का मृत शरीर जमीन पर पड़ा देखा। मैं ढींगरा से जेल में मिला। वह शांत और संयत था। मैंने उससे पूछा, उसे कहीं चोट तो नहीं आई? उसने कहा, नहीं। मैंने इसकी नब्ज को देखा, वह भी सामान्य तथा नियमित थी। कर्जन वायली का पोस्टमार्टम करते हुए मैंने एक गोली उसकी दाईं आँख के जख्म के पास पाई। यह गोली पीछे गरदन को चीर गई थी। दो गहरे जख्म बाईं आँख के नजदीक थे। एक पलकों के पास तथा दूसरा आँख के नीचे था। मौत का कारण दिमाग को लगी गोली थी। मौत अकस्मात् हुई होगी।''

इसके साथ ही कानूनी वाद पक्ष की काररवाई खत्म हुई।

जज ने ढींगरा की तरफ देखकर उससे पूछा, ''क्या तुम्हें कुछ कहना है और अगर कहना है तो कठघरे में आकर कहो।''

''मुझे कुछ नहीं कहना। मैं स्वीकार करता हूँ कि मैंने ही यह सब किया

था। लेकिन मैं चाहता हूँ कि मेरा लिखा हुआ बयान अदालत में पढ़ा जाए।''

''क्या तुम चाहते हो कि तुम्हारा वह स्टेटमेंट, जो तुमने पुलिस कोर्ट में पढ़ा था, यहाँ फिर पढ़ा जाए?''

ढींगरा ने 'हाँ' में सिर हिला दिया।

क्लर्क अरीयन ने उसका स्टेटमेंट पढ़ा।

''मैं अपने बचाव में कुछ कहना नहीं चाहता। किसी भी इंग्लिश कानून की अदालत को मुझे कैद करने या मुझ पर सजा-ए-मौत का फरमान सुनाने का कोई अधिकार नहीं है। यही कारण है कि मैंने अपने लिए कोई वकील नहीं किया। मैं जो कुछ कहना चाहता हूँ, वह सब मैंने अपने बयान में लिख दिया है, जो अब अदालत के पास है। मेरी इच्छा है कि अंग्रेज मुझे सजा-ए-मौत दें, क्योंकि ऐसा करने से मेरे देशवासियों में उनके खिलाफ बदले की भावना और भी प्रबल हो उठेगी। मैं यह बयान अपने लक्ष्य के साथ किए न्याय की प्रतिक्रिया के संदर्भ में दे रहा हूँ और इसे अपने शुभचिंतकों तक पहुँचाना चाहता हूँ, जो जर्मनी और अमेरिका में रह रहे हैं।''

''क्या तुम किसी गवाह को बुलाना चाहते हो?''

''नहीं, मैं सिर्फ इतना चाहता हूँ कि मेरा स्टेटमेंट यहाँ पढ़ा जाए।''

जज—''क्या तुम इसके अलावा कुछ और कहना चाहते हो?''

''मेरा एक और स्टेटमेंट है, जो मैंने पूरे पन्ने में लिखा था।''

जज—''अगर तुम कोई और स्टेटमेंट देना चाहते हो तो अभी कह लो।''

''मुझे वह सब याद नहीं।''

''अगर तुम ज्यूरी को कुछ कहना चाहते हो तो अभी कह दो। जो भी कहना चाहते हो, कह दो।''

''वह स्टेटमेंट मेरी जेब से निकाल लिया गया था।''

जज—''मुझे इससे कुछ लेना-देना नहीं कि तुम्हारी जेब में से क्या निकाल लिया गया था और क्या नहीं। तुमने जो कुछ भी पहले लिखा था, उसका इससे कोई भी संबंध नहीं है। अगर तुम ज्यूरी को कुछ कहना चाहते हो तो अभी कह डालो। जो तुमने पहले लिख रखा था और तुम्हारी जेब में था, उसे इस अदालत में सबूत नहीं माना जा सकता। तुम ज्यूरी को कुछ कहना चाहते हो तो अभी कह दो। क्या तुम कुछ कहना चाहते हो?''

"नहीं।"

लॉर्ड चीफ जस्टिस ने केस को खत्म करते हुए और फैसले की भूमिका बनाते हुए कहा, "इस केस के लिए सबको चंद सेकंड से ऊपर बिठाए रखने की जरूरत नहीं थी, क्योंकि हमने गवाहों के बयानों और प्रमाणों को ठीक ढंग से देखा और परखा था, जो हमें उचित निष्कर्ष की ओर ले जा रहे थे। मुझे सबसे यही कहना था कि वे इस संदर्भ में और कुछ नहीं कर सकते थे, क्योंकि सब जानते थे कि किसी भी तर्क के आधार पर इस अपराध को न्यायसंगत नहीं ठहराया जा सकता। अदालत उसके इस बयान को 'कि अगर कोई विदेशी इंग्लैंड की गलियों में घूमता हो तो उसे मारना तर्कसंगत है और इसीलिए उसने सर कर्जन वायली को मारकर कोई गुनाह नहीं किया', उचित नहीं मानती। हम यहाँ एक साधारण हत्या के केस की सुनवाई करने आए हैं, जिसमें एक निहायत शरीफ आदमी को, जिसने अपना सारा जीवन लोक सेवा में बिताया और भारतवासियों के उद्धार के लिए बहुत काम किया, मार दिया गया था। गवाहों के बयानों और सबूतों के आधार पर यह मालूम पड़ता है कि यह अपराध पूर्व-नियोजित था। उन्हें यह नहीं भूलना चाहिए कि मरनेवाले ने ढींगरा के भाई के आग्रह करने पर उसकी ओर दोस्ती, प्यार और हमदर्दी का हाथ बढ़ाया था। सबने अदालत की काररवाई को सुना। ढींगरा ने एक बार भी गवाहों से कोई सवाल नहीं पूछा, जबकि वह खुद इसके योग्य था और न ही उसने किसी बयान पर शक जताया। उसने पिस्तौल कुछ हफ्ते पहले खरीदी थी और उसको चलाने का अभ्यास भी करता रहा। उसने इसमें काफी दक्षता हासिल कर ली थी। यह भी पता चला है कि वह घटना के दिन दो पिस्तौल, जिनमें से एक में आठ और दूसरी में छह गोलियाँ थीं और अन्य पाँच गोलियाँ तथा एक खंजर, जो अपने आप में एक खतरनाक हथियार है, लेकर गया था। यह सारा सामान उसकी जेब से मिला था और यह सारा सामान अदालत के सामने रखा गया। अदालत को गवाहों ने बताया कि ढींगरा कर्जन वायली से बातें कर रहा था कि तभी उसने पिस्तौल से उस पर गोलियाँ चलानी शुरू कर दीं—एक साथ चार गोलियाँ, एक आँख में और एक दूसरी आँख में और दो कान के नीचे और दो उसके शरीर में। जैसाकि उनको बताया गया, मौत अकस्मात् ही हो गई। किसी ने भी अदालत को यह सलाह नहीं दी कि इसे साधारण हत्या के बदले मानव-वध कहा जाना चाहिए। न ही कुछ ऐसा

घटित हुआ था, जो यह साबित करता कि ढींगरा ने आत्मरक्षा के लिए गोली चलाई थी। इसके विपरीत ढींगरा ने कर्जन को मारने के बाद दो गोलियाँ और चलाईं, जिसने एक अन्य मासूम सज्जन पुरुष की जान ले ली। जैसाकि आज हमने सुना 'मैं डॉक्टर लालकाका को मारना नहीं चाहता था। मैंने तो सिर्फ आत्मरक्षा के लिए गोलियाँ चलाई थीं, जब वह मुझे पकड़ने के लिए आगे बढ़ा था', जो यह साफ जाहिर करता है कि उसके दिमाग में उन दो घटनाओं के प्रति किस प्रकार की अलग-अलग प्रतिक्रिया थी। उसकी दिमागी हालत बिलकुल ठीक है। उसके बरताव को देखकर भी यही लगता है कि वह मानसिक तौर पर स्वस्थ है। उसकी विचारशील गतिविधियाँ भी कुछ ऐसा ही दरशाती हैं कि वह भली प्रकार से जानता था कि वह क्या करने जा रहा है। मैं आप लोगों को पुराने बयानों के बारे में बताना नहीं चाहता, क्योंकि डेढ़ घंटा पहले आप सबने गवाहों को सुना है। उन्होंने बताया कि किस तरह ढींगरा ने अपने खतरनाक हथियार से गोली चलाई, जिसका अभीष्ट मंतव्य उसको मारना था और उसने मारा, उस मासूम भद्र पुरुष को, जो एक मित्र था और जिससे नफरत करने का इसके पास एक भी कारण नहीं था। ज्यूरी यह बताना चाहती है कि ऐसे अपराध के लिए हमारे कानून में कोई और प्रावधान नहीं है। अगर ऐसा होता तो ज्यूरी उसकी सजा निश्चित करते समय जरूर ध्यान में रखती। तथ्यों के आधार पर ज्यूरी इस नतीजे पर पहुँची है कि ढींगरा ने पिस्तौल से एक सज्जन पुरुष को गोली मारी और उसे मार दिया। सबूतों के आधार पर इस केस में एक ही निष्कर्ष निकलता है कि ढींगरा ने 'स्वेच्छा से हत्या' को अंजाम दिया।

ज्यूरी ने आपसी सलाह-मशवरे के बाद फैसला दिया कि ढींगरा 'दोषी' है।

क्लर्क ऑफ आॅरेन ने पूछा कि क्यों न उसे मौत की सजा दे दी जाए?

ढींगरा ने बड़े जोश और जोर से कहा, ताकि सभी उसे सुन सकें—"मैं आपसे बार-बार कह रहा हूँ कि मैं इस अदालत के फरमान को नहीं मानता। तुमको जो करना है, कर लो। मुझे इससे कोई फर्क नहीं पडता। तुम मुझको सजा-ए-मौत दे सकते हो। मैं मौत की परवाह नहीं करता, लेकिन याद रहे कि एक दिन आएगा, जब मेरा देश आजाद होगा। हम इतने शक्तिशाली हो जाएँगे कि हम जो चाहेंगे, कर सकेंगे। बस मैं इतना ही कहना चाहता हूँ।"

लॉर्ड चीफ जस्टिस ने अपना काला हैट पहन लिया और फिर ढींगरा की तरफ देखकर बोला, ''मदनलाल ढींगरा, मैं जानता हूँ कि मेरी कोई भी बात तुम्हें जरा भी प्रभावित नहीं कर सकती और न ही मैं कुछ ऐसा करने की चाहत रखता हूँ। मैं तो बस तुमको इतना बताना चहता हूँ कि सबूतों और गवाहों के बयानों के आधार पर अदालत तुम्हें बेगुनाह व्यक्तियों की निर्मम हत्या के लिए दोषी ठहराती है। कानून मुझे ऐसी परिस्थिति में ऐसे मुकदमे में एक ही निर्णय सुनाने की इजाजत देता है—सजा-ए-मौत।''

मदनलाल ढींगरा ने बड़े धैर्य से अपनी मौत का फरमान सुना और जज को भारतीय ढंग से सलाम करता हुआ चेहरे पर वही प्यारी मुसकान लिये निर्भीक हो ऊँचे स्वर में बोला, ''धन्यवाद मीलॉर्ड! मैं मौत की परवाह नहीं करता। मुझे इस बात का गर्व है कि मैं अपने देश की आजादी की खातिर अपने प्राण न्योछावर कर रहा हूँ।''

इसके बाद ढींगरा को वहाँ से ले जाया गया।

□

9

अंतिम-यात्रा

14 अगस्त, 1909 शनिवार को होम ऑफिस से पैंटाविला जेल में होम मिनिस्टर का फरमान पहुँचा। इसमें लिखा था कि कड़ी मेहनत और सोच-विचार के पश्चात् मदनलाल ढींगरा, जिसको सर विलियम हट कर्जन वायली तथा डॉक्टर क्वासजी लालकाका के इंपीरियल इंस्टीट्यूट में हत्या के लिए दोषी पाया गया था, उसे इस संदर्भ में अदालत ने सजा-ए-मौत की सजा सुनाई थी। सरकार अदालत द्वारा इस निर्मम हत्या के संबंध में लिये गए निर्णय को उचित ठहराती है और कानूनी काररवाई पूरी करने की सिफारिश करती है। ढींगरा को 17 अगस्त, 1909 सुबह 9 बजे के करीब फाँसी देना निश्चित किया गया।

ढींगरा ने फाँसी के तख्ते तक अपना वही शांत और संयत स्वभाव बनाए रखा। वह एक पल भी विचलित नहीं हुआ। फाँसीयाफ्ता अभियुक्त को जेल में हर प्रकार की सहूलियत दी जाती है और उसकी हर इच्छा को पूरा करने की कोशिश की जाती है, लेकिन शायद ढींगरा की जाति, देश, वर्ग और पदवी ऐसे कैदियों से कहीं ऊँची थी। इसलिए सरकार के लिए उसकी हर ख्वाहिश को पूरा करना संभव नहीं था। ढींगरा को अपने सगे-संबंधियों और मित्रों से मिलने की छूट थी, लेकिन ढींगरा ने सिर्फ कुछ गिने-चुने लोगों से ही मुलाकात की। वह अपना अधिकतर समय जेल के पुस्तकालय से मिलनेवाली पत्रिकाओं को पढ़कर बिताया करता था।

ढींगरा ने अपने अंतिम दिनों में एम.एस. मास्टरजी नामक एक अध्यापक से मिलने की इच्छा जताई थी। इस संदर्भ में मास्टरजी ने सरकार से आवेदन-पत्र लिखकर मिलने की इजाजत माँगी; लेकिन अफसोस, ढींगरा की यह तुच्छ सी माँग भी ठुकरा दी गई।

ढींगरा की अंतिम इच्छा यह थी कि उसकी मृत्यु के उपरांत उसका दाह-संस्कार किया जाए, लेकिन यह माँग भी नहीं मानी गई। इस संदर्भ में कानून आड़े आ गया। ब्रिटिश कानून के अनुसार, एक अपराधी, जिसको मौत की सजा दी गई हो, उसका शव उसी जेल में दफनाया जाएगा। ढींगरा के कुछ मित्रों ने उसके शव को सरकार से प्राप्त करने की कोशिश की, लेकिन सरकार नहीं मानी। वे इसके लिए खर्चा देने को भी तैयार थे।

फाँसी के समय सिर्फ तीन लोग उपस्थित थे—लंदन का शैरिफ जेल अधिकारी मैटकॉफ और पादरी (चैपलेन) हडसन। हडसन भी फाँसी के समय जेल के अंदर नहीं था, क्योंकि ढींगरा ने उससे मिलने और किसी प्रकार की धार्मिक शिक्षा लेने से इनकार कर दिया था। शैरिफ मेटकॉफ ने 'द इंग्लिश मेल' को बताया कि ढींगरा की मृत्यु उसी समय हो गई थी। उन्होंने आगे बताया कि ढींगरा ने मरते समय कोई बयान नहीं दिया था।

जेल के बाहर लोगों की भीड़ इकट्ठी हो गई थी, लेकिन उनमें भारतीय बहुत कम थे। ढींगरा को गुप्त रूप से फाँसी दी गई थी। गड़बड़ी के अंदेशे से सरकार ने जेल की सुरक्षा के पूर्ण इंतजाम किए थे। जेल के बाहर कोई प्रदर्शन नहीं हुआ। जब उसे फाँसी दे दी गई और उसका नोटिस बाहर चिपका दिया गया तो भीड़ छँट गई।

आसिफ अली लिखते हैं कि ढींगरा के स्टेटमेंट की कॉपी, जिसे पुलिस ने छीन लिया था, उसे सावरकर ने एक दिन पहले 'द डेली न्यूज' लंदन में छपवा दिया था।[112] सावरकर ढींगरा के बलिदान और उसकी आवाज को अंग्रेजी सरकार की राजनीतिक चाल और काल कोठरी के अँधेरे में गुम होने नहीं देना चाहता था। वह उसके आजादी के जज्बात की आग को कानूनी दाँव-पेच के खेल में बुझने नहीं देना चाहता था। जैसाकि पहले भी कहा गया है कि सावरकर कभी भी, ऐसा कोई भी मौका, जिसमें भारत की आजादी की लहर को फलने-फूलने और पनपने का अवसर प्राप्त हो रहा हो, व्यर्थ जाने नहीं देता था। उसने ढींगरा जैसे देशभक्त को अपने ढंग से विदाई देने के लिए

एक तरकीब सोची। ढींगरा की हरदिल अजीज इच्छा थी कि उसके आखिरी स्टेटमेंट को अदालत में पढ़ा जाए, लेकिन इसकी कोई सुनवाई नहीं हुई थी। सावरकर ने अपने विश्वसनीय शिष्य ज्ञानचंद्र वर्मा को विश्वास में लिया और उसको ढींगरा के आखिरी स्टेटमेंट को किसी भी तरह अखबार में छपवाने के लिए कहा। ज्ञानचंद्र पेपर लेकर चुपके से पेरिस चला गया और वहाँ से उसने ढींगरा के स्टेटमेंट को जर्मनी, इटली और अमेरिका में छपने के लिए भेज दिया।

'द डेली न्यूज' अखबार लंदन से छपता था। सावरकर ने डेविड गारनेट से ढींगरा के (आखिरी इच्छा) 'द चैलेंज' को अखबार में छपवाने का आग्रह किया। उसने अपने प्रभाव का इस्तेमाल करते हुए इसे 'द चैलेंज' शीर्षक से 'द डेली न्यूज' अखबार में छपवा दिया।[113]

चुनौती

"मैं स्वीकार करता हूँ कि उस दिन मैंने जानते-बूझते हुए और किसी खास उद्‍देश्य से, एक अंग्रेज का खून बहाया था। मेरा विनम्र विद्रोह उस अमानवीय व्यवहार के खिलाफ था, जिसके द्वारा अनेकों भारतीय देशभक्त नौजवानों को देश निकाला दिया जाता है और फाँसी के तख्ते पर झुला दिया जाता है।

"इस घटना को अंजाम देने के लिए मैंने किसी से कोई सलाह नहीं ली। मैंने अपने जमीर से प्रभावित होकर और देश के प्रति अपना कर्तव्य समझते हुए ऐसा किया। मेरा मानना है कि अगर कोई विदेशी सरकार बंदूक के जोर से किसी देश को उसकी इच्छा के विरुद्ध पराधीन/परतंत्र बना लेती है तो उस देश के लोग आजादी पाने के लिए ऐसी सरकार के खिलाफ अवश्य युद्ध लड़ेंगे। ऐसे देश को युद्ध में तो पराजित किया नहीं जा सकता, इसलिए मैंने अकस्मात् हमला किया—और मेरे पास बंदूक तो थी नहीं, इसलिए मैंने पिस्तौल निकाली और गोली चला दी। एक हिंदू होने के नाते मैं समझता हूँ कि मेरे देश का गुलाम होना मेरे भगवान् का अपमान है। मेरा मूल उद्‍देश्य आजादी हासिल करना है। अपने देश की सेवा करना, राम की सेवा करना है और उसकी सेवा भगवान् कृष्ण की सेवा है। न तो मैं अमीर हूँ और न ही इतना समर्थ हूँ कि मैं अपनी मातृभूमि को कुछ भेंट कर सकूँ। मेरे पास अपनी

माँ को देने के लिए अपने खून के सिवा कुछ भी नहीं है, जो मैं उसकी वेदी पर उसकी मुक्ति के लिए अर्पण करता हूँ।

"मेरे नौजवान भारतीयों को एक ही सबक सीखना होगा कि मौत को गले कैसे लगाते हैं और इस पाठ को पढ़ाने और समझाने के लिए मैंने खुद ही मौत को गले लगाकर दिखा दिया। हमें यह समझ लेना चाहिए कि शरीर नश्वर है और आत्मा अमर है। अगर प्रत्येक भारतीय मरने से पहले कम-से-कम दो अंग्रेजों को मार गिराता है तो भारत माँ को मुक्त करवाने का काम दो दिन में हो जाएगा।

"यह युद्ध भारत की आजादी के साथ खत्म नहीं होगा। जब तक संसार रहेगा, यह युद्ध निरंतर अंग्रेज और हिंदू प्रजाति में चलता रहेगा।

"जब तक हमारा देश आजाद नहीं हो जाता, तब तक भगवान् कृष्ण हमें इसके लिए प्रेरित करते रहेंगे। अगर तुम इस आजादी की लड़ाई में मारे गए तो तुम्हें स्वर्ग नसीब होगा और अगर विजयी हुए तो आजादी तुम्हारे कदम चूमेगी। समझो, तुम धरती जीत गए।

"मेरी भगवान् से एक ही दिली प्रार्थना है कि जब तक भारत माँ स्वतंत्र नहीं हो जाती, मैं बार-बार उसी माँ की कोख से जन्म लूँ और मैं हर बार इसी उद्देश्य के लिए तब तक मारा जाऊँ, जब तक मेरा लक्ष्य पूरा नहीं हो जाता और मेरी माँ मानवता और परमात्मा की खुशी के लिए आजाद नहीं हो जाती—वंदेमातरम्।"[114]

कुछ इतिहासकारों का ऐसा मानना है कि मदनलाल ढींगरा इस संदेश 'चैलेंज' का लेखक नहीं था। तो फिर कौन था, क्या सावरकर था?

एक सावरकर ही था, जिसे ढींगरा मानता और सुनता था अर्थात् वह उसी के सबसे नजदीक था। उसी ने यह नोट ज्ञानचंद्र वर्मा को 'द डेली न्यूज' में छापने के लिए दिया था, तो हो सकता है कि भाषा-शैली सावरकर की हो, लेकिन विचार तो ढींगरा के ही थे। सावरकर ढींगरा से जेल में मिलने के लिए गया था। हो सकता है कि मुलाकात के दौरान ढींगरा ने सावरकर को 1 जुलाई की घटना के पीछे छिपे उद्देश्य के बारे में बताया हो और उसने अपने शब्दों में बयान कर दिया हो, लेकिन इससे बयान में छिपे उद्देश्य तो स्पष्ट रूप से दिखाई दे जाते हैं।

ढींगरा ने अदालत में जो बयान दिया था, उसने सभी लोगों का ध्यान

ब्रिटिश सरकार की आर्थिक शोषण नीतियों की ओर आकर्षित किया। यह कोई नई बात नहीं थी। हमारे कई नेता इस बात का पहले से ही ढिंढोरा पीट रहे थे, जैसे दादा भाई नौरोजी, जी.वी. जोशी, बाल गंगाधर तिलक, आर.सी. दत्त इत्यादि। दादा भाई नौरोजी ने सबसे पहले 'ड्रेन थ्योरी' (1867) के बारे में लिखा था कि किस प्रकार ब्रिटिश लोग प्रतिवर्ष भारत से अपने देश में पैसा ले जाते हैं। उनका मानना था कि विदेशी मुद्रा ने भारतीय मुद्रा को तबाह कर दिया था। यह निकास प्रणाली ही भारतीय मुसीबतों का मुख्य कारण थी।[115] इसी प्रकार आर.सी. दत्त, जो एक आई.सी.एस. के बतौर ब्रिटिश इंडिया सरकार की नौकरी कर चुका था, का मानना था कि अंग्रेजी सरकार भारत की संपदा को लूट रही थी। उनकी गलत नीतियों के कारण ही आज भारत, जो कभी संपन्न देश हुआ करता था, अकाल, सूखे और महामारी जैसे रोगों से ग्रस्त है। भारत का धन टैक्स, तनख्वाह और आर्थिक नीतियों के कारण विदेश की तिजोरियों में जा रहा था। दादा भाई नौरोजी ने कटाक्ष करते हुए लिखा था कि भारत में लोगों को अपनों से जान-माल का कोई खतरा नहीं है, लेकिन इंग्लैंड के हाथों किसी प्रकार की सुरक्षा की उम्मीद भी नहीं। उनके अनुसार, लाखों भारतीयों के लिए जीवन का अर्थ था—आधा पेट रोटी, भुखमरी, अकाल तथा महामारी।[116] बाल गंगाधर तिलक ने कहा था, "भारतीय देश यूरोपियंस के लिए चरागाह थी, जहाँ से वे अपने पशुओं के लिए चारा ले जाया करते थे। अर्थात् विदेशी ताकतें भारत को लूट की मंडी के सिवा कुछ और नहीं समझती थीं।"

ढींगरा ने भरी अदालत में कहा था कि "मैं अंग्रेजों को पिछले 5 सालों में भारत के 80,00,000 लोगों का कातिल मानता हूँ। वे भारत की धरती से प्रतिवर्ष 1,000,000,00 पाउंड अपने देश ले जाते हैं। जो अंग्रेज अपने देश को छोडकर 100 पाउंड प्रतिमाह की तनख्वाह के लिए भारत में नौकरी करने जाते हैं, वे यह नहीं जानते कि वह एक व्यक्ति 1000 लोगों की जीविका छीन रहा है। जितना पैसा एक अंग्रेज अपने ऐशो-आराम पर एक महीने में खर्च करता है, उतने पैसों से 1000 भारतीय के महीने भर का निर्वाह हो सकता है।"

उसने अंग्रेजों द्वारा किए जा रहे भारत के आर्थिक शोषण को जग-जाहिर कर दिया था। यही नहीं, उसने अंग्रेज अफसरों द्वारा भारतीयों पर किए

जा रहे जुल्मो-सितम की दास्तान पूरी दुनिया तक पहुँच दी थी। उसने सरेआम अंग्रेजों की दोहरी नीति, जिसमें खाने के तरीके अलग थे तथा दिखाने के दूसरे, इस तरीकों को बेनकाब कर दिया था। उसका यह कहना कि 'जब मैं अंग्रेजों को शोषित मानवता अर्थात् कांगो और रूस आदि देशों की जनता का रक्षक होने का दावा करते देखता हूँ तो मुझे बड़ी हैरत होती है, क्योंकि मुझे मालूम है कि अपने मिथ्या शक्ति-प्रदर्शन और प्रचार का घृणित मुखौटा पहने हुए हैं। अंग्रेजों की दोहरी राजनीति के मुँह पर यह एक तीखा प्रहार था। जिसे शायद इससे पहले इतने कटु शब्दों में किसी ने कहने का साहस नहीं किया होगा और ऐसा कार्य निर्भीक ढींगरा ही कर सकता था। उसने भारत की गिरती हुई अर्थव्यवस्था के लिए ब्रिटिश सरकार को दोषी ठहराया था। उसके द्वारा की गई हत्या ने ब्रिटिश सरकार को इतनी तकलीफ नही पहुँचाई होगी, जितनी अदालत में की गई उसकी बयानबाजी ने पहुँचाई थी। ढींगरा उस समय तक एक महत्त्वपूर्ण व्यक्ति बन चुका था, जिसने ब्रिटिश राज्य के खेमे में घुसकर सुरक्षा की सारी सीमाए लाँघकर एक विशाल साम्राज्य के हृदय को चोटिल कर दिया था। उसने अपने बयान में यह भी बताया कि किस प्रकार अंग्रेज भारत के बेगुनाह लोगों पर अत्याचार करते हैं और प्रतिवर्ष 2,000,00 से भी अधिक लोग मारे जाते थे। उसने सबसे संगीन इलजाम यह कहकर लगाया कि वे 'हमारी स्त्रियों को अपमानित करते हैं।' यह अपने आपमें अंग्रेज शासकों और अधिकारियों पर बहुत बड़ा कलंक था, जिसे पहले दबी जुबान में तो कहा जाता था, लेकिन खुलकर नहीं।

ढींगरा के कार्य और बयान ने लंदन की पार्लियामेंट में सरकार की मुसीबतें बढ़ा दी थीं। द मास्टर ऑफ ऐलीबैंक (एम.पी. एंड सेक्रेटरी ऑफ स्टेट फॉर इंडिया) ने माना कि भारतीय लोग शांति तथा न्यायप्रिय हैं।[117] 232 मिलियन की जनसंख्या में से कुछ हजार लोग ही क्रांति के रास्ते का अनुसरण कर रहे थे। मार्ले का मानना था कि इनको भड़काने और उकसानेवाले कोई और ही थे, जो पीछे छिपे रहकर उनसे यह कार्य करवा रहे थे। उसका इशारा श्यामजी कृष्णवर्मा जैसे लोगों की ओर था, इसलिए सरकार के लिए यह जरूरी हो गया था कि वह विद्रोह की इस भावना को और न बढ़ने दे तथा इसके कारणों का पता लगाकर उनको नियंत्रण में करने की कोशिश करे। एक अन्य मैंबर ऑफ पार्लियामेंट मिस्टर कैनेडी ने अंडर सेक्रेटरी ऐलीबैंक से

भारत में पिछले सौ साल में मारे जानेवाले लोगों और साथ ही सरकार की आमदनी का हिसाब पूछ डाला। ऐलीबैंक मरनेवालों का हिसाब तो न दे सका, लेकिन उसने 1908–09 में हुई सरकार की आमदनी और खर्च का हिसाब कुछ इस प्रकार दिया—सरकार की राजस्व आय 6,90,35,100 पाउंड थी, जिसमें से 45 मिलियन इंपीरियल खर्च में व्यय हुए और 24 मिलियन प्रांतों में खर्च हुए।[118] उधर रदरफोर्ड ने 1887 से 1907 तक भारत में पड़ने वाले अकाल का हिसाब माँग लिया। ऐलीबैंक ने विस्तार से उस प्रश्न का उत्तर दिया और माना कि इनकी गिनती जरूरत से अधिक थी। 1880 में 8,0,00,000 से अधिक लोग मारे गए थे। 1895 में मद्रास, बॉम्बे, बंगाल तथा पंजाब को अकाल का सामना करना पड़ा और इसमें जानो-माल का बहुत नुकसान हुआ था। इसके इलावा सेक्रेटरी ने 1907 में भारत में मृत्यु की दर 1,000 के पीछे 36/47 बताई, जो साधारणतया 34/59 हुआ करती थी। सरकार को न चाहते हुए भी 'हाउस ऑफ कॉमन्स' और 'हाउस ऑफ लॉर्ड' में इन सभी सवालों का जवाब देना पड़ा, जिन्हें ढींगरा के बयानों ने उभारकर रख दिया था। सरकार द्वारा किया जाने वाला आर्थिक शोषण अब आम जनता की नजरों में आ गया था।

ढींगरा कर्जन वायली को मारने के लिए सिर पर पगड़ी बाँधकर गया था, अर्थात् वह अपनी पहचान एक पंजाबी हिंदू-सिख की दरशाना चाहता था। यह वह समय था, जब आजादी की लहर में अधिकांश शहीद बंगाल राज्य से जुड़े थे। ढींगरा पहला पंजाबी था, जिसने आजादी की लहर में पंजाब का नाम रौशन किया था। उसके परिवार ने उसे शहीद मानने से इनकार कर दिया और उसे पागल करार दे दिया। आसिफ अली लिखते हैं कि ढींगरा परिवार के सदस्यों ने अपने नाम के साथ ढींगरा शब्द का इस्तेमाल करना बंद कर दिया था। साहिब दित्तामल ने अपनी वसीयत में यह लिख दिया था कि ढींगरा ट्रस्ट परिवार के किसी भी सदस्य को इंग्लैंड जाने के लिए खर्चा नहीं देगा।

इस सारी कारवाई के दौरान सरकार और ढींगरा परिवार ने मिलकर मदनलाल का मनोबल तोड़ने का भरसक प्रयत्न किया। उसे शारीरिक यातना दी गई और मानसिक तौर पर कमजोर करने का यत्न किया गया। इसके पीछे एक ही उद्देश्य दिखाई देता है कि वे किसी भी तरह से मदनलाल को

बुजदिल और डरपोक साबित करना चाहते थे, जो अपना मानसिक संतुलन खो बैठा हो और जिसने किसी के बहकावे में आकर 1 जुलाई की घटना को अंजाम दे दिया; लेकिन ये सब हथकंडे निष्ठावान, दृढ़ संकल्प के धनी मदनलाल ढींगरा के आगे निष्फल हो गए।

अदालत की आखिरी काररवाई के दौरान भी ढींगरा के परिवार ने उसके मानसिक रोगी होने का आलाप नहीं छोड़ा। हो सकता है कि वे इस तरह उसकी मौत की सजा को कम करवाना चाहते हों, लेकिन ऐसा कुछ दिखाई नहीं देता। 23 जुलाई को अदालत में हो ढींगरा को चालीस मिनट की काररवाई के पश्चात् मौत की सजा सुना दी गई। उस काररवाई के दौरान टिंडल ऐटकिंसन ढींगरा परिवार की तरफ से प्रतिनिधि के तौर पर अदालत में उपस्थित हुआ था। उसने लॉर्ड चीफ जस्टिस को बताया था कि वह ढींगरा के परिवार की इजाजत से अदालती काररवाई देखने आया है। उसने कहा कि ढींगरा के परिवारवालों ने उसे अदालत को यह बताने को कहा था कि ढींगरा परिवार अपने बेटे के कार्य को उचित नहीं ठहराता और उसकी कड़े शब्दों में निंदा करता है। परिवार इस हत्या के पीछे छिपे किसी प्रकार के उद्देश्य, जिसने उसे इस निर्मम अपराध के लिए प्रेरित किया, उसका परित्याग करता है। उसने आगे अदालत को बताया कि 'मदनलाल ढींगरा के पिता ने उसे आप सबको यह भी बताने को कहा है कि समस्त ढींगरा परिवार सरकार की सबसे अधिक निष्ठावान प्रजा में से एक है और उनसे बढ़कर सरकार का वफादार और कोई नहीं होगा।'

लॉर्ड चीफ जस्टिस ने ऐटकिंसन के इस वक्तव्य की सराहना की और ढींगरा के परिवार के विचारों को सहर्ष स्वीकार किया। घटना को अगर हम गौर से देखें तो उसके पीछे छिपा उद्देश्य समझ में आने लगता है। भरी अदालत में जहाँ ढींगरा की जिंदगी और मौत का मुकदमा चल रहा था और जहाँ पर हर गवाह ढींगरा को कातिल कहकर संबोधित कर रहा था, उस भरी हुई कचहरी में एक भी चेहरा ऐसा नहीं था, जिसे वह अपना कह सकता—ऐसे में अगर उसके परिवार का कोई प्रतिनिधि आया भी तो सिर्फ उसके जख्मों पर नमक छिड़कने के लिए। सरकार ने उसे हर तरह से जलील करने और मानसिक तौर पर तोड़ने की अंत तक कोशिश की। ढींगरा अपने आपको एक देशभक्त कहता है और इस पर वह गर्व करता है, लेकिन उसके परिवार

का नुमाइंदा भरी अदालत में कहता है कि ढींगरा परिवार उसके कार्य की निंदा करता है और उसका परित्याग करता है। वाह! क्या आखिरी विदाई दी थी उसके अपने परिवार ने!

मंगलवार, 17 अगस्त, 1909 को सुबह के 9 बजे निर्धारित समय के अनुसार मदनलाल ढींगरा को फाँसी दे दी गई। 20 अगस्त को 'द इंग्लिश मेल' अखबार ने लिखा था कि मदनलाल ढींगरा को उसके किए की सजा मिल गई। उसने अपनी किस्मत को सहर्ष गले लगाया और उसी शांति और संयम का प्रदर्शन किया, जिसे उसने घटना के पहले दिन से अपनाया हुआ था।

उसके चेहरे पर जरा सी भी शिकन या कोई पश्चत्ताप नहीं था। वह अंतिम साँस तक अपने इरादे पर अडिग रहा, उसे अपने द्वारा चुने हुए लक्ष्य पर गर्व था। उसे यह पूर्ण विश्वास था कि उसने अपने देश की आजादी के लिए बड़ा गौरवशाली कार्य किया था।

मदनलाल ढींगरा से पहले खुदीराम बोस भारत को आजाद करवाने का स्वप्न देखते हुए हँसते-हँसते फाँसी के फंदे पर झूल गए थे, लेकिन विदेश में जाकर अंग्रेजों की राजधानी में गोलियों से किसी महत्त्वपूर्ण अंग्रेज ऑफिसर को मार गिरानेवाला, भारत की आजादी का सपना संजोनेवाला और उसको पूरा करने के लिए अपने उभरते हुए भविष्य को दाँव पर लगाकर आजादी की आग में कूदने वाला पहला भारतीय मदनलाल ढींगरा ही था।

मदनलाल ढींगरा के अंतिम शब्द, जो उसने अदालत के समक्ष कहे थे, "मेरी यही इच्छा है कि मेरा जन्म एक बार फिर उसी माँ की कोख से हो और मैं एक बार फिर उसी पवित्र कार्य के लिए अपने प्राणों को बलिदान कर सकूँ।" ढींगरा की यह पंक्ति कि "मैं एक बार फिर उसी माँ की कोख से जन्म लूँ" उसके अपनी माँ के प्रति अथाह प्यार को दरशाती है और साहिब दित्तामल द्वारा उस पर लगाए इलजाम 'वह अपनी बीमार माँ का हॉल पूछने नहीं आया था' को झुठलाती है। ढींगरा को फाँसी दिए जाने के बाद आयरिशी समाचार-पत्रों ने उसे एक बहादुर व्यक्ति की संज्ञा दी। इसी प्रकार काहिरा से प्रकाशित होनेवाले मिस्र के एक समाचार-पत्र ने मदनलाल ढींगरा को 'अमर शहीद' की उपाधि दी थी। ऐनी बेसेंट ने कहा, "इस समय देश को बहुत से मदनलाल ढींगरा जैसे अमर शहीदों की आवश्यकता है।"

ब्रिटिश अखबार ढींगरा से जुड़ी हर घटना की खबर एकत्रित करने में जुटे हुए थे। उन्होंने सरकार को ढींगरा के साथ-साथ श्यामजी कृष्णवर्मा पर भी मुकदमा चलाए जाने का सुझाव दिया। उनकी पत्रिका 'द इंडियन सोशियोलॉजिस्ट' के लेख को छापने के कारण दो प्रिंटरों को जेल जाना पड़ा था।[119] लेकिन श्यामजी लंदन की अदालत के हाथों से दूर, पेरिस में सुरक्षित आश्रय लिये बैठे थे। लंदन के एक अखबार ने लिखा था कि श्यामजी कृष्णवर्मा को ढींगरा के साथ अदालत के कठघरे में खड़ा करना ही उचित न्याय होगा और यही इंग्लैंडवासियों की दिली तमन्ना थी, जो उनके दिलों में ही रह गई।

इस घटना ने 'इंडिया हाउस' के भविष्य को धूमिल कर दिया था। कभी वक्त था कि यह भारत से आनेवाले गरीब, असहाय और राजनीति से प्रेरित लोगों के लिए आश्रय हुआ करता था, लेकिन 1 जुलाई की घटना के पश्चात् लोगों का यहाँ आना-जाना बंद हो गया। श्यामजी कृष्णवर्मा ने कुछ समय के पश्चात् 'इंडिया हाउस' को बेच दिया। भारतीय क्रांतिकारियों के लिए लंदन अब राजनीतिक गतिविधियों के लिए सुरक्षित नहीं रह गया था। सरकार हर वक्त भारतीय क्रांतिकारियों पर नजर रखे हुए थी। ऐसे में क्रांतिकारियों ने पेरिस को अपना नया राजनैतिक ठिकाना बना लिया। पेरिस उस समय सबसे सुरक्षित स्थान समझा जाता था, जहाँ ब्रिटिश सरकार की मनमानी नहीं चल सकती थी। ब्रिटिश सरकार फ्रांस पर हरसंभव दबाव बनाने की नाकाम कोशिश में लगी हुई थी। श्यामजी कृष्णवर्मा पहले से ही वहाँ बस गए थे। उनके पीछे मैडम कामा, लाला हरदयाल, चंदूलाल राणा सभी पेरिस चले गए। मैडम कामा ने 'द वंदेमातरम' नाम से मासिक पत्रिका शुरू की। पत्रिका पर तीन रंग का झंडा और भारत माँ की फोटो लगाई गई थी। इसको जिनेवा से छपवाया जाता था। इसका पहला संस्करण सितंबर, 1909 में जारी किया गया था। लाला हरदयाल इसके संपादक थे। इसके पहले अंक में लाला हरदयाल ने मदनलाल ढींगरा को भावभीनी श्रद्धांजलि दी। उन्होंने लिखा, ''ढींगरा अमर नायक था, जिसकी याद आनेवाली सदियों तक लोगों के दिलों में समाई रहेगी।'' उन्होंने आगे लिखा, ''ढींगरा ने अपने ट्रायल के दौरान प्राचीन निडर नायकों की तरह व्यवहार किया।'' शायद हरदयाल के दिमाग में उस समय 325 ई.पू. में सिकंदर और पोरस के बीच घटा वार्त्तालाप था,

जिसमें पोरस को हारने के बाद जब बंदी के रूप में सिकंदर के समक्ष पेश किया गया था और वह उससे पूछता है, 'तुमसे कैसा बरताव किया जाए?'' तो पोरस जवाब में कहता है, 'जैसे एक राजा दूसरे राजा के साथ करता है।' ढींगरा ने अदालत की समस्त कारवाई के दौरान कुछ ऐसें ही बरताव का परिचय दिया था। उसने अदालत से कहा था कि अगर उनके देश पर जर्मनी हमला कर दे और कोई अंग्रेज किन्हीं एक-दो जर्मनों को मार गिराए तो उसे अंग्रेज लोग कातिल समझेंगे या देशभक्त? उसी प्रकार उसने एक अंग्रेज को मारकर कोई गलत काम नहीं किया है, क्योंकि अंग्रेजों ने उसकी धरती माँ को गुलामी की जंजीरों में कैद कर रखा है। उसको आजाद करवाना एक भारतीय होने के नाते उसका परम कर्तव्य है। सारी कारवाई के दौरान वह अपने आपको एक देशभक्त ही समझता है और अंग्रेजी सरकार और उसके कानून को मानने से इनकार करता है। वह एक क्षण के लिए भी अदालत के आगे गिड़गिड़ाता नहीं और न ही रहम की भीख माँगता है।

लाला हरदयाल मदनलाल ढींगरा की तुलना मध्यकालीन युग के उन राजपूत और सिख योद्धाओं से करते हैं, जो मौत को दुलहन समझकर प्यार से हँसते हुए गले लगा लिया करते थे अर्थात् वे मरने से नहीं डरते थे। वे मौत से ब्याहे थे। वे आगे लिखते हैं, ''अगर इंग्लैंड सोचता है कि उसने ढींगरा को फाँसी देकर मार दिया है तो उसकी यह सोच बिलकुल गलत है, वह मरकर भी अमर हो गया है। उसकी याद को अब मिटाया नहीं जा सकता। उसने अंग्रेजी हुकूमत की प्रभुसत्ता को एक अंतिम झटका दिया है, जो उसके अंत का कारण होगा।''[120] मैडम कामा ने एक दूसरी पत्रिका 'द मदन तलवार' बर्लिन से प्रकाशित की। यह पत्रिका मदनलाल ढींगरा को श्रद्धांजलि देने के स्वरूप में निकाली गई थी।[121] जुलाई, 1910 को इस पत्रिका में ढींगरा के ऊपर एक लेख प्रकाशित किया गया, जिसका शीर्षक 'ऐसा न हो कि हम भूल जाएँ' था। इसमें लिखा था कि ''पिछले साल 1 जुलाई के दिन हमारे नायक मदनलाल ढींगरा ने अपने देश की खातिर कैसे बलिदान दिया जाता है, यह करके दिखाया था, अब देश के प्रताड़ित तथा शोषण के शिकार लोगों को एक ऐसा नायक मिल गया था, जो निरंकुश और तानाशाह सरकार के खिलाफ आवाज उठा सकता था और दिखा सकता है कि किस प्रकार हथियार उठाकर उनको मारा जा सकता है। ऐसा करके उसने सैकड़ों भारतीयों के दिलों में

पनप रहे डर को खत्म कर दिया और उनमें एक नया जोश भर दिया। उसने अपने सीने में गुस्सा, धीरज और आत्मसंयम सँजोकर रखा था। उसने मौत को भी वश में कर रखा था। उसे भारत के नौजवानों से बड़ी उम्मीद थी। उनका सपना भारत को आजाद देखना था।" अगस्त महीने के अंक में लेखक ने ढींगरा की शहादत को याद करते हुए उसे 'द यंग लॉयन ऑफ द पंजाब' कहकर सम्मानित किया था।

इसमें कोई शक नहीं कि ढींगरा एक निडर व्यक्ति था। जब सावरकर उससे ब्रिक्स्टन जेल में मिलने गए तो उन्होंने ढींगरा से पूछा, "मैं तुम्हारे लिए क्या कर सकता हूँ?" तो ढींगरा मुस्कराकर बोला, "यहाँ मुझे, कुछ नहीं चाहिए।" अर्थात् वह अपनी मौत के लिए तैयार बैठा है, फिर वातावरण को सहज बनाते हुए बोला, "हाँ, अगर हो सके तो मुझे एक शीशा ला दो, ताकि मैं अपने आपको देख सकूँ कि कैसा दिखता हूँ! बस, मैं इसी में खुश हो जाऊँगा।" वाह! क्या संयम और धैर्य था! न जाने ये देशभक्त किस मिट्टी के बने होते हैं! धन्य हैं वह माँ, जिन्होंने ऐसे शूरवीर सपूत को जन्म दिया। ढींगरा सावरकर को समझाते हुए बोले थे, "काम, न कि शब्दों का उच्चारण जरूरी है।" उन्होंने सावरकर को समझाया कि अगर भारत को आजाद करवाना है तो उसके लिए मर-मिटनेवालों की जरूरत है, न कि बातें बनानेवालों की।

सी.आई.डी. की रिपोर्ट के अनुसार, ढींगरा से जेल में मिलनेवालों में उनका भाई, वी.वी.एस. अय्यर, नीतिन द्वारका दास, डॉक्टर राजन और कोरेगाँवकर थे। डॉक्टर अजीत मोहन बोस ने भी ढींगरा से मिलने की इच्छा जताई थी। जेल में ढींगरा पर पैनी नजर रखी जा रही थी। उसके व्यवहार और स्वभाव के बारे में बारीकी से जाँचा जा रहा था कि क्या वह मानसिक तौर पर स्वस्थ है या नहीं, लेकिन उसमें ऐसा कुछ भी दिखाई नहीं पड़ा था। जेल के डॉक्टर ने भी उसे मानसिक तौर पर स्वस्थ करार दिया था।

लंदन में बहुत से लोग ऐसे थे, जो ढींगरा द्वारा अदालत में दिए गए बयान से प्रभावित थे। डब्ल्यू.डब्ल्यू. ब्लंट ने 1916 में अपनी पुस्तक में मदनलाल ढींगरा की प्रशंसा करते हुए लिखा था, "ढींगरा ने जिस बहादुरी के साथ न्यायाधीश को अपना बयान दिया था, ऐसा बयान कभी किसी ईसाई शहीद ने नहीं दिया था।" कुछ लोग उसके धैर्य और आत्मसंयम से प्रभावित थे। उसके साहस की इज्जत और उसके बयान की प्रशंसा करते हुए चर्चिल

ने भी 'ढींगरा द्वारा अदालत को दिए गए बयान को 'देशभक्ति के प्रति दिया गया अति उत्तम बयान' बताया था। लॉर्ड जॉर्ज ने चर्चिल से चर्चा करते हुए ढींगरा के धैर्य और सहनशीलता की प्रशंसा करते हुए उसे एक महान् देशभक्त कहा था और उसकी तुलना प्लूटार्क से की थी।[122]

श्यामजी कृष्णवर्मा ने ढींगरा की घटना पर लिखा था, "मुझे कर्जन वायली की मृत्यु पर बड़ा अफसोस है। मैं उससे बाईस वर्ष पहले मिला था। ढींगरा ने शनिवार को पुलिस अदालत में जो बयान दिए थे, वे उसकी राष्ट्रीयता और बहादुरी के प्रतीक हैं। मैं उसके कार्य की सराहना करता हूँ तथा मदनलाल ढींगरा को भारत की आजादी की खातिर होनेवाला शहीद स्वीकार करता हूँ।" श्यामजी ने यह लेख 'इंग्लैंड की धरती पर होनेवाला भारतीय शहीद' शीर्षक के अंतर्गत लिखा था। उसने लिखा था, "ढींगरा द्वारा अदालत में दिया गया बयान अपने आप में एक मिसाल था। उस अकेले व्यक्ति ने ब्रिटिश सरकार की तानाशाही नीतियों के खिलाफ आवाज उठाने की हिम्मत जुटाई थी। ढींगरा के बारे में मेरा एक अमेरिकी दोस्त अपने राजनीतिक अनुभव से बताता है कि ढींगरा भारत की राजनीति के इतिहास का एक महत्त्वपूर्ण अंग बन गया है।" उनका इशारा आनेवाले समय में ढींगरा को प्राप्त होनेवाले ऐतिहासिक गौरव से था।

मदनलाल ढींगरा ने सावरकर से आग्रह किया था कि उसकी मृत्यु के पश्चात् उसके शरीर को हिंदू रीति-रिवाज के अनुसार, ब्राह्मणों द्वारा मंत्र पढ़े जाएँ और जलाया जाए। उसके कपड़ों, पुस्तकों और निजी वस्तुओं को नीलाम कर दिया जाए और उनसे प्राप्त होनेवाली आमदनी राष्ट्रीय आंदोलन के संघर्ष में दे दी जाए। ढींगरा ने अपने आपको कभी भी किसी शहीद से कम नहीं आँका था। आखिरी समय तक उसे अपने राष्ट्रीय आंदोलन के संघर्ष की चिंता सता रही थी। उसके विचार, उसके अपने देश के प्रति अथाह प्रेम की भावना को दरशाते हैं। वह एक ऐसा नायक था, जिसने तानाशाह ब्रिटिश साम्राज्य को चुनौती दे डाली थी और उनके घमंड को चकनाचूर कर दिया था। उसने अपने विशाल हृदय में समुद्र से भी गहरी सोच छिपा रखी थी। वह एकांतप्रिय व्यक्ति था, जो लोगों से बहुत कम मिलता-जुलता था। वह अंतर्मुखी और धैर्यशील व्यक्तित्व जैसी गहरी सोच का मालिक था। उसने अपने मन और अपनी महत्त्वाकांक्षाओं पर नियंत्रण कर रखा था। उसने अपने आपको

आधुनिक भारत का निर्माता कहनेवाली ब्रिटिश सरकार का विरोध करने का साहस दिखाया था। उसने एक नवीन भारत की कल्पना की थी, जिसमें हर कोई गुलामी से आजाद होगा और आर्थिक रूप से संपन्न होगा। वह हर वक्त अपनी भारत माँ को गुलामी की जंजीरों में जकड़ा देखा करता था। उसकी दिली इच्छा थी कि वह बार-बार इस धरती माँ की आजादी के लिए जन्म ले और हर बार तब तक उसकी वेदी पर अपने प्राणों की आहुति दे, जब तक कि भारत माता आजाद नहीं हो जाती।

वंदेमातरम्!

□

संदर्भ

1. उन दिनों 'ट्रिब्यून' का पहला पृष्ठ संपादकीय विचार और लोगों की प्रतिक्रिया से भरा रहता था। उस दिन अखबार का यह पृष्ठ ढींगरा की खबर से भरा हुआ था। उन दिनों अखबार शाम को प्रकाशित हुआ करते थे। जिस समय छपाई का कार्य चल रहा था, उस समय एक तार 'वायली को पंजाब के एक विद्यार्थी ने मार गिराया' अखबार के दफ्तर पहुँचा। द ट्रिब्यून, 4 जुलाई, 1909, पृष्ठ 3
2. 'द ट्रिब्यून', 6 जुलाई, 1909, पृष्ठ 1, 3
3. 'द ट्रिब्यून', 24 दिसंबर, 1976
4. 'द ट्रिब्यून', 21 जुलाई, 1909
5. 'द स्टेट्समैन', 4 जुलाई, 1909
6. 'द ट्रिब्यून', 24 दिसंबर, 1976
7. 'द स्टेट्समैन', 4 जुलाई, 1909
8. उन दिनों 'ट्रिब्यून' अखबार केवल आठ पृष्ठों का हुआ करता था और हर पृष्ठ पर चार कॉलम हुआ करते थे। रविवार के दिन अवकाश हुआ करता था, इसलिए सोमवार के दिन अखबार नहीं निकलता था। 'द ट्रिब्यून', 06 जुलाई, 1909
9. सुरेंद्र नाथ बनर्जी, 'ए नेशन इन द मेंकिंग', ऑक्सफोर्ड यूनिवर्सिटी प्रेस, लंदन, 1925, पृष्ठ 274
10. 'द पायोनियर', इलाहाबाद, 25 जुलाई, 1909; देखें और 'द न्यू मेल न्यूज', बॉम्बे, 9 जुलाई 1909
11. 'द पायोनियर' अखबार ने साहिब दित्तामल की चिट्ठी को अखबार में प्रकाशित

किया। इसी प्रकार उसके दो बड़े भाइयों मोहनलाल तथा बिहारीलाल ने डनलप स्मिथ को एक पत्र लिखा, जिसका उल्लेख भी अखबार में प्रकाशित हुआ। मार्टिन गिल्बर्ट, 'सरवेंट ऑफ इंडिया', पृष्ठ 193-194

12 मलविंदर जीत सिंह वरैच और कुलदीप पुरी, 'ट्रिस्ट विद मार्टरडम; ट्रायल ऑफ़मदनलाल ढींगरा', यूनिस्टार पब्लिकेशन, 2003, पृष्ठ 21-23

13. मदनलाल ढींगरा का एक भतीजा, विक्रम ढींगरा अपनी माँ, पत्नी और बेटे के साथ रहता है। इनके बड़े भाई शमशेर ढींगरा, स्वदेशी वूलन मिल्स में काम करते हैं और शास्त्री नगर, लॉरेंस रोड, अमृतसर में रहते हैं। रीजेंट सिनेमा हॉल पहले कभी 'वंदेमातरम् हॉल' हुआ करता था और वहाँ पर राजनीतिक सभाएँ हुआ करती थीं। ढींगरा परिवार ने मदनलाल के बारे में जो भी जानकारी थी, वह और उसकी 1976 से जुड़ी तसवीरें उपलब्ध करवाईं।

14. 1970 में फ्रीडम फाइटर्स एसोसिएशन और अन्य क्रांतिकारियों के बार-बार जोर डालने पर कि मदनलाल ढींगरा की अस्थियों को पैंटाविले जेल, लंदन से वापस भारत लाया जाए। 13 दिसंबर, 1976 को उसका पार्थिव शरीर वापस भारत लाया गया। उसकी प्रतिमा लगवाने के लिए भी क्रांतिकारी संगठनों को बड़ी मेहनत करनी पड़ी थी। ज्ञानी जैल सिंह उस समय पंजाब के मुख्यमंत्री थे। उन्होंने ढींगरा की प्रतिमा लगवाने और उसके पुश्तैनी घर को ऐतिहासिक स्मारक के रूप में सँभालकर रखने का आश्वासन दिया था, लेकिन सिर्फ प्रतिमा ही लग सकी। 'द डेली मिलाप' (उर्दू) 26 नवंबर, 1976

15. 3 जुलाई को यह समाचार दो भागों में अखबार में प्रकाशित किया गया। 'लंदन टेलीग्राम' में लिखा था—"सर विलियम हट कर्जन वायली उस समय सीढ़ियाँ उतर रहा था, जब उसकी मुलाकात एक विद्यार्थी से हुई और कुछ ही देर में उसने बहुत करीब से उस पर पिस्तौल से गोलियों की बौछार कर दी। चार गोलियाँ उसके चेहरे और सिर को भेदती हुई निकल गईं और पाँचवीं गोली उसे गिरते समय लगी। छठी गोली उससे कुछ दूरी पर खड़े डॉक्टर लालकाका को जा लगी। पास खड़े लोगों ने विद्यार्थी को पकड़ लिया और पिस्तौल उसके हाथ से छीन ली। विद्यार्थी की जेब से, काफी मात्रा में पहचान-पत्र मिले, जिस कारण उसकी सही पहचान करने में काफी दिक्कत पेश आई। उसकी उम्र करीब 22 वर्ष रही होगी। 'द ट्रिब्यून', 24 दिसंबर 1976

16. वरैच एंड पुरी 'ट्रिस्ट विद मार्टरडम', पृष्ठ 63-64

17. वास्तव में यह रणजीत सिंह का विश्रामगृह या पैलेस था, जिसका प्रयोग वह

इस शहर में आने पर किया करता था। आज वहीं पर तीन क्लब 'अमृतसर, लंबस्डन और सर्विस क्लब' बने हुए हैं, जो पुरानी धरोहर को पूरी तरह मिटा चुके हैं। 'सर्विस क्लब' के समीप महात्मा गांधी की प्रतिमा, जो पीछे के द्वार से बाग में आनेवाले हर व्यक्ति का स्वागत करती है, स्थापित है। कहने को एक म्यूजियम भी है, जो पिछले कई सालों से मरम्मत के अधीन चल रहा है। इसके अलावा बाग में बड़े अव्यवस्थित नाममात्र के बाग हैं, जहाँ पर शहर के लोग सुबह-शाम सैर करने आते हैं। पंजाब सरकार ने एक नई इमारत 'पैनेरमा' बाग के दक्षिण में बनवाई है, जहाँ पर सिख इतिहास से जुड़ी कहानियों को चित्रों और आवाज के सहारे बताया जाता है। बाग के पश्चिम में साहिब दित्तामल की यादगार 'बारादरी' स्थापित है और इसके समीप में लॉन टेनिस के कोर्ट भी हैं, जहाँ सुबह-शाम बच्चों को खेलते हुए देखा जा सकता है। अंग्रेजों के समय से यह 'कंपनी गार्डन' के नाम से मशहूर है। टेनिस कोर्ट के पास ही एक विशाल द्वार है, जो अमृतसर शहर की ओर जाता है। इस द्वार के ठीक सामने म्यूजियम की इमारत है, जो पिछले कुछ सालों से अपनी देह में सुरंगें छिपाए रखने के लिए चर्चा में रही थी। मरम्मत के दौरान इसके बारे में पता चला था। म्युजियम के भूतल में हवा पहुँचाने के लिए विशाल आयताकार सुरंगनुमा रोशनदान बनाए गए थे, जो विवाद का विषय बन गए। यह बाग कभी रणजीत सिंह के नाम से जाना जाता था, तो कभी ब्रिटिश कंपनियाँ, जो यहाँ डेरा डालती थीं, उनके नाम से 'कंपनी गार्डन' तो कभी 'राम बाग' के नाम से, लेकिन पिछले 50 सालों से 'कंपनी बाग' के नाम से मशहूर है।

18. सावरकर परिवार को अपने बेटों की गलती की सजा भुगतनी पड़ी थी।
19. वरैच तथा पुरी 'ट्रिस्ट विद मार्टरडम', पृष्ठ 85
20. साहिब दित्तामल ने दहेज में काकी रानी को एक बहुत बड़ा महल जैसा घर दिया था; 'द ट्रिब्यून', 'ए रिबैल फ्रॉम अरिस्टोक्रेसी' 1976, देखिए वी.एन. दत्ता 'मदनलाल ढींगरा एंड द रेवोल्यूशनरी', पृष्ठ 2.
21. कुंदनलाल के चार बेटे और एक बेटी थी। उसका बड़ा बेटा डॉक्टर हीरालाल ढींगरा डेंटल सर्जन के तौर पर दिल्ली में कार्य करता था और अब रिटायर्ड जीवन बिता रहा था। उसका एक बेटा मुकंदलाल अमृतसर में रह रहा था। ढींगरा परिवार ने धीरे-धीरे अमृतसर की जायदाद बेच दी थी।
22. उपन्यास में एक गुलेरिया लड़की का जिक्र किया गया है। पर वह काल्पनिक है या वास्तविक, कहा नहीं जा सकता। यही लड़की ढींगरा को लंदन की

जहाज यात्रा में मिलती है। केसर सिंह 'अमर शहीद मदनलाल ढींगरा', पृष्ठ 24-25

23. बी.एस. मेगोवालिया, 'फर्स्ट इंडियन मार्टीयर', पृष्ठ 54
24. असम और चटगाँव के साथ 15 जिलों को मिलाकर पूर्व बंगाल, जिसकी राजधानी ढाका थी और जहाँ पर अधिकतर मुसलिम जनसंख्या थी; दूसरा पश्चिम राज्य, जिसकी राजधानी कलकत्ता बना दी गई, यहाँ पर अधिकतर हिंदू बसते थे।
25. स्वदेशी लहर की शुरुआत वैसे तो पारंपरिक त्योहारों को मनाने और गिरते हुए भारतीय लघु उद्योग को बचाने के लिए की गई थी। बाल गंगाधर तिलक ने इसके तहत गणपति और शिवाजी से जुड़े त्योहारों को धूमधाम से मनाने का प्रयोजन शुरू किया, जिसके पीछे असली उद्देश्य, अधिक-से-अधिक लोगों तक पहुँचना था। तिलक पहले राष्ट्रीय नेता थे, जिन्होंने धर्म को राजनीतिक प्रचार के लिए प्रयोग किया।
26. मार्टिन गिल्बर्ट, 'सर्वेंट ऑफ इंडिया', पृष्ठ 25; सईद राजी वस्ती, 'लॉर्ड मिंटो एंड इंडियन नेशनल मूवमेंट', 1905-1910, पृष्ठ 35-39
27. प्रोसीडिंग्स ऑफ पंजाब हिस्ट्री कॉन्फ्रेंस, मार्च, 1979, पृष्ठ 189 और देखें, 'रिपोर्ट ऑफ द इंडियन फैमीन कमीशन', 1901, पृष्ठ 85
28. गंडा सिंह (ऐडिटिड, 'डिपोरटेशन ऑफलाला लाजपतराय ऐंड सरदार अजीत सिंह', वॉल्यूम 1, पृष्ठ 118-119
29. 'पंजाबी' अखबार की शुरुआत 'ट्रिब्यून' के जवाब में 1904 में की गई थी। सुमित सरकार, 'मॉर्डन इंडिया' 1885-1947, 1983, पृष्ठ 127
30. 'पंजाबी', 06 नवंबर, 1905
31. 'पंजाबी', 23 अक्तूबर, 1905; देखें, नीना पुरी, 'पॉलिटिकल एलीट ऐंड सोसायटी इन पंजाब', पृष्ठ 83
32. लाला लाजपतराय गोखले के साथ लंदन से लौटे थे। इसकी चर्चा पेज 40 पर देखी जा सकती है। दोनों वहाँ पर चल रहे चुनावी अभियान के समय पहुँचे थे और वहाँ के राजनेताओं को भारतीय लोगों की समस्याओं के प्रति जागरूक करने गए थे।
33. लाला लाजपतराय, 'यंग इंडिया', न्यूयॉर्क1916, पृष्ठ 169-70
34. 'पंजाबी', 06 जनवरी, 1906
35. मार्टिन गिल्बर्ट, 'सर्वेंट ऑफ इंडिया', पृष्ठ 125-26
36. डैंजिल एबिटसन 1847-1908; भारतीय सिविल सर्विसेज पास कर 1870 में भारतीय सेवा में शामिल हुआ। डायरेक्टर, पब्लिक इंस्ट्रक्शन बनाया गया,

जिस दौरान उसने शिक्षा संबंधी कई सुधार किए। सरकार के रेवेन्यू तथा एग्रीकल्चर विभाग में सेक्रेटरी के तौर पर कार्य किया 1896–98। कनर सेंट्रल प्रोविंसेज 1898–1902। पंजाब के लेफ्टिनेंट गवर्नर 1905–08। 'ऑफ लाइज ऑफपंजाब एथनोग्राफी' किताब लिखी।

37. कैनथ जोन्स, 'आर्य धर्म', मनोहर पब्लिकेशन, न्यू दिल्ली, 1976, पृष्ठ 10–11 (प्रिफेस)
38. सोहन सिंह जोश, 'भगत सिंह एंड अदर रेवोल्यूशनरीज', न्यू दिल्ली, 1976, पृष्ठ 76
39. वी.एन. दत्ता, 'मदनलाल ढींगरा एंड द रेवोल्यूशनरी मूवमेंट', पृष्ठ 2
40. के.के. खुल्लर, 'मदनलाल ढींगरा', 1983, पृष्ठ 4–5
41. 'द ट्रिब्यून', 6 जुलाई, 1909
42. प्रीतम सैनी, 'शहीद मदनलाल ढींगरा', पंजाबी यूनिवर्सिटी, पटियाला, 1991, पृष्ठ 17
43. श्रीलंका से पैसों के लिए इसका तार आया था और फिर कुछ समय के बाद वह भारत लौट आया। जब वह वापस आया तो उसके व्यवहार में कोई सुधार नहीं देखा गया और वह पहले की तरह पागल ही पाया गया। 'इंडियन डेली न्यूज' में 10 जुलाई, 1909। इस पत्र का हवाला पहले अध्याय में दिया जा चुका है।
44. 'द ट्रिब्यून', 14 जुलाई, 1909। देखें 'गवर्नमेंट ऑफइंडिया, होम डिपार्टमेंट प्रोसीडिंग्स, पॉलिटिकल ए', सितंबर, 1909, नंबर 66–68
45. प्रीतम सैनी का मानना है कि मदनलाल ढींगरा ने अपनी यात्रा का खर्च आप उठाया था, जो ठीक नहीं। लश्कर की नौकरी से उसे इतनी कमाई नहीं हो सकती थी। प्रीतम सैनी, 'शहीद मदनलाल ढींगरा', पंजाबी यूनिवर्सिटी पटियाला, 1991, पृष्ठ 17
46. केसर सिंह, 'अमर शहीद मदनलाल ढींगरा', पृष्ठ 60–61
47. यह पंद्रह सदस्यों की एक सलाहकार बॉडी थी, जो 'सेक्रेटरी ऑफस्टेट फॉर इंडिया' को समय–समय पर मदद करती थी।
48. शुरुआत में एग्जीक्यूटिव काउंसिल के चार सदस्य थे, लेकिन बाद में 'कमांडर–इन–चीफ' (सेनाध्यक्ष) को भी इसमें शामिल कर लिया गया था।
49. उसके कार्यकाल में भारत में कई नए सुधार और योजनाएँ शुरू हुईं। पंजाब में लैंड एलीएनेशन ऐक्ट 1901, पंजाब लिमिटेशन ऐक्ट 1904, ट्रांसफर ऑफ

प्रॉपर्टी ऐक्ट 1904, पंजाब प्रीएंप्शन ऐक्ट 1905 एंड कोलोनाइजेशन जैसे बिल भी जारी किए गए। ये सभी संशोधन पंजाब में हालात सुधारने के बजाय बिगाड़ने में अधिक सहायक सिद्ध हुए।

50. इसके कारणों की चर्चा पहले ही की जा चुकी है।

51. कांग्रेस पार्टी ब्रिटिशवासियों को भारतीयों की मुसीबतों, जरूरतों और अंग्रेजी सरकार की ज्यादतियों के बारे में जागरूक करवाना चाहती थी। 16 सितंबर, 1905 को गोखले इंग्लैंड के लिए रवाना हुए। वहाँ लाला लाजपतराय पहले ही पहुँच चुके थे।

52. 1905 में कर्जन वायसराय की नौकरी त्यागकर वापस लंदन लौट गया, लेकिन जाने से पहले वह अपनी बंगाल विभाजन की योजना को संपूर्ण तौर पर लागू करवा चुका था। उसके स्थान पर लॉर्ड मिंटो को नया वायसराय नियुक्त कर दिया गया था।नए वायसराय ने भी दमन की नीति को जारी रखा और बंगाल-विभाजन की क्रिया को उचित ठहराया।

53. कांग्रेस बंगाल-विभाजन के मुद्दे को भुनाना चहती थी। वह अधिक-से-अधिक लोगों के समूह को एकत्रित कर, हिंदू-मुसलिम एकता का प्रभाव दिखाकर सरकार पर दबाव डालने का यत्न कर रही थी। ब्रिटिश सरकार आर्थिक और राजनीतिक नुकसान झेलने को तैयार थी, लेकिन बंगाल-विभाजन के प्रस्ताव को रद्द कर भारतीय राजनीतिक पार्टियों के हाथों में एकता और सफलता की कुंजी नहीं थमाना चाहती थी। सरकार दिन-प्रतिदिन कांग्रेस के झंडे तले बढ़ रहे जन-समूह से चिंतित तो थी, लेकिन परेशान नहीं; क्योंकि उसे विश्वास था कि वह जल्दी ही इस पर काबू पा लेगी। हिंदू-मुसलिम एकता को तोड़ने की योजना का मुखौटा पहले से ही तैयार हो चुका था। सिर्फ कांग्रेस के विभाजन का इंतजार था। सरकार को अपनी काबिलियत पर पूरा भरोसा था। उनका उद्देश्य उठ रही आवाज को दबाना था, न कि बढ़ावा देना।

54. 9 दिसंबर, 1905 को गोखले भारत पहुँच गए थे।

55. हैनरी कॉटन 'इंडिया' अखबार का संपादक था। भारतीय नेशनल कांग्रेस का लंदन अखबार 1906-1918। उसने 'न्यू इंडिया' तथा 'इंडिया ऐंड होम मेमोरीज' नामक दो पुस्तकें लिखीं।

56. 'इंडियन मिरर' ने सरकार पर जनता की आवाज को दबाने का आरोप लगाया। हितवादी अखबार ने लिखा, ''सरकार को होश में लाना होगा। इसके लिए

ब्रिटिश वस्तुओं का पूर्ण रूप से बहिष्कार करना होगा।'' मार्ले के कथन ने भारतीय लोगों के दिलों में ब्रिटिश सरकार की न्याय पद्धति के प्रति संदेह की भावना पैदा कर दी थी। सांध्य अखबार ने लिखा था, ''जैसे-जैसे फिरंगियों का असली रूप उभरकर सामने आएगा वैसे-वैसे बंगाल के विभाजित टुकड़ों में नजदीकियाँ बढ़ेंगी और बंगाल की एकता सुदृढ़ होगी।''

57. के .छति.रामगोपाल, 'लोकमान्य तिलक', एशिया पब्लिशिंग हाउस, न्यू दिल्ली, 1956, पृष्ठ 80-81 अलीगढ़ मुसलिम यूनिवर्सिटी के प्रिंसिपल बैक ने मुसलिम समुदाय के दिमाग में ऐसे विचार डाले थे। सरकार ने बंगाल के विभाजन से पहले ही हिंदू-मुसलिम में बढ़ रही एकता को बाँटने की योजना पर काम करना शुरू कर दिया था। ढाका का नवाब सलीमुल्लाह बंगाल-विभाजन को समर्थन दे रहा था। कांग्रेस कर्मचारियों ने इसका विरोध किया। उनका विरोध मुसलिम समुदाय के कुछ शुभचिंतकों को रास नहीं आया। पी.एन. चोपड़ा, 'ए कंपरिहेंसिव हिस्ट्री ऑफ मॉडर्न इंडिया', स्टर्लिंग पब्लिशर्स, न्यू दिल्ली, पृष्ठ 240-241

58. सैयद रजा वस्ति, 'लॉर्ड मिंटो एंड नेशनल मूवमेंट 1905 से 1910', लंदन, 1964, पृष्ठ 5-6

59. नहैक्टर बेलिथो, 'जिन्ना: द क्रिएटर ऑफ पाकिस्तान', लंदन 1954, पृष्ठ 45-46

60. जब गोखले अपनी इंग्लैंड की तीसरी यात्रा से वापस लौटे तो उन्हें कांग्रेस में गरम दल के सदस्यों के विरोध का सामना करना पड़ा। गरम दल कांग्रेस की उदारवादी नीति की लगातार असफलता से तंग आ चुका था और वह माँगने की नीति को त्यागकर क्रांति की नीति अपनाने के पक्ष में था। वह सरकार के आगे झुकने के बजाय उसे झुकाने के हक में था। कांग्रेस उस समय संवैधानिक सुधारों के साथ-साथ लोगों द्वारा चुनी गई सरकार की माँग कर रही थी।

61. सैयद रजा वस्ति, 'लॉर्ड मिंटो एंड नेशनल मूवमेंट 1905 से 1910', लंदन, 1964, पृष्ठ 24-25

62. श्यामजी कृष्णवर्मा ने 'राणा प्रताप सिंह' के अलावा और भी कई नामों से छात्रवृत्तियाँ शुरू की थीं। इसमें भी विद्यार्थी को दो हजार रुपए दिए जाते थे। एक छात्रवृत्ति उन्होंने 'मुसलिम राज' के नाम से शुरू की थी। श्यामजी कृष्णवर्मा बिपिनचंद्र पाल के क्रांतिकारी विचारों से बड़े प्रभावित थे। उन्होंने बिपिनचंद्र पाल को लंदन आने का न्योता दिया था। श्यामजी कृष्णवर्मा ने उन्हें लंदन में

चालीस व्याख्यान देने के लिए एक हजार रुपए 'देशभक्त सभा फंड' से देने का वादा किया था। लेकिन बिपिनचंद्र पाल श्यामजी कृष्णवर्मा की अपेक्षा पर खरे नहीं उतरे। सरल कुमार चटर्जी, 'बिपिनचंद्र पाल', गवर्नमेंट पब्लिकेशन, न्यू दिल्ली, 1984, पृष्ठ 100

63. इंदुलाल याज्ञनिक, 'श्यामजी कृष्णवर्मा, बॉम्बे, 1950, पृष्ठ 106-122

64. सरदार सिंह रावजी राना 1898 में और मैडम भीकाजी रुस्तमजी कामा 1901-02 में लंदन आए थे। मैडम कामा एक संपन्न परिवार से संबंधित थीं। उनकी तबीयत खराब हो गई थी और डॉक्टरों ने उन्हें यूरोप घूमने की सलाह दी थी। वे भारत की आजादी की लहर की एक कार्यकर्त्री थीं। उन्होंने हाइड पार्क, लंदन में और 'इंडिया हाउस' में आजादी के संघर्ष पर भाषण दिए थे।

65. शुमित सरकार, 'बंगाल में स्वदेशी आंदोलन', हिंदी संस्करण, ग्रंथ शिल्पी, न्यू दिल्ली, 2002, पृष्ठ 43

66. इंदुलाल याज्ञनिक, 'श्यामजी कृष्णवर्मा', बॉम्बे, 1950, पृष्ठ 16-17

67. ए.सी. बोस, 'इंडियन रेवोल्यूशनरीज एबरॉड', भारती भवन, पटना, 1971, पृष्ठ 16-17

68. मुसलिम विद्यार्थी 'होम रूल आंदोलन' में शामिल नहीं हुए।

69. छात्रवृत्ति मिलनेवाले छात्र को शिक्षा पूरी कर लेने के पश्चात् ब्रिटिश सरकार की नौकरी न करने की शपथ लेना अनिवार्य था। इसकी चर्चा पहले भी की जा चुकी है।

70. 1906 का साल भारत की राजनीति के इतिहास में बड़ा महत्त्व स्थान रखता है। इसी वर्ष अभिनव भारत संस्था के सदस्य विनायक दामोदर सावरकर लंदन पहुँचे। इसी वर्ष मुसलिम लीग की स्थापना हुई थी। इसी साल बरिंद्रनाथ की पार्टी 'मानिक टोला' की स्थापना हुई और एक अन्य क्रांतिकारी पार्टी 'अनुशीलन समिति' का जन्म हुआ। सावरकर ने सोलह साल की उम्र में अपनी मातृभूमि को आजाद कराने की कसम खाई थी। भारत में उन्होंने तीन सदस्यों के साथ 'मित्र मेला' नाम की एक संस्था 1900 में स्थापित की थी। आगे चलकर यही पार्टी 'अभिनव भारत' के नाम से प्रसिद्ध हुई। इस पार्टी का मुख्य उद्देश्य लोगों के दिलों में आजादी की लहर का दीया प्रज्वलित करना था। अपने देश से विदेशियों को बाहर निकालना था और इसके लिए एक बड़े युद्ध की तैयारी करना था। उनकी नजर में सभी हिंदू एक समान थे अर्थात् वे जात-पाँत में विश्वास नहीं रखते थे। उनका व्यक्तित्व बड़ा प्रभावशाली था। वे अपनी

भाषण शैली से लोगों का दिल आसानी से जीत लेते थे। विदेशी वस्त्रों को आहुति देनेवाले और सरकारी शिक्षण संस्थान से राजनीतिक गतिविधियों के लिए निकाले जानेवाले वे पहले विद्यार्थियों में से एक थे।

71. सावरकर 'स्वाधीनता संग्राम' पुस्तक में लिखते हैं कि हरदयाल 'अभिनव भारत' का एक सदस्य था। बाल शास्त्री हरदास 'आर्क्ड स्ट्रगल' में लिखते हैं कि हरदयाल और श्यामजी कृष्णवर्मा की मुलाकात बड़ी ऐतिहासिक मुलाकात थी। देखें, धर्मवीर, 'लाला हरदयाल', पृष्ठ 117।

72. वडैच एंड पुरी, 'ट्रिस्ट विद माटिरडम', यूनिस्टार चंडीगढ़, 2003, पृष्ठ 11

73. सरल कुमार चटर्जी, बिपिनचंद्र पाल, गवर्नमेंट पब्लिकेशन, न्यू दिल्ली, 1984, पृष्ठ 99

74. श्यामजी कृष्णवर्मा ने 1907 में अंग्रेजी पुलिस के हाथों तंग आकर पेरिस में होम रूल का दफ्तर स्थापित कर लिया था, सरल कुमार चटर्जी, बिपिनचंद्र पाल, गवर्नमेंट पब्लिकेशन, न्यू दिल्ली, 1984, पृष्ठ 100

75. सरदार सिंह रेवा भाई राणा सौराष्ट्र का रहनेवाला एक राजपूत नौजवान था। उसने वकालत पास करने के बाद फ्रांस में कानून की प्रैक्टिस शुरू कर दी थी। वह श्यामजी कृष्णवर्मा के नजदीकी मित्रों में से एक था। वह श्यामजी कृष्णवर्मा के 'इंडिया हाउस' की गतिविधियों का ब्योरा लेने और पैसों का हिसाब-किताब देखने के लिए अकसर लंदन आया करता था।

76. पांडुरंग महादेव बापट 1880 में एक गरीब परिवार में पैदा हुआ था। उसने पूना के डैक्कन कॉलेज से ग्रेजुएशन की थी। 1903 में वह एडिनबर्ग इंजीनियरिंग की पढ़ाई के लिए लंदन आया था। वह ब्रिटिश सरकार का कड़ा विरोधी था, जिसके कारण उसकी छात्रवृत्ति सरकार ने नामंजूर कर दी थी। श्यामजी कृष्णवर्मा उसे 'इंडिया हाउस' ले आए थे। वह सावरकर से बड़ा प्रभावित था और उसका समर्थक था और वह 'अभिनव भारत' संस्था का सदस्य बन गया था।

77. वीरेंद्र चट्टोपाध्याय सरोजनी नायडू के भाई थे। प्यार से सभी उन्हें 'चटो' पुकारते थे। वे एक संपन्न परिवार से संबंध रखते थे। वे एक अच्छे कवि और तीखी टिप्पणी करनेवाले पत्रकार थे।

हरनाम सिंह और सावरकर दोनों इकट्ठे भारत से श्यामजी कृष्णवर्मा द्वारा जारी की गई छात्रवृत्ति हासिल कर लंदन आए थे। हरनाम के पिता आया सिंह अरोड़ा अमृतसर में एक सफल व्यापारी थे।

वी.वी.एस. अय्यर रंगून से आया था और वकालत पढ़ रहा था। ज्ञानचंद वर्मा 'अभिनव भारत' संस्था का सेक्रेटरी था। वह ब्रिटिश सरकार द्वारा स्थापित छात्रवृत्ति हासिल कर कानून की पढ़ाई करने के लिए इंग्लैंड आया था।

78. आसिफ अली रौफ और रिजा लंदन 1909 में पहुँचे थे। आसिफ अली तीन साल इंग्लैंड में रहे और 1912 में वापस भारत लौट गए। जी.एन.एस. राघवन, एम. आसिफ अली मैमायर्स : द इमरजेंस ऑफ मॉडर्न इंडिया, अजंता पब्लिकेशन, न्यू दिल्ली, पृष्ठ 69
79. केसर सिंह, अमर शहीद मदनलाल ढींगरा, पृष्ठ 120
80. केसर सिंह, अमर शहीद मदनलाल ढींगरा, पृष्ठ 118
81. अवधेश कुमार चतुर्वेदी, 'मदनलाल ढींगरा', भारतीय ग्रंथ निकेतन, न्यू दिल्ली, 1999, पृष्ठ 38
82. ऐमली ब्राउन, 'हरदयाल : हिंदू रेवोल्यूशनरी एंड रेवोल्यूशनिस्ट', मनोहर, 1975, पृष्ठ 63. 'द इंडियन नेशनल राइजिंग ऑफ 1857' पुस्तक, जो अब तक पूरी हो चुकी थी, का सार्वजनिक प्रदर्शन पचासवें सम्मेलन समारोह के दौरान किया गया।
83. धर्मवीर, 'लाला हरदयाल', पृष्ठ 116
84. जी.एम.जोशी, 'द स्टोरी ऑफ दिस हिस्ट्री, इन इंडियन वार ऑफ इंडिपेंडेंस', वी.डी. सावरकर, फोनिक्स पब्लिकेशन, बंबई,1947, पृष्ठ 9.
85. सावरकर के अधीन 'इंडिया हाउस' में 1908 साल के अंतिम और 1909 के शुरुआती महीनों में राजनीतिक सरगर्मियाँ तेज हो गई थीं। वह कोई भी ऐसा मौका, जिसमें 'इंडिया हाउस' और भारत को आजाद करवाने की योजना को राजनैतिक महत्ता मिले, हाथ से जाने नहीं देता था। जून, 1908 में डॉक्टर देसाई, जो लंदन यूनिवर्सिटी का विद्यार्थी था, बम कैसे तैयार किया जाता है, इसका तरीका 'इंडिया हाउस' में समझाने आया था। नवंबर, 1908 में सावरकर ने अपने भाषण 'क्या हम वास्तव में निहत्थे हैं?' के दौरान लोगों को समझाने की कोशिश की थी कि भारत में युद्ध में काम आनेवाली बहुत सी सामग्री मौजूद थी, जो ब्रिटिश सरकार के काम-काज को ठप्प कर सकती थी, बशर्ते फौज उनकी मदद करे।
86. धर्मवीर, 'लाला हरदयाल', पृष्ठ 116। देखें, केसर सिंह, 'अमर शहीद मदनलाल ढींगरा', पृष्ठ 125
87. केसर सिंह, 'अमर शहीद मदनलाल ढींगरा', पृष्ठ 127

88. धर्मवीर, 'लाला हरदयाल', पृष्ठ 117
89. लोग कहने को तो विलायत पहुँच गए थे, लेकिन उनकी मानसिकता अभी भी भारतीय ही थी और वे पुराने रीति-रिवाज और धर्मकांड में उलझे हुए थे।
90. हो सकता है कि मदनलाल ढींगरा लाला लाजपतराय के इस भाषण में उपस्थित हो और उनसे अन्य लोगों की तरह मिला भी हो। इसी मुलाकात के बारे में जब लालाजी से बाद में कभी पूछा गया था तो उन्होंने इस प्रकार की जानकारी से साफ इनकार किया था।
91. केसर सिंह, 'अमर शहीद मदनलाल ढींगरा', पृष्ठ 204, देखें, वी.एन. दत्ता, 'मदनलाल ढींगरा एंड द रेवोल्यूशनरी मूवमेंट', पृष्ठ 29
92. जेम्स कैंपबैल केर, 'पॉलिटिकल ट्रबल इन इंडिया', 1917, 1973 पृष्ठ 181
93. अप्रैल के महीने में 'इंडिया हाउस' में राजनीतिक सरगर्मियाँ बहुत बढ़ गई थीं और वह अपने माता-पिता के कहने पर 'इंडिया हाउस' छोड़कर किराए के मकान पर रहने के लिए चला गया था। यह बात केसर सिंह लिखता है, लेकिन यह ढींगरा के संदर्भ में ठीक नहीं बैठती। वह इससे पहले अपने बड़े भाई को भी इस विषय पर रुसवा कर चुका था और अब अचानक माता-पिता के कहने पर मान जाना अटपटा सा लगता है। शायद यह सावरकर और उसके सहयोगियों की सोची-समझी चाल थी; क्योंकि इस समय के दौरान कोई भी महत्त्वपूर्ण नेता वहाँ उपस्थित नहीं मिलता।
94. उसे इस संस्था से अगर कोई सहायता लेनी होती तो जब वह इंग्लैंड में नया-नया आया था, तब ले सकता था, लेकिन उसने ऐसा कुछ नहीं किया। तीन साल पहले जब वह इंग्लैंड पहुँचा तो उसका बड़ा भाई कुंदनलाल उसे लेने के लिए पहुँचा हुआ था। उसी ने उसके रहने का इंतजाम किया था। बाद में उसकी जान-पहचान 'इंडिया हाउस' से हो गई और उसकी मित्रों की कमी पूर्ण हो गई।
95. अकसर यह शक जताया जाता है कि शायद वह मिस बैक से कर्जन वायली के आने के बारे में जानकारी प्राप्त करना चाहता था, लेकिन उसने ऐसा कोई सवाल नहीं पूछा। यह सब बाद में मिस बैक ने अदालत को बताया भी था।
96. डॉक्टर लालकाका को एंबुलेंस में सेंट जॉर्ज हॉस्पिटल ले जाया गया। उस समय वह अर्ध चेतनावस्था में था, लेकिन हॉस्पिटल पहुँचने तक वह मर चुका था। बी.एस. मेघोवालिया, 'फर्स्ट इंडियन मारटीयर', साधु आश्रम, होशियारपुर, 1974, पृष्ठ 86-87

97. 'द टाइम्स' अखबार, 3 जुलाई, 1909, लंदन
98. सुरेन्द्रनाथ बनर्जी, 'ए नेशन इन द मेकिंग', पृष्ठ 275
99. कर्जन वायली ढींगरा परिवार को बड़ी अच्छी तरह से जानता था। मदनलाल के पिता साहिब दित्तामल ने कर्जन वायली को एक पत्र भी लिखा था। कुंदनलाल, जो व्यापार के सिलसिले में अकसर लंदन आया-जाया करता था, कर्जन वायली का मित्र था। उसने कर्जन वायली से मदनलाल का ध्यान रखने की सिफारिश की थी।
100. 'द टाइम्स' अखबार, 'एं पॉलिटिकल क्राइम' 4 जुलाई, 1909, लंदन
101. 'द पायोनियर', 7 जुलाई 1909
102. 'द टाइम्स' अखबार, 'ए पॉलिटिकल क्राइम' 4 जुलाई, 1909, लंदन
103. बनर्जी, 'ए नेशन एन द मेकिंग', पृष्ठ 274
104. जी.एन.एस. राघवन, 'एम आसिफ अली मैमायर्स : द इमरजेंस ऑफ मॉडर्न इंडिया', अजंता पब्लिकेशन, न्यू दिल्ली, पृष्ठ 74-75
105. मार्टिन गिल्बर्ट, 'सर्वेंट्स ऑफ इंडिया', पृष्ठ 175
106. कोई भी भारतीय इस संस्था का सदस्य बन सकता था। इसके लिए उसे 3 शिलिंग सालाना सदस्यता की फीस चुकानी होती थी। वह 'नेशनल इंडियन एसोसिएशन' का सदस्य था और हर सदस्य को पार्टी में आने का निमंत्रण दिया गया था। जो लोग अपना कार्ड भूल आए थे, उनकी सहूलियत के लिए एक रजिस्टर रखा हुआ था।
107. इसे मैंने अपना कर्तव्य समझकर कुछ दिन पहले 'हाउस ऑफ कॉमंस' में बताया था : 'द टाईम्स', 'द असेसीनेशन ऑफ सर कर्जन वायली' 3 जुलाई, 1909, लंदन।
108. ध्यान देने योग्य बात यह है कि ढींगरा डॉक्टर लालकाका को तो नहीं जानता था, लेकिन इसका मतलब वह सर कर्जन वायली को भली-भाँति जानता था।
109. वी.एन. दत्ता, 'मदनलाल ढींगरा एंड द रेवोल्यूशनरी मूवमेंट', पृष्ठ 54.
100. नेशनल आर्काइव्स, दिल्ली के होम पॉलिटिकल विभाग न. 47 में देखी जा सकती है।
111. लॉर्ड चीफ जस्टिस ने अपने फैसले में कहा था, 'मैं तुम्हारी ईमानदारी पर विश्वास करता हूँ। मैं यह भी मानता हूँ कि यह लेख, जो तुम्हारी पत्रिका में छपा है, उसके बारे में तुम्हें न तो कुछ पता था और न ही तुम्हारी कोई बुरी

नीयत थी, लेकिन तुम्हारी इसमें लापरवाही जरूर थी। इसे किसी भी तरह नजरअंदाज नहीं किया जा सकता। इसके लिए मैं तुम्हें चार महीने की कैद की सजा सुनाता हूँ।' 'द टाइम्स', सेंट्रल क्रिमिनल कोर्ट, 23 जुलाई, 1909, लंदन।

112. जी.एन.एस. राघवन, 'आसिफ अली मैमायर्स', न्यू दिल्ली, 1994, पृष्ठ 74

113. वी.एन. दत्ता 'मदनलाल ढींगरा एंड द रेवोल्यूशनरी मूवमेंट', पृष्ठ 40

114. जेम्स कैंपबैल केर, 'पॉलिटिकल ट्रबल इन इंडिया', ओरिएंटल पब्लिकेशन, दिल्ली, 1917, पृष्ठ 179 180. और भी देखें, वी.एन. दत्ता 'मदनलाल ढींगरा एंड द रेवोल्यूशनरी मूवमेंट', पृष्ठ 40

115. बिपिन चंद्रा, 'इंडियाज स्ट्रगल फॉर इंडिपेंडेंस', पैंग्विन, न्यू दिल्ली, 1989, पृष्ठ 41.

116. आर.सी. दत्त, 'इकोनॉमिक हिस्ट्री ऑफ इंडिया अंडर अर्ली ब्रिटिश रूल', लंदन, 1956, पृष्ठ 420

117. *'द टाइम्स'*, 'द मास्टर ऑफ ऐलीबैंक ऑन इंडिया', लंदन, 26 जुलाई 1909.

118. *'द टाइम्स'*, 'ब्रिटिश रूल इन इंडिया' लंदन 22 जुलाई, 1909

119. अंग्रेजी प्रिंटर्स आर्थर हार्सले तथा गाइ एल्डर्ड को अदालत ने 'द इंडियन सोशियोलेजिस्ट' के लेख छापने के संदर्भ में चार महीने और एक साल की कैद सुनाई थी। धर्मवीर, 'लाला हरदयाल: एंड रेवोल्यूशनरी मूवमेंट्स ऑफ हिज टाइम्स', इंडियन बुक कंपनी, न्यू दिल्ली, पृष्ठ 124

120. ऐमली ब्राउन, 'हरदयाल : हिंदू रेवोल्यूशनरी एंड रेशनलिस्ट, 1930, पृष्ठ 75 धर्मवीर, 'लाला हरदयाल एंड रेवोल्यूशनरी मूवमेंट्स ऑफ हिज टाइम्स', इंडियन बुक कंपनी, न्यू दिल्ली, पृष्ठ 129

121. धर्मवीर, 'लाला हरदयाल एंड रेवोल्यूशनरी मूवमेंट्स ऑफ हिज टाइम्स', इंडियन बुक कंपनी, न्यू दिल्ली, पृष्ठ 132

122. डब्ल्यू.एस. ब्लंट 'माई डायरीज', पृष्ठ 298; देखें, धनंजय कीर 'सावरकर एंड हिज टाइम्स', 1966, पृष्ठ 56

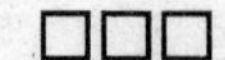